教育孩子需要异乎寻常的
耐心和适量的爱心

Fumu RangHaizi
FeiDe GengGao

亲子教育
提高爱的质量丛书

父母，让孩子飞得更高

教育孩子需要异乎寻常的**耐心**和适量的**爱心**

张红娟◎编著

天津科学技术出版社

图书在版编目(CIP)数据

父母,让孩子飞得更高/张红娟编著.—天津:天津科学技术出版社,2011.4

ISBN 978-7-5308-6256-8

Ⅰ.①父… Ⅱ.①张… Ⅲ.①家庭教育 Ⅳ.①G78

中国版本图书馆 CIP 数据核字(2011)第 047729 号

责任编辑:石 崑

责任印制:白彦生

天津科学技术出版社出版

出版人:蔡颢

天津市西康路 35 号 邮编 300051

电话(022)23332398(事业部) 23332697(发行)

网址:www.tjkjcbs.com.cn

新华书店经销

天津新华印刷三厂印刷

开本 710×1000 1/16 印张 18.5 字数 253 000

2011 年 6 月第 1 版第 1 次印刷

定价:28.80 元

前言

从我们成为父母的那一刻起，便展开了一场学习爱的旅程。这是一辈子的学习，也是一生最珍贵的体验。虽然说“爱孩子是连母鸡都会做的事”，但我们会不断意识到，这种“母鸡的爱”是无法成就孩子的，它无法满足孩子发展中对爱的各种需求。对孩子的爱是一种特殊能力，它需要我们付出时间去学习。

孩子的个性各不相同，每一种个性都有其存在的理由，有它的优点和不足，应予以自由发展的空间。父母对孩子的教育应以尊重孩子个性为前提，一切抱怨、强行扭转和不切实际的一厢情愿，都有可能适得其反，使孩子无所适从，对孩子的身心发展均有不利影响。

孩子的兴趣也同其个性一样，千差万别。父母的任务是找到并充分挖掘孩子的长处，引导孩子发展自己的兴趣，而不是将父母未尽的心愿和自己的主观意愿强加给孩子。每个孩子有其独特的兴趣与天分，父母的教育方案应尊重孩子的天赋和志趣。

孩子心中崇敬和喜欢的父母形象，是用自己的双肩支撑起家庭，同时又十分出色地在祖国建设的各行各业发挥着作用。他们用自己的行动，给予孩子一个支撑生命的支点，让孩子懂得什么叫自尊；用自己平凡而勤恳的人生，告诉孩子生命的价值，让孩子知道什么才是生活。

虽然许多父母从事着平凡得不能再平凡的工作，但在孩子的心中，父母的敬业精神却使他们产生了对父母深深的爱。

在孩子的眼中，父母的职业没有高低贵贱之分，无论是当教授、教师、警察，还是扫街、卖菜、养猪，只要尽心尽力去工作，孩子们都引以为自豪，引以为榜样。

其实，我们每一位父母都应该瞧得起自己的工作，平日在家谈起自己的工作时，要充满自豪和自信。这样，你的孩子、你的家人才能以你为荣。只有看重自己，别人才能看重你。同时，我们要尽心尽力地去工作，这不仅是为了挣钱养家，而且也是教子做人。孩子是最先从父母身上读到“敬业”、“进取”这些词的。老师们常讲，看到孩子的父母什么样，就知道他孩子什么样了。那些每天早晨不睡懒觉，按时上班、爱岗敬业的父母带出来的孩子，一般上学都爱学习、守纪律而不会迟到。

本书正是基于培养孩子的理念，以及围绕能力、性格、习惯、心态等内容，系统性地对父母教育孩子的方法作了较为详尽的阐述，希望能给以培养出色孩子为目标的父母带来启示。本书在编写中，还专门聘请了一些教育专家进行指导与审定，对他们的帮助在此表示衷心的感谢！

编　者

2011 年 4 月于北京师范大学

目录

第一章

做个有心的父母

父母是孩子最初的模仿对象，也是孩子的第一任老师。父母的言行举止对孩子一生的发展将产生极大的影响。父母的品质、人格，对孩子有潜移默化的作用，会影响孩子今后的成长。父母对孩子身心健康、心智发展和精神成长所产生的影响，是任何其他人都不可替代的。

家庭是人才的摇篮 /3

做最好的父母 /6

树立现代家庭教育理念 /10

我们的孩子有什么特点 /14

了解孩子智能发育的六大敏感期 /18

父母应具备哪些良好素质 /21

第二章

钢铁是怎样炼成的

教育孩子是父母义不容辞的职责，是人类精神文明发展的必不可少的条件，是社会进步和发展的一项战略任务。父母要依据孩子的心理、年龄特征和个体差异给予良好的社会影响和教育训练，使孩子头脑聪明、情绪稳定、意志坚强，具有良好的性格和社会适应能力。

相信自己的孩子是天才 /27
和孩子一起制订人生规划 /31
给孩子一双隐形的翅膀 /34
指导孩子实现自己的目标 /37
经受磨难和挫折 /40
父母的期望对孩子的影响 /43
告诉孩子他会成功 /46

第三章

孩子的健康比什么都重要

孩子成长，健康第一。孩子的生理发育尚未成熟，机体对外界环境的适应力、对疾病的抵抗力相对较差，需要家长格外用心，在日常起居、饮食、运动锻炼等方面合理安排，促进孩子的健康成长。

了解孩子的生长发育 /53
孩子大脑发育过程及必需的营养物质 /57
孩子膳食营养学 /60
怎样做好孩子的保健工作 /64
指导孩子进行体育锻炼 /69
孩子常见病的家庭防治 /71
突发事件的应急处理 /75
孩子的心理健康标准有哪些 /78
给孩子一个阳光的心态 /82

第四章

疼爱与规则之间

爱孩子是教育孩子的前提，爱孩子是家庭教育成功的基础。爱的真谛就是给孩子以精神上的温暖、关怀、鼓励和帮助。

对孩子的严格要求应该有度。这里的“度”，就是指所提出的要求必须符合孩子的实际，能为他的思想水平、认识程度所接受，是孩子经过努力可以做到的。如果要求制订得过高或距离现实太远，那么，所谓的严格要求也形同虚设。

孩子成长需要爱 /89
不要给孩子太多的压力 /92
与孩子共同编织一条爱的绳索 /98
如何赏识自己的孩子 /102
根据年龄采用不同的教育方法 /106
如何表扬奖励自己的孩子 /110
如何批评惩罚自己的孩子 /114
孩子的不良行为及纠正方法 /119

第五章

让孩子学习轻松、快乐一点儿

两千多年前教育家孔子说过：“学而不思则罔，思而不学则殆。”意思是说，如果一个人的学习，只知死记硬背，而不加以思考、消化，那他就毫无收获。我们经常看到，有些孩子在课堂上记了那么多笔记，课后花了那么大气力去背，遇到问题却无从下手，不知怎么解决；也有些孩子做了那么多习题，看了那么多资料，成绩总也提高不了。之所以出现这种情况，关键问题在于没有找到学习方法，没有把自己作为学习的主人。

给孩子一个良好的学习环境 /125
怎样让孩子养成爱学习的习惯 /128
如何帮助孩子做好入学准备 /132
帮助孩子爱上阅读 /137
如何为孩子选择读物 /141
书桌、书法和握笔姿势 /145
识字、计算和外语 /149
让孩子掌握一些复习方法 /154
让孩子掌握一些考试技巧 /158
分数和孩子哪个更重要 /162

第六章

让孩子从父母的身后走出来

有的父母，整天把孩子关在家中，不让他出去与小伙伴玩，怕孩子吃亏受气；有的父母怕孩子出去玩影响学习，把这么小的孩子关在家里认字、写字、数数等。这些做法，会束缚孩子的身心发展。孩子之间的交往，比孩子与成人的交往，具有更重要的意义。孩子们在一起，为了玩好，需要互相商量，这就培养了他们尊重别人意见，互相友爱的品质。在游戏中又能发挥他们个体活动的积极性、创造性。

适当的社交对孩子有益 /169
教孩子怎样与人相处 /172
学会竞争，学会合作与宽容 /175
提高孩子的口语表达能力 /179
男孩女孩如何更有魅力 /183
让孩子走出风度和气质 /186

微笑是一种特殊的语言 /189
如何引导孩子追求美 /192

第七章

影响孩子一生的品德和心态

心态是人们对世界和社会的看法，有怎样的心态，就会产生怎样的行动。一个具有好心态的人，他会把失败看做是命运对他的考验，把成功看做是一场游戏中的小小奖赏，把给予看做是一种收获，而把荣华富贵看做是过眼烟云。具有好心态的人，永远有积极向上的目标和宽容友善的心胸。

成由勤俭败由奢 /197
热爱劳动 /200
自信，孩子成功的风帆 /204
做诚实守信之人 /208
帮助孩子树立乐观的心态 /211
具备不可动摇的意志 /214

第八章

挖掘孩子潜在的能力

现代心理学研究表明，每个正常的孩子都具有一定的“潜能”。由于遗传、环境和教育以及个人努力程度等因素的不同，孩子间的“潜能”存在着差异，发展也不均衡。如果说社会上有“三百六十行”，那么，孩子“潜能”、优势、特长的差异恐怕也不少于三百六十种。正如有的教育专家说的，每个孩子都具有某种“潜能”，都有可能成为三百六十行中某一行“状元”的苗子。不仅如此，孩子的发展也不均衡，体现在：有的早慧，称为“神童”，有的小时“愚笨”，却大器晚成。

增强孩子的记忆力 /219
培养孩子的创造能力 /222
培养孩子的想象能力 /225
挖掘孩子的思维能力 /228
培养孩子的观察能力 /231
培养孩子的注意力 /234

第九章 和孩子一起快乐地成长

艺术是最能熏陶人的心灵，塑造人的性格的魔方。许多有远见的家长，他们对孩子教育的第一堂课，就是艺术课。孩子若能掌握一两项艺术门类，投入其中，必能享受到极高的精神满足感，这种体验对他一生受用不尽。很多投入社会工作的人，在繁忙劳碌的生活中，兴趣成了他们消除疲劳、再次振作的动力。所以，学习才艺，尽管不一定要视它为终生兴趣，它还是可以成为孩子终生的精神伴侣，让孩子体验充实丰盛的人生。

给孩子讲故事 /239
和孩子一起做手工 /242
和孩子一起弹钢琴 /246
和孩子一起绘画 /250
教孩子学拉小提琴 /253
让孩子学习韵律 /257
学习音乐舞蹈 /260

第十章

父母是孩子最好的朋友

父母最关心的就是自己的孩子，每天都在为孩子的事情而忙碌，无论何时何处都忘不了自己的孩子，甚至梦中还在牵挂。孩子正是在父母的关心照顾下一天天长大。真正关心孩子的父母不仅要关注孩子的衣食住行，保证孩子安全与健康，还要关注孩子的学习，促进其发展，更要关注孩子的品德和心理健康，使其有一个完善的人格。

蹲下来看儿童的世界 /265
分享生活的点点滴滴 /268
和孩子一起玩耍 /271
孩子的朋友也是自己的朋友 /275
建立一个和谐民主的家庭 /279

第一章

做个有心的父母

父母是孩子最初的模仿对象，也是孩子的第一任老师。父母的言行举止对孩子一生的发展将产生极大的影响。父母的品质、人格，对孩子有潜移默化的作用，会影响孩子今后的成长。父母对孩子身心健康、心智发展和精神成长所产生的影响，是任何其他人都不可替代的。

家庭是人才的摇篮

人的一生，大部分时间是在家庭中度过的。父母对孩子的教育在很大程度上影响着孩子的未来。父母不仅要用牛奶和面包将子女养育大，而且要在他们成长的过程中及时用完美的思想熏陶他们的灵魂，用正确的人生观念教导他们，才能使他们真正成为人类社会的精英，成为德才兼备的接班人。

父母是孩子的第一任也是终生老师，家庭是孩子的第一所也是终生学校。家庭与生俱来的天然性，亲子沟通的情感性，潜移默化的渗透性，决定了其在孩子的成长过程中具有不可替代的作用。

正是在家庭环境中，在父母教养下，孩子开始了自己的一生。身体发育，语言形成，智力提高，行为习惯养成，他们获得了最初的生活经验和生存技能，获得了对社会的最初认识。可以说，家庭是孩子进入社会之前的“演练场”。有句话叫“先入为主”，父母的启蒙教育，对孩子的生活习惯、思想品德、行为规范等方面的影响极为深刻，给他们终生的发展打上了难以磨灭的印记。正如俗话所说：“幼年学的，好比石头上刻的。”

每一个孩子一生中接受的第一种教育就是家庭教育，家庭教育是孩子接受教育的开端，对孩子的身心健康起着非常重要的作用。在我国这个具有优良家庭教育传统的国家里，家庭教育也一直被摆在非常重要的地位。古书《史典》中说：“至安无如教子”。鲁迅先生也指出，中国不仅需要师范学堂，而且还需要“父范学堂”。这些都说明了家庭教育对孩子的影响是多么的深远！

纵观世界经济发达国家的经验，从教育入手，以人才取胜是至关重要的，而家庭则是人才的摇篮。因此，从某种角度上讲，家庭教育决定着孩子一生的命运！

具有高度责任感的父母必须正确理解家庭教育。在人的成长过程中，家庭教育具有其他教育不能替代的重要作用。

首先，家庭教育是人生的奠基性教育，影响孩子一生的成长。孩子从呱呱坠地之日起，甚至还是胎儿时，父母就以自身的言行举止对其产生直接而深远的影响。除了遗传因素导致的生理相似外，父母的兴趣、爱好、习惯等个性特征和生活方式，尤其是父母的人生观、价值观、是非观和思想意识、道德行为、道德标准、处世方法以及处世原则等，都会给孩子留下深刻的印象，甚至为孩子所效仿。

其次，家庭教育是长久性教育。家庭教育先于学校教育，并且在学校教育的整个阶段内，一般都伴有家庭教育。甚至于学校教育结束后，家庭教育仍在继续，影响孩子终生。有的父母对家庭教育的长期性认识不足，以为父母的任务主要是管好孩子入学前的一段，孩子入学后，把一切都交给了学校、老师，这种想法虽然体现了对学校和教师的高度信任，但会导致家庭教育的松懈，对充分发挥校内外整体教育的有效性极其不利。

第三，家庭教育是灵活性强、及时且针对性强的教育。“遇物则诲，相机而教”，家庭教育不受时间、地点、场合和条件的限制，父母可以通过生活实践或与孩子共同参与活动，利用一切机会对孩子进行教育，方法十分灵活，易为孩子所接受。而且，父母了解子女的个性，能够对子女给予及时而全面的引导。父母在促进子女个性发展方面具有任何人都无法比拟的优势。

第四，家庭教育是促进子女全面发展的教育。与学校教育以系统学习科学知识为主要内容不同，家庭教育涉及孩子成长的方方面面。家庭不仅为孩子提供探索世界的机会，也蕴含着独特的人际关系和社会结构，是孩子学习社会和道德价值准则的最早和最重要的环境。

因此，家庭教育是不可忽视的，它是整个人生教育中最基础、最重要的一个环节，对孩子的社会化起着非常重要的作用。特别是在教育已全面向纵深发展的今天，谁放弃了家庭教育，谁就几乎葬送了孩子的前程；而谁赢得了家庭教育，谁就赢得了孩子辉煌的未来。

家庭教育对孩子具有非常重要的影响，家长应重视家庭教育，使孩子受到很好的影响，从而展开一生的奋斗。

美国心理学家本杰明·布鲁姆的研究认为，若人在17岁所达到的智力水平为100%，那么儿童在4岁时已具备了其中的50%，4~8岁期间获得30%，而8~17岁这一阶段只增加了20%。

在早期所开展的家庭教育中，最主要的是训练孩子的生活能力。训练孩子学习最基本的生活能力、交往能力和行为规范，能为以后接受学校教学、社会教育打下坚实的基础。更重要的是，早期的家庭教育正处在孩子智力发展的最迅速时期，通过家庭教育，培养和发展孩子智力，也是此后接受学校教育的前提。

做最好的父母

“父亲如山，母亲如水，真山真水出真人。”在家庭舞台上，父母只有提高自身素质，扮演好各自的家庭角色，承担起教养子女的职责，才能为家庭、为社会培养更多的优秀人才。

为人父母者，总是在孩子身上寄予了太多美好的愿望，但并不是每一位充满愿望的父母都能够培养出好孩子。无数事实向我们证明，只有使用正确的家庭教育方法才能教出好孩子。

家长对孩子来说，既是孩子的老师，更是孩子的朋友。怎样做好家长，对于许多人来说，并不是一件容易的事情。在孩子的早期教育上，许多家长花费了很多的心血，其目的只有一个，不能让孩子输在起跑线上，期望孩子将来能够出人头地，在竞争的社会中比别人多一技之长。家长的愿望无可厚非，但能否实现却是另一个问题。

孩子在一天天地长大，从托儿班到成人，无时无刻不在受着家庭环境的影响。可以说，孩子能否成才，关键在于父母是否尽到了自己的责任，是否是合格称职的好家长。

(1) 父母要扮演好各自的角色

父亲和母亲由于各自的性别不同，在教育孩子的角色分工上也会不同。当孩子还处在婴幼儿时期时，主要由母亲扮演着哺育、照料、爱抚、保护孩子的角色，为孩子构筑了一个充满母爱的世界。如果在这段时间里孩子缺少母爱，就会影响孩子心理的健康发展，甚至产生心理缺陷。孩子长到六七岁后，开始更多地接触外面的世界，这时，父亲担当起重要的角色使命，代表这个世界的道德准则、信念、价值取向和生活规律，成为孩子认识另外一个世界的指导者。这时的孩子在社会准则、价值观、学习和兴趣爱好上更多地受到父亲的影响。

（2）教育孩子要宽严相济

家长对孩子要求严格无可厚非，但是要有适当的方式和方法。根本不管孩子的自尊，侮辱孩子的人格；不考虑孩子的身心承受能力，一味提出过高过严的要求，只会使孩子的心理负担加重，由此产生自卑感，凡事不敢轻易去尝试，最终会成为一个平庸无为，没有个性的人。特别要注意的是，处罚绝不是教育孩子的最佳方式。偶尔的处罚也许对孩子很管用，但是若动不动就对孩子进行处罚，则会使孩子产生对立情绪，反而与父母越来越疏远。

教育孩子的“宽”也不能毫无理智，没有限度。吃糖果的时候，孩子把自己喜欢吃的糖果都挑了去，如果父母仅仅是看了一眼而没有任何责备，那么，他下一次还会这样去做，甚至得寸进尺。孩子吵着闹着要吃巧克力，做父母的就赶快去超市买，但买回来时，孩子却又说想吃香肠，父母依旧照做不误，这样下去，家长在孩子面前就失去了威信。

父母教育孩子应该循循善诱，因势利导，而不应该只是在一边立规矩、下禁令，总是指责挑剔，或过于迁就，放任自流。在绝大多数家长的教育理念中，都把“父严母宽”看成是家庭教育的上上策，认为一个唱白脸，一个唱红验，相辅相成，就可以使孩子顺从听话。而事实却绝非如此。试想一下，一个过于严厉，一个过于宠爱；一个要求过于严格，一个迁就有加，在这样的氛围中，孩子在严厉家长面前，如同见了猫的老鼠一样，处处小心提防，什么都不敢做；而在慈爱的家长面前，则是大胆放肆，如此的家庭教育肯定会造成孩子心理上的畸形发展，从而失去了家庭教育的意义。

“一严一宽”绝不是家庭教育的上策，正确的教育态度应该是父母双方都要有严有宽，宽严相济，这样在教育孩子上才能取得良好的效果。

(3) 身教重于言教，家长要以身作则

清末洋务派和湘军首领曾国藩，虽然出身低微，然而他不仅学识渊博、见识阔宏、文武兼备，而且当时的朝廷信赖他，满朝文武官员钦佩、尊敬他，死后被谥为“文正”，被誉为“中兴第一名臣”。曾国藩的一生，谦虚诚实，教子有方。他的儿子曾纪泽诗文书画俱佳，又自修英文，成为清末著名外交家；儿子曾纪鸿研究古算学也取得了相当高的成就，但不幸早逝；他的孙辈也出了曾广钧这样的诗人；曾孙辈又出了曾昭权、曾约农这样的学者和教育家。

曾国藩很重视自己的一言一行对孩子的影响，凡要求孩子做到的，先要求自己做到。他生活俭朴，两袖清风。据说他在吃饭遇到饭里有谷时，从来不把它一口吐在地上，而是用牙齿把谷咬开，把谷里的米吃了，再把谷壳吐掉。他要求他的两个儿子纪泽、纪鸿也这样做。他日理万机，但是一有时间，就给孩子们写信，为他们批改诗文，还常常与他们交换学习、修身养性的心得体会。在教育孩子的过程之中，曾国藩既是父亲又是朋友，既是经师又是人师。他赢得了孩子们的尊敬和爱戴，他的孩子们都非常崇拜他，把他视为自己的人生偶像和坐标。

如今，有些父母往往忽视了对孩子的教育。有些家长自己游山玩水、挥霍浪费、嫖赌逍遥，却要求孩子艰苦朴素、勤俭节约、好好学习；有些家长自己看不起读书人，却要自己的孩子学有所成；有些家长只关心孩子的学习，却不关心孩子的操行；有的家长打麻将、赌博通宵达旦，却不给孩子足够时间玩耍；有的家长满口的污言秽语，却要求孩子语言文明；有的家长对老人拒不赡养，百般虐待，却要求孩子尊老爱幼，其结果往往事与愿违，其子女往往反其道而行之。这主要是因为他们只注重言教而不注重身教；或者只注重他们的学习而忽视他们的德行。要知道，身教重于言传，父母的言行举止在任何时候都会被孩子所模仿。所以，当今的父母们需要像曾国藩那样，要想教育好孩子，就先塑造好自己。

(4) 爱孩子，但不是有求必应

可怜天下父母心，相信普天之下没有哪一位父母是不爱孩子的，但是

却不一定每一位父母都明白"爱"的真谛。教育专家指出："爱，并不是孩子要什么就给他什么，也不是给他钱满足他的物质需要，而是给孩子一种精神上的温暖和鼓励，让他明白父母的苦心和希望，同时改变自己目前的行为状态。"

许多年轻的家长并没有注意到，在他们高兴地逗着孩子玩儿，给孩子买各种食品和玩具的时候；每当孩子用自己的方式——哭、吵闹、软磨，迫使父母让步，达到自己的目的，在父母面前取得"胜利"的时候，他们实际上给孩子传递了这样一个信息：孩子是全家关注的中心，全家人都要服从孩子的意志，孩子的愿望不受限制，孩子的行为不受约束。凡是孩子想要得到的东西，他都能得到；凡是孩子不喜欢做的事情，在这个家里就不必做。父母的任何要求都是可以对抗，可以改变的，父母的权威是不存在的。当孩子不服从家长的正当教育时，这些好心的家长就以新的许愿换取孩子暂时的"听话"。于是，孩子最初的反抗胜利了，父母的管教失败了。

一味满足孩子的要求，这不是爱孩子，而是在害孩子。如果父母对孩子提出的各种要求，不管是否合理，一律满足。那么，长此以往，就会助长孩子嚣张的气焰——什么都想要，而且想要的东西必须满足。这样就会养成坏习惯，甚至步入歧途。

树立现代家庭教育理念

很多为人父母的，在荣升父母这个职位之后，深深感到父母不好做，比想象的复杂多了，事实的确如此。家庭教育也是一门高深的学问，为了掌握这门学问，父母有必要学习有关家庭教育的各方面知识。

家庭教育是一门科学，要想使这种教育富有成效，必须遵循正确的教育原则，运用科学的教育方法。家庭教育的原则是根据家庭教育的目的和要求，根据对家庭教育的规律性的认识而制订的，是指导家庭教育实践的基本原则。它是在家庭教育实践的基础上，对家庭教育过程中各种矛盾关系的认识和处理的指导原则。违背了这些原则，必然导致家庭教育的失败。家庭教育的方法，是指家长教育孩子时所采用的具体措施和手段。方法得当，就能获得预期的效果；方法不当，则南辕北辙，事与愿违。

科学的教育方法必须符合教育原则，违背教育原则的教育方法绝不会收到良好的教育效果。因此，家长为了掌握教育孩子的艺术，是不能不学习和掌握教育原则，熟悉教育方法的。

对于现代家长来说，为了采用适宜、得体的家教方针，首先要提高认识，更新教育观念，做到由经验育人向科学育人转变；由片面注重书本知识向教育孩子正确做人转变；由简单命令向平等沟通转变。其次要加强家庭的精神文明建设，家长要在思想道德、社会公德、家庭和谐、邻里和睦、人际交往、情趣爱好等方面做孩子的表率。父母要有良好的品格，在家庭生活中言行一致，行为自律，不断改进家庭教育方法，善于观察了解孩子，善择教育时机，善用教育语言，提高教育技巧。父母要带头学习，学一点教育学、心理学的知识，懂得孩子生理和心理特点和发展规律，了解素质教育的基本要求，促进孩子健康成长。

目前，我国存在两种片面的教育观念。

一种是望子成龙、望女成凤的天才教育观。一代更比一代强，是生物进化的一般规律，父母希望孩子超越自己也是人之常情。这种观念错就错在不顾孩子的实际情况，过高地寄希望于孩子，使孩子过早地背上了沉重的学业包袱和心理包袱，使孩子丧失了自己独立的人格及锻炼与提高独立生活能力的机会。教育家们担心，不知道将有多少孩子在家长望子成龙的迫切教育需求下，成不了“龙”反而成“虫”。

另一种是重视智力开发，轻视全面发展的唯智教育观。这种观念过分重视孩子的学习成绩，把孩子当作了学习或考试的机器，而轻视了孩子身心健康、综合能力、道德品质等非智力因素的培养，忽视对孩子合作性、独立精神的塑造。用这种观念指导教育，孩子的发育和成长一定是畸形的，至少是有缺陷的。实际上，非智力因素在孩子的成长过程中有着不可忽视的作用。一个智力水平较高的人，如果他的非智力因素没有得到很好的发展，往往不会取得什么成就。相反，一个智力水平一般的人，如果他的非智力因素得到很好的发展，就可能取得事业上的成功，做出相当大的贡献。

要成为合格和优秀的父母必须有意识地学习和实践。父母的发展，既包括作为教养者的父母角色的发展，也包括作为个体的人的发展。前者主要指教育素养的提高，后者则是个人素养的不断完善，两者内容不同，又相互促进和制约。

父母需要不断学习以提高教育素养。首先，对每个父母来说，虽然子女是特定的，但子女的不断成长使父母的角色职能也随之不断变化。而且，家庭发生变化时，如家庭成员增加、减少或变动，父母的观念行为也要随之调整。其次，现代社会的快速发展使父母在很多方面已经不再具有超越子女的优势，经验型的教育已经无法满足社会和子女对父母教育素养的要求，父母需要学习科学的教育知识和方法。再次，儿童发展是多种因素作用的结果，因此每个儿童的发展是独特的，其所需的教育也是独特的。父母不可能照本宣科，必须根据子女的具体情况，采用科学的教育手段，才能使儿童的发展达到理想的效果，这种创造性的劳动只有在不断学习的基础上才能完成。

父母学习教育知识和教育方法时，要注意以下几个原则。

（1）要未雨绸缪，及早准备

儿童出生后，各个方面就开始朝着或积极或消极的方向迅速发展，等到父母遇到问题再去关注时，已经有些晚了。当然，我们不可能避免问题出现，但是，父母如果能够从儿童整体发展的角度，从长远发展考虑，对子女的教育有宏观规划，无论对子女发展还是父母自身，无疑都是最好的选择。

（2）要灵活运用，不要机械照搬

教育人是最具有创造性的工作，不能像制作模型般完全仿制。朱莉看到书上说，日本人为了锻炼孩子的耐寒能力，增强孩子的体质，从小就让孩子穿单薄的衣服，冬天也不例外。初为人母时，她也想把这种方法在儿子身上实施。婆婆当时就表示反对："你们乱拿孩子做试验，孩子得肺炎怎么办?"果然，没几天，儿子就因没有及时加衣服而受了凉，又是咳嗽又是发烧。此时，朱莉早把日本的育儿方法抛到了脑后。她和保姆、婆婆轮流照看孩子，累得人困马乏，瘦了一圈。锻炼孩子耐寒能力的原则没有错，可是，朱莉没注意到这种锻炼还要以良好的体质为前提。因此，学习和借鉴各种成功经验时，最重要的是把握核心原则。

（3）案例学习和系统学习相结合

现在有关家庭教育的书籍越来越多，有许多成功案例的介绍，也有教育专家的支招，可是不少父母仍然感到困惑和迷茫。一方面，他们总希望有某种具体有效的方法可以参照实行；另一方面，各种书籍说法不一，他们不知道该如何取舍。儿童的发展受很多因素影响，每个儿童的发展都是独特的，没有放之四海皆准的万能守则，父母只能在掌握基本理念和原则的基础上发挥自己的教育智慧。所以，单纯的案例学习常常会产生对教育观念和方法的曲解。学习一定的教育学科知识，则有利于形成较为系统和全面的教育观。

(4) 从改变自己入手

我的一个好朋友一直十分爱吃零食，但是最近却很少见到她买零食了。我奇怪地问她为什么，她告诉我，三岁的女儿几个月前开始喜欢吃零食，她意识到这和她的习惯有关，为了避免女儿吃太多零食影响正常饮食，她自己把零食戒了。她笑着说："为了孩子我得重新做人。"俗话说："养儿方知父母恩。"不少青年男女正是有了子女后，有了强烈的责任感，其心理和行为才更加成熟。

日常生活中，孩子的有些问题是父母没有意识到的，还有许多问题是父母意识到了，却不知道如何解决；也有部分父母了解正确的教育方法，自己却难以做到。事实上，成为合格的父母绝不是一蹴而就的事，无论是科学的教育观念，还是有效的教育方法，都是不断学习的结果。

我们的孩子有什么特点

儿童的天性是儿童发展各种能力的开始，细心呵护并积极引导是父母应随时注意的。

儿童心理学家陈鹤琴教授说：“孩子好游戏，好模仿，好奇，喜欢成功，喜欢野外生活，喜欢合群，喜欢称赞。”这三个“好”、四个“喜欢”表现出儿童的心理特点。

（1）好动，好游戏

儿童生来是好动、好游戏的。学龄前儿童的主要活动为游戏，进入小学之后，虽然他们的主要活动转变为以学习为主，以游戏为辅，但是，通过游戏可以增加学习的兴趣，激发学习热情，同时在游戏和玩的过程中能锻炼自己的聪明才智。家长要注意利用孩子好玩的特点，和孩子一起玩，如通过下棋开发儿童的智力。通过玩有意识地激发学习动机。

（2）好模仿

家长若细心观察都可以看到，也可以体会到，自己的孩子在模仿大人的一言一行、一举一动，而且模仿得非常像。孩子进入小学后，常模仿个别同学的动作、言语。根据孩子的这一特性，家长要十分注意自己的言行，以起到表率作用。

在家庭中，父母在为人处世方面，总是与人为善，以礼待人，儿女在学校中也会表现得彬彬有礼。相反，做父母的经常脏话在口，自己的孩子也会满嘴污言秽语。在有些家庭中，当到了孩子坐下来学习的时间，父母不是在旁边看着，就是经常对孩子说："你给我好好学习"，"你怎么就是不愿意学习呢"，"你怎么光知道玩"，等等。不要说否定的话，要从正面积极引导和鼓励。这就需要父母自己先无声地坐下来学习，在家庭中形成一个良好的学习气氛，这种气氛会感染孩子，使他不知不觉地像父母一样进入学习情境之中。

但是，在一些家庭中父母热衷于自己玩，对学习不屑一顾，对自己的工作不钻研。这种家庭中成长的孩子往往模仿父母的表现，学习也较差。这已被大量的调查事例证实。

（3）好奇心

好奇是孩子的天性，是孩子获得知识的动力。孩子对人类的一切都想知道，希望通过自己的探索，了解大自然。家长要利用儿童的好奇心，开发儿童的智力，引导他们学习新的知识。

由于好奇心，孩子常常会闯出一些"祸"来，如何对待这些"祸"，就成为教育孩子过程中的重要问题了。

华盛顿是美国的第一任总统，他从小肯动脑筋，好奇心极强。华盛顿的父亲是一个非常喜爱花草树木的人，在他的精心培育下，花园里的几棵樱桃树长得特别繁茂。为什么这几棵樱桃树长得这么好呢？小华盛顿对着树发愣，他突然想到："这树干里说不定有什么'宝贝'呢！我要弄清楚这个'宝贝'究竟是什么，好让天下的樱桃树都长得这么好！"一天家里没有别人，为了探索"宝贝"，他拿斧头把一棵樱桃树砍断了，然后他握住一把小刀，急切地在树干里拨拉，但始终也找不到什么"宝贝"。他泄气了，心想："宝贝"没找到，树也砍坏了，爸爸特别疼爱这几棵树，回来一定会狠狠揍我一顿。他提心吊胆地等待着这场大祸的来临。果然，父亲回来后见到被砍倒的樱桃树，真是暴怒起来。在这种状况下，华盛顿走到父亲跟前说："爸爸，樱桃树是我砍的！"望着孩子真挚诚恳的面容，父亲的怒容渐渐消失了。他和蔼而亲切地拉过华盛顿说；"孩子，你不必害怕，我不会揍你的。因为你这种对错误诚实勇敢的态度，比爸爸心爱的樱桃树要珍贵千万倍。”

华盛顿的父亲在关键时刻能够制怒，实在是教子有方，他在华盛顿成为伟人的过程中是有不可磨灭的功绩的。

（4）喜欢成功

无论孩子多大，成功总能给他带来喜悦，增长信心，增加勇气，增强克服困难的毅力。所以家长不要让孩子做相对太难的事，太难就不容易成功，孩子容易灰心，下次不肯去做。反之，任务过于简单，不需要费什么力气就可以做到，孩子也会感到没意思。他所完成的任务，需要经过一番努力才能做到，有成就感，也就有了自信心。成功体验越多，自信心越强；自信心强，就更容易取得成功。所以，做家长的要想方设法引导孩子不断取得成功。

成功是有多种层次的。将来有所发明创造，或取得了世界冠军，这是高层次的成功；被评为三好学生，在学习、文艺、体育竞赛中取得名次是成功；某一次考试得了100分或一次下棋取胜是成功；成绩经常是不及格的，但在自己的努力下，取得了及格的成绩也是成功；学会洗衣服、做饭、织毛衣，受到表扬都是成功。一个六七岁的孩子讲了一个故事，你夸奖他讲得好，他就会再给你讲一个。如果家长利用孩子喜欢成功的心理，帮助他取得成绩，并给以鼓励，他就有了自信心，从而不断取得进步。一位著名的心理学家，带着研究人员来到一所小学。这两个人在班上考试、谈话，搞了很多实验，然后把一份名单交给了老师，说：“这个名单上的人，就是经过测试研究，最有发展前途的学生。”心理学家叮嘱老师不要公开这份名单。半年之后，心理学家又来学校对学生进行跟踪了解。名单上的学生，他们的相对学习水平都超过了名单以外的人。这时，心理学家告诉老师其实那份名单是他们随便写的。那么，为什么名单上的学生的学习成绩能超过别人呢？这就是著名的期望效应。因为这个班任课的老师都知道谁可能最有发展前途，在和他们谈话、提问时的态度都非常好，相信他们能学好，对他们鼓励、表扬多。学生的心目中，总感到老师们对自己非常信任，他们的心情愉快，学习的信心大大增强了，从而就取得了好的效果。

(5) 喜欢野外生活

儿童不论年龄大小、男孩女孩都喜欢户外生活，喜欢郊游，不喜欢总是被关在家中，所以，做父母的要经常带孩子去公园、体育场馆，进行郊游、爬山等户外活动。这可以开阔孩子的视野，有利于学习知识。

(6) 喜欢合群

孩子喜欢和小朋友在一起玩，在和朋友的交往中，他们学会人际交往，获得知识。家长应鼓励孩子多和小朋友交友，要让他们在交往中学会谦让、友爱、关心他人，只有这样才能真正成为大家的朋友。

(7) 喜欢被表扬

表扬是一种奖励的手段。人都喜欢被表扬，谁也不希望自己受到批评、惩罚。在家庭教育中，有相当一部分家长总是斥责、打骂，孩子在家中没有受到过表扬，没有得到过赞许。这样的孩子自卑感较严重，过分斥责不利于孩子的身心发展。

有一位普通母亲对孩子的教育方式值得借鉴。这位母亲在儿子三岁时和丈夫离了婚，从此她就独自一人带着孩子生活。当时她是一所医院的护士长，每天工作占去了大半的时间，加上辅导孩子的学习以及家务，她不得不又当爹又当妈。这位母亲凭借自己要强的个性，凭借自己在工作、学习、生活等方方面面不服输的争胜心，凭借对于丈夫的抛弃所表现出来的那份坦然，传递给儿子一份刚强。面对孩子的可爱、懂事和善解人意以及单亲家庭孩子的那份早熟，她又每时每刻给予儿子一份关心、信任和浓浓的母爱。每天晚餐后，儿子写作业，她也在一边钻研业务；儿子提出一个什么问题，她总会像朋友一样用讨论的口吻和儿子一起分析。儿子从小学到高中，兴趣爱好广泛，曾多次在体育比赛、绘画等多项活动中获奖。每当儿子把不同的奖状拿回家时，她都会真诚的拥抱儿子，并对儿子说：“宝贝，你真的好棒!”或者“儿子，你是最棒的!”就这样，这位母亲多年来对孩子进行的信任和赏识教育，使儿子顺利完成了在美国的学业，成为一名德智体全面发展、拥有积极心态的阳光男孩。由此可见，家长只有对孩子多表扬，多鼓励，少批评，才能调动孩子的积极性和求知欲。

了解孩子智能发育的六大敏感期

儿童心理学专家认为，孩子具有六种潜在智能。这些潜在智能只存在于其生命过程的某一特定时期，此时施以适宜的教育和训练，它们才能获得最佳发展，甚至形成某种特殊的能力。这种特定时期就被称为孩子潜在智能发展的“敏感期”。

了解孩子的“敏感期”，在“敏感期”施以恰当的教育，对孩子潜在智能的发展有长远的意义。

（1）语言智能发展的敏感期

孩子呱呱落地到3岁是掌握口语的最佳时期，尤其是2岁左右，孩子学说话的积极性最高，常“叽叽咕咕，滔滔不绝”。

父母要为孩子语言的发展创造良好条件。在孩子0～1岁时，父母可用各种言语和声音来刺激孩子，给他穿衣、洗澡、喂食时，用简单的语言同孩子说话，这样，孩子最终便能理解词与动作、实物的关系；让孩子听各种物体发出的声音，如小铃等玩具以及各种物体的敲打、撞击声，以帮助孩子发展听力。1岁以后，父母可利用各种途径帮助孩子掌握新的词汇，和孩子一起谈论看到的、听到的以及正在做的事情，这些都有益于孩子对语言的掌握。最重要的是，要尽可能多地和孩子交谈，不要以为孩子听不懂你的话就放弃交流的机会。

（2）数学（逻辑）智能发展的敏感期

3岁时，孩子数数一般不超过5，但到了4岁，孩子就常为自己数到

100 而自豪了。这时，孩子对带有明显数概念特征的事物表现出浓厚兴趣，他们已经能领会数字与物体概念的关系，已从只能口头数数发展到能按物点数，点数后能说出物体总数，能分辨物体的大小、多少、前后顺序，按数目取出相应的物体，用实物进行数的组成和分解……所以，4 岁是孩子学习数概念的敏感期。

借此良机，父母可以给孩子提供各种掌握数概念的机会：上街时数从身旁开过的汽车，吃水果时比较水果的大小，和同伴比高低，用尺子测量物体，玩数字扑克，等等。

（3）身体动作智能发展的敏感期

2 ~3 岁的孩子神经传导功能迅速而准确，动作开始表现得比较熟练。这一时期，父母首先应因势利导，鼓励他们自己穿衣、吃饭、洗手帕、帮妈妈递东西，其次，教育和引导孩子翻筋斗、游泳，可以带孩子去观看体育比赛和舞蹈表演等。

（4）音乐智能发展的敏感期

2 ~3 周的婴儿，已有明显的听觉，能对声音作出各种不同的反应。2 ~3 个月时，孩子能够安静地倾听周围的音乐声和成人的说话声，3 ~4 个月时，他们在听到声音时头就会转向发声的一侧，视觉和听觉开始建立联系。2 个月的婴儿已能分辨出性质不同的声音，如风琴声和摇铃声；到 5 个月就能辨别母亲的声音；1 岁后孩子对声音很着迷，很爱听音乐，3 岁左右能分辨出他熟悉的歌是否唱走了调，以及不同乐器演奏的声音。5 岁左右是孩子音乐智能发展的敏感期，父母应该让孩子多参加以音乐为中心的活动。

（5）想象智能发展的敏感期

3 岁左右孩子的想象是很活跃的，他们的脑袋里经常装着许多神奇、美妙的东西。

此时，首先父母要创造机会多让孩子想象，发展孩子的有意想象。如给孩子讲故事时，讲到关键的地方停下来，以下的情节先让孩子自己去想象，然后父母再讲；让孩子看着无文图画讲故事。孩子的想象如果富于创造，别出心裁，那就应该予以称赞。其次，让孩子自由地去想象，不要干涉，要引导。再次，要扩大孩子的知识面，孩子有了丰富的感性知识，想象才能展开翅膀。因此，父母除了让孩子多观察，多参观，多看电影、儿童电视片外，还应该让孩子多看、多听一些适合孩子的童话和科学幻想故事。此外，让孩子多做游戏，多画画，这也是培养孩子想象力的一种好方法。

（6）人际智能发展的敏感期

促进人际智能的发展，首先要帮助孩子认识五官，懂得它们的功能。如用眼睛判断物体的大小，用耳朵辨别物体的声音，用舌品尝食物的味道，用手感觉物体的冷暖、厚薄等。其次，应给孩子提供机会，让他用多种感官参与认识活动。如使孩子善于发现别人的特征，帮助他快速识别出电影或电视里的人物是否是反面角色；鼓励他演短剧和小品；看过一场电影，就同他谈谈戏中的角色，尽量要求他将戏中的主要人物的特征述说一遍。最后，还应帮助孩子掌握观察方法，按正确的顺序，从多种角度观察事物。

父母应具备哪些良好素质

“言教再多也不如身教有效”，这句话我们每一个人都知道，但是在实际生活中多数人却很难做到，因为我们总是犯着这样那样的错误，如果我们能够不动声色地将这个简单的道理通过我们的行动表现出来，就会产生潜移默化的效果。

当我们勤奋时，孩子学会了刻苦；当我们坚强时，孩子学会了面对挫折；当我们豁达时，孩子少了一点斤斤计较；当我们与人为善时，孩子学会了协作。这些品质、修养、意志、社交等方面的成长，是孩子一生都取之不尽、用之不竭的财富。

因此，教育孩子首先要完善自己。孩子既是父母生命的延续，也继承了优点和缺点。给孩子一个温馨的家，首先要给他一对合格的父母。

随着孩子的降生，为人父母者便承担起了教养子女的责任。父母的素质如何，决定着家庭教育的成败。

要成为合格的家长，应该具备哪些素质呢？

（1）道德素质

道德素质是一个人最重要的素质，“教子之道贵以德”。父母是孩子的榜样，其思想品格、理想情操、言谈举止等对孩子的性格形成、品德发展、行为养成都起着非常重要的作用。要使孩子成为一个品德高尚的人，家长首先要做一个品德高尚的人。家长可以从以下四个方面加强自身的道德修养。

① 公民道德

家长作为一个国家公民，要有积极的人生观，对国家、对人民、对事业有高度的责任感，爱国守法、明理诚信、团结友善、勤俭自强、敬业奉献。

②社会公德

家长作为现代社会的一员，要做到作风正派、为人正直、文明礼貌、助人为乐、爱护公物、保护环境、遵守公共秩序。

③职业道德

家长作为一个工作人员，要做到爱岗敬业、认真负责、诚实守信、办事公道、服务群众、奉献社会。

④ 家庭美德

家长作为主要的家庭成员，要做到尊老爱幼、男女平等、夫妻和睦、勤俭持家、邻里团结。

（2）文化素质

文化素质是家长进行家庭教育的重要精神和文化资源，家长的文化素质并不单纯指学历的高低，它主要体现在如下两个方面。

①家长的科学文化知识水平

孩子有着强烈的好奇心和求知欲，他们常常向成人提出许许多多的"为什么"，渴望得到满意的答复。家长能否给予正确的回答，因势利导地加以启发，促进孩子智力的发展，依赖于其自身的知识水平。家长的文化素质越高，越有可能有效地回答孩子的问题，在孩子心目中的威信也就越高，孩子对家长的教诲就越有认同感，家庭教育就能取得好的效果。随着社会的发展，家长也需要与时俱进，不断学习。

②家长学习科学文化知识的兴趣和态度

强调家长的文化素质，并不意味着文化程度高的家长一定能教育好子女，也不是说文化程度不高或文盲的家长就不能教育好孩子。事实上，在一些文化程度较低的普通工人、农民家庭中，走出来的大学生、博士生也屡见不鲜。这些家长虽然没有较高的文化水平，但非常重视对文化知识的学习，并注意培养孩子刻苦学习的精神；虽然难以承担孩子的学习指导工作，但尽最大努力为孩子创设良好的学习环境。家长好学上进，对知识的热爱和渴求，将会给孩子以积极影响，激发他们的学习热情。

(3) 教育素质

教育好孩子，单凭良好的愿望是不够的，要讲究科学施教。要成为合格的家长，必须具备良好的教育素质。家长的教育素质有以下几个方面。

①现代的教育理念

教育理念是家长教育素质的核心，它犹如方向盘或指路灯，对家长在家庭教育中的具体行为起着重要的指导作用。现代的教育理念包含的范围很广，像我们前面讲到的人才观、儿童观、亲子观、发展观和教养观等。

②必要的教育知识

我国新修订的《未成年人保护法》明确规定："父母或者其他监护人应当学习家庭教育知识。"家庭教育学是一门多学科的综合教育学，它涉及心理学、教育学、伦理学、美学、卫生学、营养学等学科知识。对家长来说，不要求每个人都成为教育专家，但是，要想提高家教水平，就应该通过读书、看报、听讲座、参加培训等多种途径，学习掌握一些科学的家庭教育知识。

③科学的教育方法

教育方法是家长教育理念和教育知识的具体体现。如今，经验型教育方式已经过时，新时代的家长只有掌握科学的教育方法，才能使行为更接近目标，使家庭教育更有成效，否则将会事倍功半，甚至事与愿违。

(4) 心理素质

家长的心理素质对孩子的心理健康具有深远的影响。现代社会，快节奏的生活，高强度的工作，给人们带来了巨大的精神压力。既要干好工作，又要料理好家务，还要做好对子女的教育，这就要求家长具备良好的心理素质。

①乐观的心态

生活是一面镜子，你对它笑，它就会对你笑；你对它哭，它也会对你哭。真正让我们的生活变得圆满快乐的，不是金钱、地位，也不是知识，而是积极乐观的心态。家长要善于调整自己的情绪，排除各方面的烦恼与忧郁，始终以积极乐观的心态去面对工作、面对生活，这样不仅有助于身心的健康，还有利于营造和谐愉悦的家庭氛围，也会对孩子产生巨大的感染力，激励他们去创造幸福美好的人生。

②坚强的意志

一个好家长做任何有益的事情，都应该有决心、有恒心、有毅力，不怕困难，勇于战胜困难。这才能为孩子树立好榜样，使孩子知道，做任何事情都要付出巨大的努力，没有辛勤的付出，就没有成功后的喜悦。同样，这种坚强的意志，也应表现在对子女的教育上。教育孩子不是一朝一夕的事，也不是一件轻而易举的事，家长要用心去做，不怕麻烦，坚持不懈，直至孩子成人成才。

③良好的个性

孩子兴趣和性格的形成，往往受父母的影响较大。家长应该培养广泛的、健康的兴趣爱好，不断提高各种能力，如读书、集邮、养花、下棋、打球等，从而引导孩子参加健康的文化体育活动，培养孩子的兴趣爱好，以提高生活的情趣和质量。家长还要不断完善自己的性格，为孩子做出表率，促进他们良好个性的形成。

第二章

钢铁是怎样炼成的

教育孩子是父母义不容辞的职责，是人类精神文明发展的必不可少的条件，是社会进步和发展的一项战略任务。父母要依据孩子的心理、年龄特征和个体差异给予其良好的社会影响和教育训练，使孩子聪明智慧、情绪稳定、意志坚强，具有良好的性格和社会适应能力。

相信自己的孩子是天才

哪怕天下所有的人都看不起自己的孩子，我们也要热情地拥抱他，欣赏他，为有他这样的孩子而自豪。

每个孩子都有他独特的一面，也有他所独具的优点。作为家长，要善于发现孩子身上的闪光点。孩子的性格、文明礼貌、劳动表现、交往情况、文体才能、兴趣爱好、动手能力、卫生习惯等，都是评价孩子的因素。要用全面的眼光看待孩子，不要只盯着学习成绩一个方面。

相信每一个孩子都是天才，相信每一个孩子都能够通过努力获得成功，很多不可能的事情也会变得有可能。

周婷婷就是一个“不可能”的典型。她是中国第一个少年聋人大学生，16 岁就被辽宁师范大学教育系破格录取了。她从小就失去了听力，曾是个全聋全哑的小女孩。在父亲的耐心指导下，周婷婷 6 岁时，已认识了 2000 个汉字，还学会了通过看口型与人交流，能说出一口流利的普通话，并像正常人一样走进了校园；8 岁时，周婷婷创造了一项吉尼斯世界纪录——背出圆周率小数点后 1000 位数字；10 岁时，她与爸爸合作写出了 12 万字的童话故事《从哑女到神童》；1997 年，她又被评为“全国自强模范”；1998 年，她还主演了取材于两个残疾姑娘的真实故事的影片《不能没有你》。

我们都难以相信一个聋哑孩子能够像平常孩子一样生活、学习，甚至做得更加出色，而周婷婷的确做到了。她的成功与她父亲采取的“赏识+成功”的教育模式（相信每一个孩子都是天才，相信每一个孩子都能够通过自己的努力获得成功）是分不开的。父亲一直都相信女儿能够像正常的孩子那样做得好，甚至能比正常的孩子做得更好。

反观我们身边，许多父母总觉得自己的孩子不够聪明，成绩不够好。时间一长，在这些孩子的潜意识里就会对自己的能力产生怀疑，孩子就真觉得自己一无是处了。其实，如果父母想让自己的孩子获得成功，首先就必须相信他是一个天才。

父母可根据孩子的长处，选择一项使他最可能获得成功的技能，让他学习，并观察他学习的第一阶段，鼓励他坚持下去。如果你发现这项技能不适合孩子学习，应该另选一项从头开始。有一项“特长”，可以增强孩子的自信心，在遇到挫折时得到“自我补偿”。

事物都是多因素的，看孩子的任何方面都应从尽可能多的角度去了解分析，避免以偏概全，笼统否定。

比如，孩子的某次作业没做好，错误较多，应该看看哪些题错了，出现错误的原因是因为马虎不认真，还是根本不懂。如果不懂，是老师讲解时没听清楚，还是做作业前没有复习（有的当时听懂了，后来又糊涂了）。还有的孩子是因为抄错了题，抄错了答案。这样从不同角度、不同因素一分析，就会找到问题的根源，也就有了解决的办法。在分析过程中，该肯定什么就肯定什么，该否定什么就否定什么。只有表扬与批评是从实际出发的，孩子才服气。

有的孩子有音乐天赋，有的孩子能做模型飞机，有的孩子能够独立饲养兔子等小动物……干什么并不重要，重要的是，如果孩子喜欢，不妨鼓励他发展，谁说爱好不能成为技能呢？

为什么这些很重要？因为专注或擅长一件事情能帮助孩子建立自信，如果小朋友中只有他能与宠物小狗和睦相处，只有他能弹奏悦耳的音符，那么孩子内心得到的喜悦和激励自然是正面积极的。

家长应该永远是孩子的坚强后盾。当孩子遭受失败时，我们有责任鼓励他，教会他怎么应付困难。告诉孩子，任何人都有长处和短处，只知道自己的短处而不懂发挥长处是极其错误的。

父母在责骂孩子的时候，常常认为这是为孩子好，却忘记了孩子是需要鼓励的。哪怕天下所有的人都看不起自己的孩子，我们也要热情地拥抱他、欣赏他，为有他这样的孩子而自豪。父母只有相信孩子是天才，孩子才有可能获得成功。

父母怎样做才是真正地相信孩子是天才呢?

（1）对孩子无私的爱

有的父母把对孩子的爱建立在孩子达到他们的目标的基础上，这并不是真正的爱。因为孩子成了他们实现个人愿望的工具。无私的爱是一种没有条件的爱。无论孩子怎样，我们都要欣赏他、尊重他，为他骄傲。

（2）培养孩子的自信心，让孩子发现自己的能力

有些父母在孩子没有达到自己的期望时，不是安慰他，而是说一些很刺耳、很难听的话。本来是想激励孩子，可有时却适得其反。孩子有可能会因此而丧失自信心，觉得自己的确很差劲。孩子的自信心是需要培养的，父母尽量对孩子多说一些鼓励的话，比如“没什么，只要继续努力，总有一天你会成功的”。

（3）让孩子尝到成功的甜头

父母总让孩子努力，却不让孩子尝到成功的甜头，孩子会因为没有动力而懈怠的。实际上，父母可以针对孩子的实际情况，把尺度定在孩子的能力范围内，让孩子能常常感受到成功带来的喜悦。

（4）经常鼓励孩子，并给予切实的帮助

父母只要做个有心人，就一定能发现孩子的长处。应该抓住适当的机会，对孩子进行一番鼓励。一句话、一个眼神、一次交谈、一句赞美，都有可能让孩子终身受益。此外，孩子还需要父母用实际行动来帮助他们，而不是虚伪的空话。

（5）深入孩子的内心，与孩子做朋友

孩子最初的心扉是向父母敞开的，可是父母的抱怨、责骂、不理解，最终使孩子紧紧地关上了那扇门。我们如果不能深入孩子的内心，那么所有的“语重心长”都只是一种空洞的说教。因此，我们可以与孩子多聊聊天，像朋友一样和孩子说说心里话。

和孩子一起制订人生规划

制订人生规划要符合孩子的实际能力、兴趣，更实际的是让他们从日常生活、学习做起。

中国自古就有新生儿满周岁“抓周”的习俗。这一天，亲朋聚集，爷爷、奶奶、爸爸、妈妈到场，桌面上摆着香、烛、文房四宝和其他象征性物品，由父母抱着小孩任其抓取，抓到某种东西，就象征这个孩子长大要干某种事业。

其实从深一层来看，这种以“抓周”方式来预测孩子前程的做法，不也反映出父母对孩子未来人生的一种期望吗？人的精力是有限的，如何让孩子把有限的精力用在“刀刃”上呢？最直接的做法就是父母帮助孩子做好人生规划。但现在，一些父母的期望和做法，完全不顾孩子的个性、兴趣和能力，就如同砌砖一样，希望为孩子砌出一条安全有保障的砖墙，让孩子沿着墙走。殊不知这种刻意堆砌的方式，也堆砌了一个没有自我、没有自信、不会思考的“砖头孩子”。

要不要给孩子从小设定人生规划？怎样给孩子进行规划才更合理？教育专家的建议如下。

(1) 给孩子自己做选择的权利

要把选择的权利给孩子，让孩子成为自己的主人。作为家长，只提供意见，最后的决定权还是在于孩子，而且随着他们的长大，自己来决定的事情会越来越多。每一个家长都要信任自己的孩子，因为信任比惩罚对孩子更有效。有的父母会很具体地帮孩子设计“人生”，可很多并不是从孩子自身出发，这就让他们失去了自己的兴趣，做着自己并不想做的事。在现代社会里，孩子们进入社会后还是需要时时面对“选择”（无论是主动的还是被动的）。如果这个孩子只是被动地听话，等着家长去做决定，那他在某些方面可能会很“低能”。

（2）不要对孩子期望过高

孩子对学习失去兴趣，家长的责任也不小。作为家长，不要给孩子定过高的目标。在我们国家目前的应试环境里，家长和老师包括孩子们自己都做不到对考试成绩不在乎。孩子们在这样的环境里本身压力就非常大了，作为父母要尽量去体谅他们，帮助他们制订切合实际的学习目标。学习目标越具体越好，太大和太高的目标，或者近期很难实现的目标，都有可能让孩子产生放弃的念头。

（3）鼓励，哪怕只有一点进步

家长在生活中不在于是否给孩子制订好人生规划，而在于始终要让孩子保持学习的兴趣和生活的情趣。这就要在学习和生活中尽量给他们鼓励，哪怕只是一点点的进步。切记不要对孩子的期望过高，更不要把自己“伟大的理想”强加给孩子，不考虑孩子的想法和感受。不要把成绩看得太重，只要今天比昨天有进步就行，不要让孩子因为没有达到家长的要求而背负负罪感和内疚感。不要拿自己的孩子与别的孩子去比。一些家长认为，这样可能会培养孩子的竞争心理，激发孩子的学习动力。但是，比来比去会让孩子过早学会防备别人，把别人都当成对手。如果一直比不上同学，孩子会灰心，抬不起头来。

（4）尊重孩子的意见

当父母的规划与孩子的人生规划产生矛盾时，家长应该怎么办？现在的家长对孩子的未来设想带有很强的盲目性，很少有家长认真地去思考孩子的未来，更不用说与孩子达成共识，有意识、有方向地培养孩子。在对孩子的培养上，家长盲目跟风，别人孩子学什么，自己的孩子也要学。看到孩子成绩不好，也不知道问题出在哪里。家长应该认真分析评估孩子的身体、性格、兴趣等特点，协助孩子建立未来发展规划，并就此与孩子达成共识；与孩子一起制订学习和培训计划，一起沟通。如果规划与孩子的实际发展发生矛盾时，应该根据孩子的实际情况及时做出调整，活人总不能让一个硬性的规划给困死了。

将以下关于规划人生的几种方法送给你们的孩子，让他们在日常生活中从小事做起，学会规划自己的学习和生活，进而学会规划自己未来的人生。

①列“梦想清单”。列出自己一个月、一年或一生中最想要达成的每一个目标。

②排梦想目标的优先顺序。

③为目标设立期限。没有期限的目标只是梦想，如果是长期目标，一定要分成短期步骤行动。

④找出核心目标。自我设问：“当我实现了哪一个目标梦想之后，其他的目标都可跟着实现?”如此，你就能明白自己的核心目标在哪里。

⑤明确实现目标的原因和理由。我为什么要实现这个目标，为了实现这个目标，我必须成为怎样一个人？在哪些方面必须改变？

⑥找出实现目标的最大障碍。当你克服了达到目标中最大的障碍，其他一切都将变得简单。

⑦制作“梦想手册”。潜意识的运作来自于明确的画面。假如你梦想在某年某月买一辆车，请你把这辆车的颜色、款式等描述得一清二楚，并找来具体的照片，贴到你的《梦想手册》上，引导自己的思维从这方面思考。

⑧经常复习目标。经常念着你的目标，翻看自己的梦想手册，来刺激你的目标意识，不要有负面抗拒思想。遇到困难的时候，念你的目标，遭到挫折的时候，马上念你的目标……

⑨制订方法与步骤，并付诸行动。为自己的梦想制订好正确的方法和步骤，并采取大量的行动。计划越详细，你成功的概率越高。有好的方法和步骤，不付诸行动，一切的一切都将毫无意义。

给孩子一双隐形的翅膀

一只蚂蚁爬到了孩子的脚背上，他很害怕，哭了起来。妈妈帮孩子把那只蚂蚁捏下来，孩子止住了哭声。试想，如果妈妈鼓励孩子不要怕，勇敢些，把蚂蚁捉住，又会对孩子产生怎样的影响。

现实生活中，每一个家长都希望自己的孩子取得成功。无论来自城市还是农村，每一个孩子身上都有一定的潜力和优点，它像一双隐形的翅膀，有的人看得见，有的人却丝毫没有感觉，这就需要你给孩子的心灵注入自信的力量，展开这双隐形的翅膀。其实让孩子变得更自信并不是什么很困难的事情，你只要从以下几个步骤入手，就完全可以让自己的孩子充满自信。

（1）增加孩子的成功体验

培养孩子自信心的条件是让孩子不断地获得成功的体验。过多的失败体验，往往使孩子对自己的能力产生怀疑，家长应该设法创设各种有利条件，使自己的孩子在成长的早期经历中更多的成功体验。通过创立顺境，增加孩子对未来的美好预期，更重要的是帮助孩子在内心建立美好的自我形象，形成并发展他们的自信心。

另外，对于缺乏自信心的孩子，要格外关心。如对胆小怯懦的孩子，要有意识地让他们在家里完成一定的工作，在完成任务的过程中培养胆量和自信。

（2）帮助孩子充分认识自身价值和潜力，发现自身的长处

自信心是建立在充分评价自己的基础之上的。因此，孩子认识不到自身拥有的潜力或低估自己都不利于自信心的确立。要增强孩子的自信心，必须帮助他们认识到自身拥有的巨大潜能和广阔的发展可能性，使他们深信：只要自己在某些领域坚持不懈、持之以恒地努力，就一定能做出比较突出的成绩，成为国家的有用人才。

（3）帮助孩子建立合理的成功期望值

家长要针对自己孩子的实际情况，帮助他们建立适合自身发展水平的合理的成功预期，教育他们不能好高骛远，眼高手低，这样可以避免孩子因期望过高难以实现而遭受心理挫折。

另外，年纪较小的儿童往往耐心不足，急于求成。因此，家长还要帮助他们正确对待进步过程中可能出现的“反复”现象，做好应付失败的心理准备，使孩子不能只期望成功，更不能有过高过快的成功预期。

（4）言传身教，帮助孩子树立自信心

创设培养孩子自信心的环境，让孩子在潜移默化中“自信”起来。平时遇事常对孩子说一些鼓励的话，“你一定能行，你肯定做得不错”。因为孩子的自我评价往往依赖于成人的评价，成人以肯定与坚信的态度对待孩子，他就会在幼小的心灵中意识到：别人能做到的，我也能做到。家长是孩子的效仿榜样，因此，在孩子面前更应该有自信心、有魄力、自强，办事不怯懦。为孩子树立良好的榜样，创设良好的精神氛围，也是培养孩子自信心的方法。

（5）坚持正面教育原则，多表扬、鼓励，少批评、贬抑

要使自己的孩子获得坚强的自信心和保持积极进取的精神状态，父母就需要多表扬、多鼓励，多肯定他们所取得的成绩。尤其要善于发现“差生”的“闪光点”，充分肯定他们取得的点滴进步，以点燃心中的奋斗之火，使这些“差生”感到“我还行”“我还有希望”。当然，有时对孩子适当的批评也是可以和必要的，但千万不要用贬抑、否定的话语。

（6）通过适当的挫折教育，加强孩子的自信心

家长要创设一定的情境，使孩子“品味”失败，使他们在成功和失败

的交织影响中明白这样一个道理：挫折和失败是人生必不可少的一个组成部分，可怕的不是失败，而是失败后丧失斗志，一蹶不振。只有那些能够不断超越和战胜自我，具有不屈不挠奋斗精神的人，才有可能取得最后的胜利。

培养和增强孩子的自信心，可以通过上述任何一条途径来进行，但上述几方面存在着密切的内在联系，各种途径是相辅相成的。另外，要注意把握培养孩子自信心的“度”，防止不适当的教育把孩子从一个极端推到另一个极端。如果培养出来的孩子由于过度自信而骄傲自满，甚至狂傲不羁，这就从根本上背离了教育的宗旨。

指导孩子实现自己的目标

积土成山，风雨兴焉；积水成渊，蛟龙生焉；积善成德，而神明自得，圣心备焉。故不积跬步，无以至千里；不积小流，无以成江海。骐骥一跃，不能十步；驽马十驾，功在不舍。锲而舍之，朽木不折；锲而不舍，金石可镂。

——《荀子·劝学》

1984 年，在东京马拉松邀请赛上，名不见经传的日本选手山田本一出人意料地夺得了世界冠军。当记者问他是凭着什么取得如此惊人的成绩时，他说了这么一句话：凭智慧赢得对手。当时有许多人认为这个偶尔跑到前面的小个子是在故弄玄虚。马拉松赛是体力和耐力的运动，只要身体好又有耐力就有望夺得冠军，爆发力和速度都在其次，说用智慧取胜还真有点勉强。两年后，意大利国际马拉松邀请赛在意大利举行，山田本一代表日本参加比赛。这一次他又获得了世界冠军。记者又请他谈谈经验。山田本一表情木讷，不善言谈，回答仍是上一次的那句话：用智慧战胜对手。这回记者没有在报纸上再挖苦他，但对他所谓的智慧大惑不解。

10 年后，这个谜团终于解开了，他在自传中这么说：每次比赛前，我都要乘车把比赛路线仔仔细细地看清楚，并把沿途比较醒目的标记画下来，比如，第一个标记是银行；第二个标记是一棵大榕树；第三个标记是一座红砖瓦房……这样一直画到终点。比赛开始后，我就以一百米的速度奋力地向第一个标记冲去，等达到第一个标记的时候，我又以同样的速度向第二个标记冲去。40 多公里的赛程，被我分解成几个小目标就轻轻松松地跑完了。

山田本一确实是用智慧战胜对手的。其实在他最初训练时，并不懂这个道理，他把他的目标定在40公里外终点线的那面旗帜上，结果跑了不到一半就疲惫不堪，被后面的路程给吓倒了。在现实生活中，父母们总会给孩子设定一个很远的目标，诸如“考上重点大学”，“全校第一名”等，这些目标实际上是非常难短时间达到的。孩子们之所以不能坚持奋斗，其中一个重要原因就是目标太远、太空了。父母要教孩子把大目标分割成小目标，鼓励孩子分阶段去实现小目标，直到实现大目标。父母要鼓励孩子自己制订目标，告诉孩子制订目标时可同时制订长期目标、中期目标和短期目标。短期目标一定要切实可行，这样，孩子就会一步一步去实现长期目标。

智慧的家长能帮助孩子实现“远大理想”与“眼下目标”的完美结合。要指导孩子实现自己的目标，家长应该怎样做呢？

（1）确立适合孩子自己的目标

在孩子正确认识自己的基础上，让孩子发现并发展一种才能、爱好或特殊的兴趣，哪怕它们并不起眼。人生并不一定要树立当科学家、政治家之类的远大目标才会有意义，事实上，才能有多种多样，并没有高低贵贱之分。不管孩子的才能、爱好或者兴趣在哪里，他的目标是什么，无论是下棋、打篮球还是收集蝴蝶，关键是要适合孩子。记住，孩子才是他自己生命的“司机”，应该从他的立场选择下一站是哪儿。

①确立一个孩子感兴趣的目标。孩子们对于自己感兴趣的东西，往往花费再多时间和精力都不觉得疲劳。家长应将一个感兴趣的东西确立为目标，再巧妙地将学习与这个目标联系起来，促成他的改变。比如，很多男孩喜欢电脑，可以趁机让他学好英语，告诉他，只有这样才能很“酷”地把电脑玩转。

②确立一个孩子擅长的目标。有的孩子，生来就喜欢唱歌、跳舞，那就鼓励他成为一名表演家；有的孩子，从张嘴说话就口齿伶俐，那就引导他成长为一位演说家。

③目标不要过高。要记住“三百六十行，行行出状元”，不一定非要成为科学家、企业家才叫成功。生活中还是平凡的人多，过高的目标反而

难以实现，就等于没有目标了。

④目标不要过远。对于青少年来说，他们的兴趣广泛但缺乏耐力，需要十年八年才能完成的目标很容易让他们厌倦，而且随着时间的推移他们才能真正找准自己的位置。鲁迅是到日本留学医学院的时候才发现自己应该献身文学的，因此，最好确立“下次考试超过你前面的人”这样的短期目标。

（2）让孩子努力实现目标

孩子制订了适合自己的目标，就要让孩子朝着这个适合自己的目标努力，付诸行动，在目标的召唤下集中精力克服困难，实现目标。

①言必信、行必果。既然是孩子自己确立的目标，就要鼓励他去努力实现，证明自己的判断与实力。

②让孩子坚信自己能够实现既定目标。只要敢想敢做，就一定会有收获，而且最终结果也许会远远超过原目标，出乎意料。

③制订一个详细的计划。根据自己的情况和目标的难易程度，做出一份详细的目标实现计划，每天分配一定的时间去实施或者将目标再细分为几个阶段逐一实现。

④当众说出自己的目标。孩子制订目标后，不要让他默默记在心里，而要大胆地当众说出来，只有这样才能表明他的决心。另外，青少年的虚荣心也比较强，碍于面子也会多几分努力的。

⑤坚持到底。在实现目标的时候，经常会遇到困难而且可能是看起来难以克服的困难，这时，一定要鼓励他坚持到底，不要轻言放弃，成功与失败可能只有一步之遥，功亏一篑实在可惜。

经受磨难和挫折

没有经受过饥渴的孩子，永远享受不到食物的甜美。没有经过困难和磨难，就不会知道成功的喜悦。没有经历苦难，再好的日子也感觉不到幸福。孩子要对困难和失败有充分的心理准备，才会有战胜它的勇气、信心和办法。

磨难出英才，富贵多纨绔。磨难和挫折是孩子成长的助推器。

一个13岁的男孩放学后奔跑着回家，不小心摔了一跤，当时只是擦破了点皮，连疼痛的感觉都没有。可到了晚上，膝盖突然疼了起来。他毫不理会这疼痛，默默地忍受着，没有告诉任何人。第二天早晨，他的腿已经疼得非常厉害，但他仍然默默无语，照例按时起床，吃完早饭，喂好牲口，然后若无其事地去上学。

第三天早晨，他的腿疼得连走路都十分困难了，更无法去牲口棚喂牲口了。他母亲发现了，看到他那条肿胀得不能脱下靴子和袜子的腿，心疼地哭了："你怎么不早说呢？"母亲一边用刀把靴、袜从他的脚上割下来，一边哭喊着："快去叫医生来！"医生看了那条腿，连连摇头："太晚了，只能锯掉这条腿了。""不！"男孩大叫起来，"我不让你锯，除非我死！"

医生无奈地离开了房间。男孩忍住剧痛，对他的哥哥说："如果我神志不清的话，千万不要让他们锯掉我的腿。你要发誓，发誓！"哥哥答应了他的要求，两天两夜一直守护在他的身旁。他的体温越来越高，并开始胡言乱语。但他还是没有任何退让的迹象，嘴里咬着叉子，不让自己疼得叫出声来。全家人都守在他的身边，含着眼泪看着他痛苦而顽强地挣扎。

医生一次次过来，又一次次回去。最后，出于一种无助而无奈的气愤，医生大喝一声："你们都在看他死！"可是，奇迹偏偏在不久后发生，当医生再一次到来时，他看到了一个惊人的变化：那条腿的肿胀消退下去了。

一个星期后，男孩终于战胜了腿残和死亡的威胁，奇迹般地站了起来。这13岁就学会临危不惧、勇敢面对生活的男孩，就是以后成为美国总统的怀特·艾森豪威尔！

能够承受挫折，是一个人成功的必备素质。因为，没有一个人能够一帆风顺不遭任何失败和挫折而达到胜利的巅峰。培养孩子对失败的坚忍态度，在失败的泥潭中跃身而起，是父母的重要职责之一。不论从现在还是从将来考虑，我们都应该随时随地向孩子灌输一些可能的概念，让他明白任何事情都可能有不理想的结局。天可晴可阴，人可聚可散，事可成可败，当这种观念渐渐地潜入意识中时，孩子在受到挫折时的反应就会平淡一些，理智一些。孩子的自信心得到了保护，也减少了一些可能遇到的打击。这种对失败的承受力的获得，比各类知识和冠冕堂皇的学历的取得都重要得多。孩子一遇挫折就灰心丧气，自暴自弃，其根本原因还是在于教育方式。许多家长认为孩子还小，不能让他累着，更不让孩子做些力所能及的事情，事事都包办代替，孩子从小养成了衣来伸手、饭来张口的习惯。每当遇到一点点困难，孩子就会叫父母、爷爷奶奶帮忙，从小就养成了依赖、懒惰的习惯。我曾见过一名初中三年级的女孩，鞋带散了，把脚往母亲面前一伸，母亲就乖乖地给她系上。这样教育出来的孩子，能有克服困难的信心和勇气吗？

优良的意志品质是实现目标、事业成功的根本保证，因此，培养孩子良好的意志品质就显得非常重要，这需要从生活的一点一滴做起。世上没有唾手可得的成功，只有在挫折中不断进取才能摘取成功的桂冠。

哲学家卢梭说过："不要对孩子百依百顺，那样会使孩子成为不幸的人。”孩子的成长需要父母的关爱和引导，爱孩子并不是对孩子过分宠爱，让他想怎样就怎样。要橘子不敢给苹果，要苹果不敢给香蕉，这样下去，稍不如意，孩子就会哭闹不止，最后导致孩子在家里说话最有权威，并养成其依赖性强、自理能力差的毛病，经受不起一点儿打击和挫折，终会酿成悲剧。

父母首先要从自己做起，给孩子树立不屈不挠、勇敢顽强的榜样。不要让孩子做他无能为力的事情，经常让孩子获得成功的体验，这样有助于孩子树立自信心。不要过分娇纵和溺爱孩子，不要孩子一遇到小困难就给他帮助，而应该鼓励他自己想办法解决，和孩子一起分析困难到底难在哪里，以便找出化解困难的办法。要通过真实事例让孩子知道，在困难挫折面前唉声叹气并不会降低困难、减少失败，灰心丧气只会增加自己的痛苦。给孩子讲一些名人不怕困难、不怕失败，最终做出重大贡献的例子。在孩子遇到挫折时，要鼓励孩子树立信心，不灰心丧气，勇敢面对困难。当孩子通过自己的努力，尝到成功的喜悦后，孩子克服困难的信心就会增加。家长应注意帮助孩子吸取经验教训，让孩子在每次遇到困难后，总结一下困难的类型，克服困难的方法，以后遇到同样的问题就会顺利解决了。家长要让孩子了解，人生道路上人人都会遇到困难，困难本身并不可怕，可怕的是丧失了克服困难的勇气和信心，应该以坚强的意志去面对生活中遇到的各种挫折。

孩子在成长过程中始终一帆风顺的情况是没有的，总会遇到些障碍，受到各种挫折，孩子承受能力的大小直接关系到他的社会适应力养成。我们做父母的要重视培养孩子的耐挫力，铸就孩子百折不挠的意志力。告诉孩子怎样面对挫折是我们培养孩子的重要环节。

父母的期望对孩子的影响

未来是多变的，唯一不变的是我们对孩子的期望。当我们对孩子有所期望时，这个期望总有一天会实现。

古希腊有一个著名的神话故事：一位年轻的王子名叫皮格马利翁，他很喜欢雕塑。有一天，他得到了一块洁白的象牙，雕刻了一位美丽的少女。这个雕像非常美，以至王子爱上了“她”，每天和雕像说话，茶不思，饭不想，热切地希望“她”变成真人。后来王子的诚心感动了天神，天神使这个雕像真的变成了一个少女，和王子生活在一起。心理学上用这个故事命名了一个心理规律：热切的期望有可能使被期望的人达到期望者的要求，这叫做“皮格马利翁效应”。

皮格马利翁效应在教育领域经常可以见到。

曾有实验证明人们的期望可以对别人产生巨大的力量。

那么皮格马利翁效应的原因是什么呢？是由于信任。信任在人的精神生活中是不可少的，它代表着对人格的积极肯定与评价。每个人都有被别人信任的需要，当这种需要得到满足时，人就会感到鼓舞和振奋，更容易发挥出自己的潜力。

根据皮格马利翁效应，在生活中要想使一个人发展得更好，就应该给他传递积极的期望，这样会促使人们向好的方向发展；相反，消极的期望却可能使一个人变得越来越坏。

发明大王爱迪生在小的时候，只上了三个月的学就被学校开除了。老师说他太笨了，但爱迪生的母亲却坚信自己的孩子并不笨。她对爱迪生说："你肯定比别人聪明，我对此坚信不疑，所以你要坚持自己读书。"然后亲自辅导爱迪生学习。在母亲的鼓励和教导下，爱迪生在科学上取得了巨大成就，成为伟大的发明家。

爱迪生的母亲就像皮格马利翁，爱迪生就像那个雕像，在母亲的热切期望下，爱迪生真的成了母亲所期望成为的人才。可见，父母的赞扬和鼓励可以增强孩子的信心，有利于孩子实现他宏伟的目标。

有的父母懂得这个道理，经常用积极的期待来鼓励孩子。有一位父亲在女儿参加高考进入考场以前，用力握住女儿的手，摇了几下，说："我知道，孩子，你在复习中做得很好，平常的考试也相当棒。我对好女儿是充满信心的。你一定会考得很好，爸爸相信你。"

这一个动作，短短的几句话，使孩子满脸的紧张一下子变为一脸的自信。最后这个女孩以优异的成绩考入了重点大学。

但是应用皮格马利翁效应，需要避免走向极端，那就是不要对孩子寄予过高的期望，不要给孩子施加过大的心理压力。

父母应该从孩子的实际状况出发，在尊重孩子的兴趣爱好和意愿的基础上，提出适当的期望。期望过高或过低，都可能会起到适得其反的效果。

一个人对他能力范围内能承担的责任和重负，往往会欣然接受，有信心去完成。但是让一个只能承担50千克重负的人去承担100千克或更多的重负，就可能压垮他，或者让他选择回避。也就是说，如果超负荷运转，就容易出现心理问题。

有许多"望子成龙，望女成凤"的父母不明白这个道理，总是对孩子寄予过高的期望。孩子稍差一点就批评，好一些又会要求他们更好，达不到要求就着急上火，这些都给孩子造成了很大的心理压力。对父母而言，教育孩子的过程应该是个不断调整父母愿望的过程，对孩子的培养目标也该随时修正。正如一个人上大学，即使上不了清华、北大，上普通大学也很好，上不了普通大学，上职业技术学校也是不错的。

未来是多变的，唯一不变的是我们对孩子的期望。当我们对孩子有所期望时，这个期望总有一天会实现。每个孩子的可塑性很高，学习能力也很强，让孩子在成长的过程中逐渐拥有自信，并努力成为品德高尚而富有创意思维的、有责任感的人，才能在面对未来挑战时更加海阔天空。

告诉孩子他会成功

世界成功学之父——卡耐基有一个很重要的理念："你的生活是由你的心态造成的，你有什么样的心态就有什么样的生活，你有什么样的选择就有什么样的结果。"所以培养孩子的成功心态，就是为孩子的成功打下坚实的基础，这对于孩子来说是非常重要的。

曾经听过这样一个故事。

两个秀才一起去京城赶考，路上，他们遇到一家人正办丧事，路的中央摆着一口大大的棺材。第一个秀才看到棺材，心想："这下完了，还没考试就碰到这种触霉头的事情，今年肯定又没戏了。"秀才感觉非常不爽，甚至是糟糕透了。结果秀才由于情绪不定，考试发挥失常，没有高中。

第二个秀才和第一位不同，他一看到路中央的棺材，心里暗暗高兴，觉得这次自己定能高中。原来这位秀才的心态和前面那位不同，觉得考前见棺材是一种好的预兆，"棺材"就是"升官发财"啊。第二个秀才想到这里，非常兴奋，于是他情绪高涨，神采飞扬，后来果然一举高中。

两位秀才回到家里，一个很沮丧地告诉家人，那个"棺材"真灵，果然触他霉头，导致他考场失利。另一个则称赞"棺材"。其实，哪里是"棺材"灵验呢？只是他们不同的心态导致了不同的命运。

孩子的成功意识可以在日常生活中得以培育，如果他某些“天真”的想法或行为因及时得到父母的鼓励而成功，这就会使之从实践中和心理状态上体验到成功的全过程，并促使他产生再次成功的强烈愿望；反之则会使其缩手缩脚，产生怯懦心态而不敢进行尝试。在这个培育孩子成功意识的过程中，父母的引导显得尤为重要。

没有谁比父母更能影响孩子的成长，父母对于生活、家庭和工作的态度会对孩子的成功意识产生巨大的影响。和睦的家庭会使孩子感到温馨；父母对家庭充满责任感，会使孩子对父母产生一种敬佩之情；父母工作勤奋，而且成就显著，会在孩子内心深处形成要成功必须能吃苦的观念。父母应该利用日常生活中的小事，告诉孩子任何事都可能有不理想的结局，遇到挫折后一定要理智。孩子考试没有得到理想成绩，最好不要责怪，应该正面引导，这一次失败了还有下一次，只要经过自己的努力，成功一定会属于你。将失败的压力转化成动力，就可以使孩子正确认识失败，并养成良好的成功意识。

父母在培养孩子的成功意识方面应该把握好以下几点。

(1) 要肯定孩子的才能

如孩子确认要干某件事时，做父母的应给予支持肯定，相信孩子的才能，并鼓励说：“你行，你一定行。”这样，孩子会备受鼓舞，努力进取的决心可想而知了。

通过鼓励孩子参加一些比赛，以锻炼他适度的进取心态，让他理解生活中的一切成功都是自己争取来的。

当孩子有些失败时，尽量不要训斥孩子，而是耐心细致地给孩子找原因，分析情况，确定改进方法。试想，如果孩子稍有失败父母就谴责，这样的孩子日后进取心上哪儿去找呢？

对于特别胆小怕事的孩子，家长应多加鼓励，少批评甚至不批评，让他通过努力去做一些力所能及的事，使孩子逐步形成“我能，我行”的自信心理。告诉孩子要说“让我自己来！”只要孩子能做的就不帮他做，只要孩子能说的就不代替他说，只要孩子能想的就鼓励他去想。这样孩子就会逐渐意识到：一切都得依靠自己去努力、去争取。

（2）要让孩子树立分数不是一切的意识

不可否认，尖子生的学习成绩在班上具有竞争力，但是好的学习成绩不是衡量尖子生的唯一标准。斯蒂芬·乔治之所以成为学校的明星，不在于他的成绩很突出，而是他的勤劳和求知欲。斯蒂芬不仅是高尔夫球球星，也是爵士乐音乐家，还是最优秀最乐于助人的社会活动家。一位化学老师说得好，学生间展开学习竞赛往往是一种失策，更糟糕的是学校的竞争有时延伸到了家庭。竞争往往使学生冷酷、自私、狭隘，而斯蒂芬却不这样，他在实验室做完自己的实验后马上帮助其他同学。一些同学期盼着老师给自己一个“A”，而斯蒂芬想的是用自己的能力赢得一个“A”。斯蒂芬的论文完成后获得了老师的认可，但是他却把论文重新写了一遍，目的只是想做得更好。这说明，他的学习不是为了成绩而是为了提高自身的能力。

（3）体现阅读的魅力

在美国威奇托的罗宾孙中学，有一个12岁的学生叫泰勒·艾默森。老师鲁拉发现，泰勒提出的问题往往都非常深刻，并且间或有许多设想。原来，泰勒强烈的求知欲来自于他家中堆积如山的图书。全家人都是读书爱好者。泰勒刚满15个月，父母就轮流给他读书，让他听，并且父母经常在他面前讨论问题。当父母问及怎样才能尽快让孩子养成学习的习惯时，麻省威廉学院的主任说，世界上最好的方法是当孩子上床睡前给他朗读故事。因为给孩子读书是培养他求知欲的最好方法，久而久之，他就自然养成阅读的习惯了。父母只要坚持下去，那么总有一天会发现，孩子不再要父母给自己读书了，取而代之的是他自己拿起书本读起来。许多作家的启蒙就是从父母朗读图书开始的。

（4）赞赏要不厌其烦，指责要适可而止

当孩子做了好事，应当充分肯定他，为他讲解这样做对人、对己、对

环境的影响，让孩子明白自己的行为可以对周围的人产生多么好的影响；当孩子做错事时需要提醒甚至纠正他，但当他改正错误养成了好习惯后，父母还要给他足够的肯定，使他对自己的行为有信心，进一步巩固良好习惯。虽然每个进步都要赞许确实很累，但是必须坚持，因为这样对孩子的影响太大了，成功的意识是在表扬和激励中不断前进发展的。人们相信，传统的好学生往往能获得传统的成功，但我们也反对千篇一律，同时也需要遵照应有的规律。比尔·盖茨不是个传统的好学生，爱迪生也不是传统的好学生，海明威更谈不上传统，但是他们却利用富于创造力的大脑为人类创造了巨额物质财富和精神财富，这是值得当今的父母用心思考的。

一些专家将培养孩子的成功意识概括成以下十二点，父母操作起来比较方便。

①让孩子重复做简单的事情。

②让孩子每天进步一点点。

③对孩子要有信心和耐心。

④尊重孩子的想法，正确估计孩子的潜在能力，鼓励孩子多做积极的自我评价。

⑤不要与别人的孩子相比。

⑥教会孩子将快乐放在他喜欢的事情上。

⑦多示范，少指责。

⑧教孩子学会放松自己。可从教孩子深呼吸开始，让孩子体会到深呼吸的感觉，然后让孩子想象一件能使他全身处于放松状态的事情，一直到孩子心情完全平静为止。情绪安宁有助于孩子排除一切干扰，沉着镇静地面对挑战。

⑨训练孩子集中思想，全神贯注。

⑩教孩子在头脑中“排练”，预见生活中的各种场景。

⑪让学生家长、老师、学生为共同的事业齐心协力，当学校的每一个人为了达到共同的教育目标承担责任时，学生则会最易成功。因此，为使

你的孩子成功，请配合好学校的工作。

⑫要将成功的信念注入孩子的血液中。在美国的弗吉尼亚州诺福克市雏拉德示范学校里，学生和教职员工们每天早上都要花时间背诵他们的誓言："我相信能成为一个好学生。我相信我能取得成就。我相信如果我努力去做会成功。因此，我每天都将尽自己的最大努力去进取。我有能力学习，我一定去学。"

第三章

孩子的健康比什么都重要

孩子成长，健康第一。孩子的生理发育尚未成熟，机体对外界环境的适应力、对疾病的抵抗力相对较差，需要家长格外用心，在日常起居、饮食、运动锻炼等方面合理安排，促进孩子的健康成长。

了解孩子的生长发育

孩子是成长的个体，他们的身心每天都在发生着变化。孩子是独特的个体，他们有着与众不同的个性。家长只有全面了解孩子，读懂孩子成长这本书，才能真正给孩子关心与指导。

根据教育工作者的经验和心理学的研究结果，儿童从出生到发育成熟，大致经历乳儿期（0～1岁）、婴儿期（1～3岁）、幼儿期（3～6、7岁）、童年期（6、7岁～11、12岁）、少年期（11、12岁～14、15岁）和青年初期（14、15岁～17、18岁）六个阶段。每个年龄阶段有着不同的生长发育特点，家长要留心观察，全面了解，根据孩子的生理特点合理养育。

（1）学前儿童生理发育特点

学前儿童指0岁至6、7岁的孩子，包括乳儿期、婴儿期和幼儿期。这是人生的开端，又是身体生长发育最为迅速的时期。

◇ 身高体重快速增长

0～1岁是人一生中生长最旺盛的阶段。婴儿出生时，体重平均为3千克，身长平均为50厘米。1岁时，体重可以达到出生时的3倍左右，身长可以达到出生时的1.5倍。3岁以后，生长速度相对减缓，但是比后期发展还是要快得多。在3～6周岁这个阶段，儿童的身高大约年增长4～7厘米，体重年增加2千克左右。

◇ 大脑发育迅速

脑与神经是人体发育最早的器官。孩子出生后大脑发育相当快，婴儿出生时脑重大约是390克，9个月为成人脑重（1400克）的1/2，2.5～3岁为成人脑重的2/3，4～5岁为成人脑重的9/10，7岁接近成人。这组数据表明，4岁前脑重增长最快。婴幼儿大脑皮层发育尚未完善，调节人体生理活动能力差。

◇ 运动能力逐步增强

孩子在1岁之前，从抬头、翻身，到学会坐和爬，开始进行初步的自由活动。1岁左右学习走路，随后动作发展加速，会跑跳、攀登、钻爬……但是，这个阶段幼儿的骨骼偏柔软，有弹性，易出现骨骼变形。肌肉的发育不平衡，大肌肉群发育得早，小肌肉群发育还不完善，而且肌肉的力量差，所以手的动作较笨拙，一些精细的动作还不能成功完成。

◇ 心肺功能发育不完善

婴幼儿的心脏肌纤维细弱，心壁薄，收缩力差，输出的血量少，但由于新陈代谢旺盛，心脏必须加快收缩，心律较快，1～2岁是110次/分钟，3～6岁是95～100次/分钟。婴幼儿的肺泡数量少，容量小，每次呼吸量比成人少1/8～1/10，所以呼吸时频率较快。

（2）小学生生理发育特点

小学生处于童年期，身体各项功能在不断分化、增强。从整个小学阶段看，生长发育比较平稳，在高年级即将进入青春发育期时，出现快速增长趋势。

◇ 新陈代谢旺盛

新陈代谢包括同化作用和异化作用两个方面。人体从外界摄取营养物质，变为自己身体的一部分，并且贮存了能量，这种变化叫同化作用。与此同时，构成身体的一部分物质不断氧化分解，释放出能量，并将分解的产物排出体外，这种变化叫异化作用。小学生正处在长身体的时候，同化作用大于异化作用，所以，他们需要从外界摄取更多的营养物质，以保证正常生长的需要。

◇ 骨逐渐骨化，肌肉力量尚弱

小学生的骨骼正在骨化，但骨化尚未完全，骨骼的弹性大而硬度小，不易骨折但易变形，不正确的坐、立、行走姿势会引起脊柱侧弯、后凸等变形情况。小学生的肌肉发育尚不完善，肌肉纤维比较细，肌肉组织的能量储备少，所以肌肉的弹性、伸展性好，但力量和耐力都比成人差，容易出现疲劳。

◇ 心率减慢，呼吸力量增强

小学初期的儿童心脏继续发育，但心肌纤维仍较细，收缩力较弱，所以小学生的心律虽与学前儿童相比有所减慢，但比成人还要快，约为 80 ~ 85 次/分钟。六七岁小学生肺泡的结构与成人基本相同，但数量和容量较少，随着年龄的增长、体格的发育，肺容量逐渐加大，呼吸频率也递减。

◇ 乳牙脱落，恒牙萌出

儿童一般在 6 岁左右开始有恒牙萌出。最先萌出的恒牙是第一恒磨牙，俗称“六龄齿”，接着乳牙按一定的顺序脱落，逐渐由恒牙替代。到 12、13 岁时，乳牙可全部被恒牙替代，进入恒牙期。

（3）初中生生理发育特点

初中生处在青春发育期，其生理发育最突出的特点就是从原来的不成熟趋向成熟，归结起来主要有三大变化。

◇ 身高体重增加迅速

人一生中有两个生长高峰期，第一个高峰期是 0 至 1 岁，第二个高峰期是 11、12 岁至 14、15 岁左右。初中生正处在第二个生长高峰期，身高、体重、肢体的增长都很快，身高每年可增高 6 ~ 8 厘米，甚至 11 ~ 12 厘米；体重每年增加 5 ~ 6 千克，突出的可增加 8 ~ 10 千克。

处于青春发育期的中学生骨骼生长急速，上下两肢骨，特别是下肢骨长得最快。肌肉随骨骼的变化而加大加粗，尤其是大肌肉急速生长，而少年期较发达的小肌肉则相对处于停滞状态。所以初中生喜欢大运动量的活动，爱跑、爱跳，喜欢干力气活等，对于细小的动作却一时显得笨拙。

◇ 身体机能逐步健全

青春期中学生的体内机能，尤其是作为生理基础的循环系统、呼吸系统、神经系统迅速地发育健全起来。

心脏发育趋于成熟，脉搏跳动减慢，心脏重量、形体、恒定性及血压都接近成人。肺活量逐渐增加，15、16 岁时接近成人水平。

脑的平均重量、体积、脑电波与成人基本没有差别，大脑机能显著增强，兴奋与抑制过程逐步平衡，第二信号系统的作用明显增加。

◇ 性开始成熟

进入青春期后，人体内的生物钟催动脑垂体及生殖腺开始活动，性器官和性机能开始成熟，并且发展迅速，主要表现在第一、第二、第三性征上。第一性征的变化是指生殖器官的增大，接近成人。第二性征的变化是指体态上出现的新特征，如男生喉结突出，长出胡须，夜间梦遗等；女生乳房隆起，皮下脂肪增厚，出现月经等。与此同时，男生的男性气质和女生的女性气质也逐渐明朗化，男生一般都身体高大，肩宽腿长，肌肉发达，显示出男子汉的壮美；女生大多骨盆变宽，体态丰满，具有青春女性的曲线美，这是第三性征的出现。

孩子大脑发育过程及必需的营养物质

科学研究发现：0～3 岁的婴幼儿脑的可塑性最大，4～14 岁则是大脑功能发展的最重要时期。16 岁至青春期以后，脑的功能构建完成，多余的神经联系逐渐清除，总数降至成年人的水平。所以，小学阶段是构建脑功能的黄金阶段，父母要在不影响孩子正常学习的情况下科学有序地对孩子进行教育引导。

在解剖学上，出生时小儿已具备了成人大脑所具备的沟回，但比成人浅，在组织学上也已具备了大脑皮质的 6 层基本结构。出生后无论在解剖学上还是在功能上又得到了迅速发展。

具体地讲，自妊娠最后 3 个月至生后 1.5～2 岁是脑发育最快的时期，也是最为关键的时期。出生时脑重量 350～400 克，占体重的 1/9～1/8，约为成人脑重的 25%，1 岁时为出生时的 2 倍，达成人脑重的 50%，2 岁时为成人脑重的 75%，显然在最初 2 年内脑发育是最快的。小学阶段的孩子大脑发育日趋完善，6 周岁时脑重可达 1.2 千克，为成年人脑重的 90%，脑细胞之间的神经联系总数是成年人的 150%，为脑的各种功能（控制听、说、读、写、运动等）提供了充分的条件。

3～6 岁时，脑的发育仍较迅速，脑重已由 1 岁时的 0.9 千克增至 6 岁时的 1.2 千克。神经纤维分支增多加长，这有利于神经元联系的形成。6 岁左右，大脑半球的一切神经传导通路几乎都已髓鞘化，身体在接受刺激后，可以迅速、准确地由感官沿着神经通路传到大脑皮层高级中枢。大脑皮层各区间增加了暂时联系的可能性，分化作用也大大加强，条件反射的形成比较稳定而巩固。

7～8 岁的孩子大脑半球继续发育，脑重由 6 岁时的 1.2 千克增加到 1.3 千克，接近成人的脑重，同时神经细胞体积增大，细胞分化基本完成，神经细胞的突起分支变得更密，出现了许多新的神经通路。大脑额叶迅速生长，使孩子运动的正确性及协调性得到发展。由于大脑的发育，抑制能力及分析综合能力加强，工作能力也逐渐增强，孩子的行为变得更有意识。但这一时期，孩子对第二信号系统的语言和文字反应尚未完善，直观形象模仿能力强，而抽象概念思维能力相对较差。

9～16 岁的孩子，脑重量增加不多，这一时期主要进行着脑内部的结构和功能的复杂化过程。神经的联络纤维在数量上大大增加，联络神经元的结构和皮质细胞结构功能大大发展，这是联想、推理、抽象和概括思维过程的物质基础，是大脑功能进一步成熟的标志。

大脑的神经细胞在进行正常活动时，新陈代谢十分旺盛，要消耗大量的能量。大脑的重量只占体重的2%，而耗氧量却占了全身耗氧量的20%，当大脑积极活动时，耗氧量将达到全身耗氧量的33%。大脑神经细胞除了需要得到大量氧外，还需要其他营养物质。

大脑主要由水（78%）、脂肪（10%）和蛋白质（8%）组成，成年人大脑消耗人体能量的20%，而0～10 岁的孩子，脑消耗的能量竟占全身总能量的一半！因此，给孩子的大脑提供充足的能量支持是极其重要的。

葡萄糖是大脑活动最主要的能源，由淀粉、麦芽糖、蔗糖等经过人体消化吸收转化而成，但是，糖尤其是精制的糖，食用过多会使大脑进入过度疲劳状态。所以不要认为大脑需要糖较多，就让孩子吃很多白糖、红糖、糖果或喝含糖分较高的饮料，这样做的结果有害无益。对大脑来说，最好的糖是含碳水化合物高的谷类食物，这些食物在体内分解为葡萄糖，成为身体活动的能源，因为这些糖在消化过程中缓慢地释放出葡萄糖，所以可以源源不断地为大脑细胞提供能量。

其次，蛋白质是脑细胞的重要成分，是维持脑细胞的兴奋与抑制过程、形成神经联系的主要物质。在记忆、语言、思考、运动、神经指导等方面有重要作用。因此，为孩子提供富含蛋白质的食品，也可以促进大脑的发育。最后，脂肪也是脑细胞的重要构成部分，神经细胞膜主要是由脂肪制造的。制造神经细胞膜所必需的两种物质——亚油酸及2－亚油酸，是人体不能自行合成的，必须从食物中获取。如果食物中缺乏这两种必需的脂肪酸，会引起大脑功能紊乱，智力明显减退。亚油酸存在于动物和植物油中，2－亚油酸只存在于豆油、菜子油、核桃油和麦芽油中，将动物油与植物油混合食用可补充两种亚油酸。

家长也可以经常给孩子吃一些健脑的食物。

含糖类丰富的最佳健脑食物：未经精加工的大米、小米、玉米、高粱米、小麦、荞麦、燕麦、大麦等。

含蛋白质丰富的健脑食物：肉类、鸡蛋、鸭蛋、花生、核桃、芝麻、蚕豆等。

含脂肪酸丰富的健脑食品：核桃仁、芝麻、金针菜、鱼类等。

值得注意的是，各种食物不宜进食过多，要根据孩子的活动量和生长速度来安排。谷类食物进食过多，易引起肥胖；蛋白质供给过多，容易增加肾脏的负担；脂肪食物食用过多，也容易导致消化不良或造成肥胖。

现在许多食品和饮料为了强化口感，添加了一些化学成分，对孩子的身体和智力造成很大影响。这必须引起家长足够的注意。

孩子膳食营养学

幼儿时期是孩子长身体的黄金时段，合理安排孩子的膳食，及时补充必需的营养是望子成龙、望女成凤的必要基础。

合理安排孩子的饮食，要从多方面进行考虑：平衡膳食，保证营养，一日三餐巧搭配；适当补充微量元素；避免陷入营养摄取的误区。

（1）保证儿童必需的营养

为了维持生命和保证健康，我们每天必须摄入含有营养素和热能的各种食物。人类赖以生存的营养素包括六大类：蛋白质、脂肪、碳水化合物、维生素、无机盐和水，其中蛋白质、脂肪、碳水化合物能产生热能。

◇ 平衡膳食

膳食是儿童营养的主要来源，合理的膳食能满足儿童的全部营养需要。合理膳食又称为平衡膳食，是指每餐膳食应由几种食物组成，每种食物提供不同的营养素和热能，适当搭配使营养素之间和热能供给之间达到比例适当，以保证儿童成长需要。

平衡膳食一般由四种基本成分组成：谷类或根茎类（土豆、薯类等），作为一餐的主食，是热能的主要来源；动植物蛋白质，如肉、鱼、奶、蛋、禽、豆类及其制品，提供优质蛋白质；蔬菜和水果，提供维生素和无机盐；脂肪、油、糖，满足热能需要。

在安排儿童饮食时，主要供给能量的营养素之间还必须有合适的比例，否则就会导致儿童肥胖或消瘦，生长停滞等一系列现象。一般而言，以总能量的12%～15%来自蛋白质，20%～30%来自脂肪，50%～60%来自碳水化合物最为合适。年龄越小，蛋白质供给相对越多。

◇ 保证营养

儿童正处在生长发育阶段，新陈代谢旺盛，对能量和营养素的需要量相对比成人高，只有满足儿童的营养需求，才能保证其体格与智能发育正常，形成良好的身体素质。

我国营养学会建议，儿童每日营养供给标准为：10～13岁儿童的热能供给量为2300千卡；3～12岁儿童的蛋白质供给量占热能的12%～14%；10～13岁儿童钙供给量为1000毫克；6～12岁的儿童铁的供应量为10～12毫克；锌的供给量为10～15毫克。3～12岁儿童，每2～3岁为一个年龄组，维生素C的供给量分别为40、45、50毫克，维生素$B_2$0.5毫克，尼克酸6毫克。维生素A每日2000～4000国际单位，维生素D一般每日应摄入300～400国际单位。

合理膳食一二三四五

每天喝一袋牛奶。孩子长个子主要在晚上，入睡几小时后，生长激素开始分泌，所以睡觉前喝奶比较好。如果喝完奶后能再吃一片100毫克维生素C和一片复合维生素B（3岁以下上述两种维生素每种半片即可），孩子不但身高、体重好，而且抵抗力强，一路健康成长。

二是250～350克碳水化合物，相当于六两到一斤主食。

三份高蛋白。蛋白质不能太多，也不能太少，三份至四份就好。一份就是一两瘦肉或者一个鸡蛋，或者二两豆腐，或者二两鱼虾，或者二两鸡或鸭，或者半两黄豆。一天三次。比如说早上吃一个鸡蛋，中午吃一个肉片苦瓜，晚上吃二两豆腐或二两鱼。

四句话，即“有粗有细，不甜不咸，三四五顿，七八分饱”。有粗有细是粗细粮搭配，一个礼拜吃三四次粗粮，像玉米、红薯等。不甜不咸是指食物要清淡。目前北方人日均食盐12～14克，其实6克就行，多了易患高血压。“三四五顿”是指每天少吃多餐，绝对不能不吃早餐。

五是指每天500克蔬菜和水果。预防癌症的最好办法，就是常吃新鲜蔬菜和水果，能减少一半以上患癌症的机会。

（2）一日三餐巧搭配

一日三餐究竟选择什么食物，怎么进行调配，采用什么方法来烹调，都是有讲究的，并且因人而异。一般来说，一日三餐做到主、副食搭配，粗、细粮搭配，荤、蔬菜搭配。而且还要重视合理分配各餐热量。一日三餐的科学分配是根据每个人的生理状况和正常消耗来决定的。按食量分配，早、中、晚三餐的比例为3∶4∶3。

◇ 早餐的科学搭配

早餐是一天中最重要的一顿饭。早餐要吃好，是指早餐应吃一些营养价值高、少而精的食物。经过一夜的睡眠，前一天晚上进食的营养已基本耗完，早上只有及时补充营养，才能满足上午工作、劳动和学习的需要。早餐应选择易消化吸收，纤维质高的食物，作为一天精力的主要来源。

◇ 午餐的科学搭配

俗话说“中午饱，一天饱”，午餐是一日中提供主要能量的一餐。由于上午体内热能消耗较大，午后还要继续工作和学习，因此不同年龄、不同体力的人午餐热量应占他们每天所需总热量的40%。以中学生为例，根据三餐食量配比，主食应在150～200克左右，可在米饭、面食（馒头、面条、大饼、玉米面发糕等）中间任意选择。副食在240～360克左右，以满足人体对无机盐和维生素的需要。副食种类的选择很广泛，如肉、蛋、奶、禽类、豆制品类、海产品、蔬菜类等，按照科学配餐的原则挑选几种，相互搭配食用。一般宜选择50～100克的肉禽蛋类，50克豆制品，再配上200～250克蔬菜，也就是要吃些耐饥饿又能产生高热量的炒菜，使体内血糖继续维持在高水平，从而保证下午的活动和学习。

◇ 晚餐的科学搭配

晚餐比较接近睡眠时间，不宜吃得太饱。晚餐应选择含纤维素和碳水化合物多的食物。主食与副食的量都可适量减少，以便到睡觉时正好是空腹状态。

幼儿和学龄前儿童每天除了三顿主餐之外，可以在早、中餐之间和中、晚餐之间各加一次点心，如少量的糖果、糕点或牛奶、豆浆等，以弥补主餐的营养平衡。儿童好奇心强，喜欢花样多变的食物，因此多样化的食品，多样化的制作方式，变换着的色、香、味、形等，可以激发儿童的食欲。

(3) 适当补充微量元素

人体内含量甚微、低于体重0.01%的那些元素，称为微量元素。人体内的微量元素虽然含量很少，但对人体健康却起着重要的作用。目前已知铁、碘、铜、猛、锌、钴、铬、硒、氟、硅、锡、钒等微量元素与机体的生命活动关系密切。

◇ 钙

缺钙将引起儿童、青少年的牙齿、骨骼发育不良，手足搐搦症和惊厥，并易导致骨和牙的某些疾病。缺钙还会使人体内许多酶的活性降低，从而影响人体新陈代谢的正常进行，乃至引发疾病。儿童缺钙易患佝偻病，成人易患软骨病，高血压、视力降低也与钙缺乏有关。

补钙主要通过食物，如虾皮、肉制品、豆类、牛奶及其他奶制品。需要注意的是，钙的吸收需要维生素 D_3 的帮忙，否则钙只会在体内“匆匆地来，匆匆地走”。而维生素 D_3 有利于钙在骨骼上的沉积，并减少流失。因此，加入了维生素 D_3 的牛奶或奶粉补钙的效果会更胜一筹。

◇ 锌

锌与人的生长发育有关，广泛分布在人的神经、免疫系统、血液、骨骼和消化系统中，参与体内近300种酶的合成与激活，促进身体发育，增进智力，增强肌体免疫功能，促进细胞的生长、分裂与再生等。人们称誉锌为“生命之花”、“智力之源”。

补锌主要通过膳食，极少数才需要药物。含锌较多的食物主要有海产、动物肝脏、瘦肉、坚果类（如花生、瓜子、核桃）等，其中牡蛎含锌最多。动物性食物的锌不仅含量高，而且吸收率也比植物性食品高。

◇ 铁

铁是组成血红素所必需的，摄入不足就会发生缺铁性贫血。摄入过量则损害胰腺（导致糖尿病），损害肝脏（肝硬变），损害皮肤（皮肤青铜症），还会诱发心脏病。

补铁同样主要通过食物获取。菠菜、韭菜、猪肝等都是富含铁的食物。缺铁也可通过药物补充，但切勿自作主张，须在专家的指导下进行。

怎样做好孩子的保健工作

孩子成长，健康第一。孩子的生理发育尚未成熟，机体对外界环境的适应力、对疾病的抵抗力相对较差，需要家长格外用心，在日常起居、饮食、运动、锻炼等方面合理安排，促进孩子的健康成长。

保持少儿身体健康贵在注意日常保健。要营造一个适宜的家庭卫生环境，关注孩子的衣食住行，用心保护孩子的眼睛、口腔等易损器官，掌握日常运动保健常识，等等。

(1) 培养孩子良好的生活习惯

孩子的生活习惯一般包括起居习惯、饮食习惯、清洁卫生习惯、体育锻炼习惯等。良好的习惯可以让孩子受益终生，不良的习惯则会贻害孩子一生。培养良好的生活习惯是对孩子进行教育的最重要的内容之一。父母应该从大处着眼，重视良好习惯的培养：从小处入手，在日常生活中规范孩子的行为和自己的行为表现，有意识地引导孩子形成良好的行为习惯。

孩子良好的生活习惯包括下列内容：

◇ 生活起居习惯：按时作息，每天应睡足10小时，夏季保证1小时午休；平时保持坐、立、行走的正确姿势；无不良嗜好。

◇ 清洁卫生习惯：早晚洗脸刷牙，饭前便后要洗手，勤洗头理发，勤换衣服，勤剪指甲，随身带手绢手纸；不乱扔果皮纸屑，不随地吐痰，不在墙壁、桌子上乱刻乱画；不在嘴里乱咬东西（如铅笔、指头），等等。

◇ 饮食习惯：定时定量；营养要全面，不偏食、不挑食；吃饭要专心、愉快，细嚼慢咽；少吃零食；不吃霉烂变质等不洁食物；不喝生水；不吸烟；生吃瓜果要洗净。

◇ 体育锻炼：积极参加各种活动，每天保证活动一小时；讲究运动卫生，饭前饭后不做剧烈活动。

(2) 家庭日常保健标准

儿童身体健康从保持良好的生活环境开始。家庭日常保健，可参考以下十条标准：

①居室整洁，无蜘蛛网、灰尘、油污；窗明几净，用品放置整齐。

②室内空气新鲜，无异味，无蚊、蝇、蟑螂等。

③厨房有良好的排烟、排气和通风设施。

④厨房内灶具、碗筷干净，物品存放整齐，地面保持清洁，生熟食品分开。

⑤厕所无臭、无蝇，便池无尿垢，地面、门窗、墙壁、灯具、洗手盆池整洁。

⑥阳台、庭院整洁、规范，绿化、美化。

⑦注意保持门口、庭外等周围环境的整洁、卫生。

⑧家庭成员无烟酒等不良嗜好。

⑨家庭成员有良好的卫生习惯，知晓卫生防病知识。

⑩积极组织有益于身心健康的文娱体育活动。

(3) 关注儿童的生长发育

生长发育是儿童机体的基本特点。生长是量的增长，指体积增大，重量增加；发育是质的改变，指细胞、组织及其功能的成熟，生长和发育包含着机体的质和量两个相互联系的方面的动态变化。

整个儿童时期生长发育在不断地进行，但在不同的年龄段，生长发育的速度也不尽相同，有两个快速增长期：

第一个在出生后到 1 岁以内。初生婴儿平均体重 3 公斤，到 1 岁时平均体重为 9 公斤。初生婴儿平均身长 50 厘米，到 1 岁时平均身长 75 厘米。

第二个快速增长期在青春期（女孩从 10 ~ 11 岁开始，男孩从 12 ~ 13

岁开始），特别在青春期的头三年，男孩身高每年可增长 7 ~ 9 厘米以上，女孩可增长 5 ~ 7 厘米以上，体重平均每年增加 5 ~ 6 公斤。青春期后期生长发育速度相对减慢，体重平均年增加 2 公斤，身高平均每年增加 3 厘米。

判断儿童生长发育状况最简单、最可靠的指标是体重和身高。体重是反映近期营养状况的敏感指标，短期内体重的增减很容易测量出来。身高反映长期的营养状况和骨骼生长的速度，需要间隔较长时间才能明显地测量到。

儿童的身高和体重可以用公式推算：

体重（公斤） = 年龄 ×2 + 8

身高（厘米） = 年龄 ×5 + 80

以上公式可以用于 2 ~ 10 岁的儿童，10 岁以后个体差异明显增加，不能套用公式。

家长应当了解孩子生长发育的一般特征与规律。当孩子发育与正常标准出现了明显的偏差时，家长应及时察觉，早介入，早矫正，早治疗。

(4) 儿童的眼睛保健

人眼是由眼睑（上、下眼睑）、眼球、眼底组成。眼球由前向后为角膜、房水、晶状体、玻璃体（这四种物质均具屈光性）组成了人眼的屈光系统。人眼的屈光系统相当于一组凸透镜，睫状肌的收缩及舒张可调节其屈光度。儿童期此调节力最强，随着年龄的增加而逐渐减弱。

儿童视觉发育有特定的规律：出生后，随着年龄的不断增长，视觉功能不断完善。3 岁前为小儿视觉功能快速发育期，3 ~ 13 岁为视觉功能慢速发育期。因此，13 岁以前一定要保护好孩子的眼睛。

据调查，我国近视发病率小学生为 16.84%，初中生为 45.59%，高中生为 65.42%。近视眼多发生于学龄前儿童及青少年，且近视发病率有上升趋势，城市发病高于农村。因此，日常儿童眼睛保健不可忽视。

◇ 儿童眼保健越早越好

严格地讲，儿童眼保健从母亲孕期开始，因为在孕卵着床第 3 周就开始了眼的形成；新生儿期给予适宜的光线刺激；婴幼儿时期可以开展正常的阅读等活动。

◇ 保持儿童营养素的平衡摄入

保护儿童的眼睛，要注意保持营养平衡，特别要保证与眼睛密切相关的营养素的摄入。补充富含维生素 A 的食物，如肝类、胡萝卜和各种蔬菜、水果等，有利于孩子眼睛的发育。

◇ 注意用眼卫生

一双眼睛一对宝，从小就要保护好。读写坚持三个“一”，即眼离书本一尺，握笔手指离笔尖一寸，胸离桌沿一拳。走路、躺着、乘车、过强过亮灯光下切莫看书。眼保健操要认真做，长期坚持才有效。

◇ 重视儿童的眼部检查

目前，学校及托育机构每年一次常规检查，家长要及时了解检查情况。孩子的眼部症状不易发现，特别是单眼视力不良者，但家长要留心，观察孩子最近是否有视物异常行为，以便及早矫治。

一般来讲，儿童视力不良经常表现出下列特征：双眼注视的方向不一；眼的大小、外形、位置、运动、色泽等异常；看东西习惯眯着眼看，看近物时容易皱眉头；有时歪头、斜眼看东西；看东西时常揉眼；看书、写字、看电视等距离较近。

（5）儿童的口腔保健

儿童的口腔比较幼嫩，需要家长格外留心。儿童口腔日常预防保健措施有：

◇ 掌握正确的刷牙方法，保持良好的口腔卫生习惯

父母首先应给孩子选择一支合适的儿童牙刷。牙刷柄要粗细适中；牙刷毛要软硬适度、富有弹性，同时毛面应平齐或呈波浪状，毛头应经磨圆处理。牙膏的选择以绿色环保为宜。家长要耐心教给儿童正确的刷牙方法。

刷牙时要由下向上旋转着刷；刷上牙内侧时，由上向下拉动；刷下牙内侧时，由下向上拉动；臼齿的位置比较靠里，不太容易清洁，刷臼齿的咬合面时，要将牙刷按压在咬合面上，前后来回地刷。

刷牙的重点部位是牙的里面、牙龈沟和牙冠的颈三分之一处。千万不要使用拉锯式横刷法，这样会损伤牙齿和牙龈，而且刷牙的效果也不佳，

长期下去还会造成牙齿近牙龈部位的楔形缺损并对冷热酸甜刺激过敏。

刷牙的时间应为2～3分钟，这样才能达到较为彻底的效果。每天至少早晚两次，饭后亦可进行。

◇ 纠正口腔不良习惯

许多孩子有一些不良习惯，如吮指、咬唇、咬物、吐舌、偏侧咀嚼、用口呼吸等，会不同程度地破坏口腔肌肉的平衡状态，对颌骨、牙齿产生异常的压力而妨碍了正常的发育，造成不同的畸形。对于有上述不良习惯的儿童，更应注意日常的口腔卫生保健，努力帮助孩子克服不良习惯，尽早治疗相关的疾病，如已经影响到牙齿发育，更应选择适宜时机进行矫正。

另外，还要注意定期检查，至少每年一次。做到早发现、早治疗，防止病损的扩大。

指导孩子进行体育锻炼

体育锻炼是提高体能、增强体质的根本途径。体育锻炼能促进孩子的骨骼、肌肉、心脏和神经系统等的发育，提高孩子对疾病的抵抗力，还有助于改善心理状态，使孩子呈现热情活泼、积极向上的精神风貌。

大量事实证明，经常参加有益、适量的运动，孩子可以奠定坚实的身体基础，获得乐观的心态，形成顽强的毅力和坚强的意志，给紧张的生活以必要的调节，而且还能获得亲近自然的机会和松弛大脑的愉悦。这样，孩子就能提高适应能力，全面顺利地成长和发展。所以，运动是增强孩子抗击人生的风雨、益智健体的良方。

和孩子一起锻炼更是一举多得：其一是快乐，和孩子一起锻炼是一天中最快乐的时光，是天伦之乐；其二是身教，与孩子一起锻炼，一起蹦跳玩耍，无须说教，也能激发孩子锻炼的兴趣；其三是健体。

怎样指导孩子锻炼身体？家长可以根据孩子的体质、性别、兴趣，与孩子共同选择合适的运动项目。指导孩子锻炼身体要遵循循序渐进的原则，要懂得体育卫生，要有保护孩子的意识。如：刚吃完饭或饥饿时不能锻炼；运动后满身大汗，不要站在风口处吹风；运动后不要急于洗澡和喝水；夏天防中暑，冬天防着凉；运动时岔了气要做深呼吸。要注意保护孩子的兴趣。孩子注意力不够集中，容易疲劳，锻炼时间、运动量要合理安排，避免引起孩子厌烦情绪而影响锻炼兴趣和效果。每天可在早上或下午锻炼半小时左右，下午活动不能过于剧烈，以免过度疲劳。

指导孩子锻炼身体，家长还必须掌握正确的方法。

(1) 锻炼要全面

孩子体育锻炼的基本目的在于全面发展身体各部位、各器官的机能，增强体质。为此，就要科学地安排各项活动，使身体得到全面系统的发展。每个运动项目对体质的影响都是不同的，如田径和体操练习，主要锻炼神经、肌肉；耐力练习，侧重心肺功能的加强。从孩子锻炼的基本目的出发，应让孩子进行全面的锻炼，以促使身体在力量、速度、灵敏、耐力、柔韧以及各器官、系统的功能上得到全面、均衡的发展。

(2) 锻炼要循序渐进

安排的体育锻炼项目也要由简到繁，不要使孩子产生畏难情绪。比如跑步，要在速度、距离方面逐渐增加运动量，给孩子一个逐渐适应的过程。不要幻想一口吃成个胖子，要知道“欲速则不达”，拔苗助长只能产生副作用，造成过度疲劳和运动损伤。

孩子的自觉性和毅力不够，若没有父母督促鼓励，就可能出现“三天打鱼，两天晒网”的情况，不利于保持体育锻炼的效果。对此，家长可帮助孩子制订锻炼计划，明确锻炼的目标、内容、时间和次数。循序渐进，使孩子养成锻炼的好习惯。父母若能和孩子一起锻炼最好，即使不能天天与孩子一起锻炼．也要关注孩子的锻炼情况，及时给予支持。

(3) 体育锻炼贵在坚持

锻炼要经常进行。体育锻炼要持之以恒，坚持不懈，这样锻炼的效果才能显现出来。“三天打鱼两天晒网”、“一曝十寒”是达不到锻炼目的的。同时，家长和孩子还要把坚持体育锻炼的过程当做锻炼自己意志、毅力的过程。

(4) 体育锻炼要有准备活动和整理活动

准备活动是使人体从相对安静状态逐渐过渡到运动状态，使植物神经系统和心、肺、肌肉、韧带等器官逐渐兴奋起来，以适应剧烈运动的需要，减少意外情况的发生。扩胸、慢跑、深呼吸等都是准备活动。同样道理，肌体从运动状态恢复到平静状态，也需要一个过程。整理活动，能使呼吸、血液循环、心跳恢复到平时的状态，放松紧张的肌肉和神经，避免因突然停止活动而带来意外。整理活动可以安排体操、慢跑、行走等。

孩子常见病的家庭防治

感冒发烧、咳嗽、腹泻等是儿童常患的病症。药物治疗的同时，家庭护理也相当重要。

（1）感冒

感冒是儿童健康的大敌，因此，预防感冒是保证健康的重要一环。日常生活中要注意孩子的生活卫生，随气候变化增减衣服，保证睡眠，坚持体育锻炼，重视膳食营养。此外，在平时或感冒流行季节可用以下方法防治：

食醋熏蒸法：关好门窗，取食醋100克，放在燃具上熏蒸，醋分子飘散在空气中，可杀死室内感冒病毒。进食时可用醋为佐料，常食有益。

姜糖茶法：用红糖、生姜、红茶各适量，煎或泡茶饮，每日1～2次，连服3～5天，有良好的防治感冒的功效。

蒸气吸入法：在广口茶杯中装满开水（或在开水中加点醋），口鼻俯于其上，对着上升的蒸气，做深呼吸运动，直至杯中水凉为止，每日数次，特别对初发感冒效果较佳。

冷水洗面法：一般应是夏季开始，秋冬不断，以增强适应性，每日早晚坚持用冷水洗脸。

家长要注意，儿童患感冒时不得滥用感冒药。药物滥用会引起一系列的不良反应。近期研究认为，感冒大多不是药物治愈，而是自愈。对待感冒最好的办法是卧床休息，大量饮水，合理饮食，适当服些退热冲剂，以减轻病痛，一般7～10天便会自然痊愈。

（2）发烧

人的体温是由大脑中的体温调节中枢来控制的。当人的机体免疫功能下降，抵抗力降低，身体受到外来刺激或病毒、细菌侵袭时，就很容易发烧。引起发烧的主要疾病有感冒、肺炎、扁桃体炎、风湿热、结核病等。如果孩子发热症状较轻，在家中护理即可，以免在医院交叉感染。

◇ 物理治疗

若体温高达39℃～40℃，且一时难以退烧时，可用凉水浸过的毛巾敷在头部。注意勤换，同时可以用温水擦擦胸、背及腿部，使皮肤浅表血管扩张，有助于退烧。体温升高过39℃，可以用30%的酒精擦身降温。

◇ 服用退烧药

所有的西医退烧药，如扑热息痛、复方阿司匹林等都含有咖啡因成分，有较大的副作用，高热时使用，易引起伴发症状，对消化系统和肝肾功能也有损害。

相比西药而言，中药的副作用较小，像柴胡滴丸，退热解毒的效果就比较好。

◇ 特殊护理

保证充足的睡眠，让患儿睡在舒适的床上，穿的衣服要宽松一些。房内空气要新鲜，注意通风换气，不要吸烟，房间要保持安静。

多喝开水。发烧的病人所需的水分比平时多，这是因为机体代谢率增高，出汗多，水分消耗大，血液相对浓缩，血流缓慢，心跳无力。因此，要给病人补充足够的水分。

服药后可能会出汗，这时盖得不要太厚，以免出汗过多而引起虚脱。出汗以后要及时擦干，并及时更换内衣，防止着凉。

另外，发烧的患儿一般胃口比较差，要做些容易消化而营养丰富的食物，如小米粥、豆腐脑、酸奶、蒸蛋羹等，并注意少食多餐。同时，要让病人多吃一些水果，增加营养素的摄入，以利于早日康复。

需要特别注意的是，“捂汗可以退烧”的说法是错误的。人体发烧通常都是因为体内发生病变而出现的临床表现，单靠捂汗而不进行针对性的治疗，只会造成病情加重。患者发烧捂汗，一旦温度过高就会出现脱水，还会加重心脏、呼吸系统的负担，甚至引发心脏骤停，危及生命。

(3) 咳嗽

孩子成长过程中经常容易发生咳嗽。如果父母对这种儿童常见病症多一些了解，当它们发生时就会做出适宜处理，帮助孩子减轻症状，尽快好转。

◇ 找准症结，及时施治

少儿咳嗽应先看病因，再决定治疗和护理。引起咳嗽的常见疾病有上呼吸道感染、支气管炎、肺炎、急性喉炎等，也可能是吸入冷空气或气管异物所致。

上呼吸道感染时儿童的鼻腔黏膜已发炎，如再吸入干燥空气将会使鼻腔更为不适，并会加重咳嗽。因此，要保持房间空气湿润，可以使用加湿器、挂湿毛巾、用水拖地板或在房间里放一盆清水等方法增加空气湿度。

如果儿童是因异味空气而引起咳嗽，就要使房间里不要吸烟，也不要有其他异味气体，如厨房油烟等，这些都会加重咳嗽。在房间里打扫卫生时不要让灰尘飞扬起来，可用湿抹布轻轻擦拭家具，以免引发咳嗽。

◇ 一般护理措施

为了避免儿童晚上睡眠时咳嗽，让其取侧卧位，最好将头部或上身用毛巾、枕头垫得稍高一些，以免呼吸道分泌物返流到气管引起咳嗽，影响睡眠。这样也可使儿童感到舒服，缓解呼吸困难。

当儿童咳嗽很厉害以致喘不过气来时，抱起来轻轻拍几下背部，或让其坐起来，这样会使儿童感到舒适一些，减轻咳嗽症状。

适当限制活动量。儿童咳嗽得很厉害时不宜玩耍得太疲劳，不然会加重咳嗽。而且，注意给孩子身体保暖，尤其是脚心和头顶部不要受凉，以免反射性地使呼吸道抵抗力更为下降。但是也不要让孩子身体过热，衣服被汗水浸湿后更容易引起咳嗽。

(4) 腹泻

腹泻是一种常见症状，是指排便次数明显超过平日习惯的频率，粪质稀薄，水分增加，或含未消化食物或脓血、黏液。腹泻常伴有排便急迫感、肛门不适、失禁等症状。腹泻分急性和慢性两类。急性腹泻发病急剧，病程在2~3周之内。慢性腹泻指病程在两个月以上或间歇期在2~4周内的复发性腹泻。

小儿腹泻的治疗方案，用十六个字概括就是：预防脱水、纠正脱水、继续饮食、合理用药。即：多喝白开水或适量加盐的米汤；以口服补液盐水纠正和预防脱水用药，采用口服补液的方法，最大限度地减少静脉输液；不禁食，因为禁食会加重营养缺乏，对于处在营养发育阶段的婴幼儿是十分不利的，且禁食也不能减少腹泻的次数和缩短腹泻的时间；不滥用抗菌素，抗菌药在杀菌的同时，也会造成人体损害，滥用抗菌素会导致人体对抗菌药物的耐药性，长期使用还有可能诱发二重感染。

儿童腹泻的具体护理措施包括：

◇ 饮食方法

腹泻时适宜的营养供应对促进疾病恢复，减少体重下降和生长停滞的程度，缩短腹泻后的康复时间，预防营养不良等，都是很重要的。腹泻停止后，继续给予营养丰富的饮食，并每日加餐1次，共2周，以期赶上正常生长。营养不良儿童或慢性腹泻的恢复期则需要更长时间。

◇ 日常护理

对感染性腹泻应注意消毒隔离。注意呕吐、排便和排尿的情况。按时喂水或口服补液用的含盐溶液，掌握静脉补液的速度。加强护理，防止呕吐误吸，勤翻身，预防继发肺炎。

◇ 控制感染

非病毒性肠炎以饮食疗法为主，不需服用抗菌药。细菌性肠炎一般均需用抗生素治疗。

突发事件的应急处理

家有孩子，难免发生各种各样的突发事件。家长平时就要做个有心人，多积累一些家庭急救常识，做到临危不乱。

(1) 外伤

◇ 烧伤、烫伤

家长应为烧、烫伤的儿童做以下工作：

儿童烧、烫伤时有衣物附着在患处，要剥去附着物。如果衣物贴在儿童的皮肤上，千万不能强行撕下。

用冷水冲洗冷却患处 15 分钟左右或用冰块敷患处。注意不要用任何药膏或药水去涂患处，只能用无菌纱布覆盖所有的患处，避免感染。

如果伤较严重，就要让儿童平躺在床上，并抬高儿童的下肢，让儿童的头部倾向一侧，以保证血流向体内的重要器官，防止儿童休克；送儿童去医院救治的过程中，要用干净的床单盖在儿童的身上，以免感染。

◇ 扭伤、碰伤

如果儿童受到的碰击不是很严重，患处没有出现肿胀或活动困难等症状，可以在皮肤的淤血斑处进行一小时左右的冷敷。

若关节扭伤，可在患处垫上棉花，再用绷带将患处及关节捆绑起来，注意不要使绷带绑得太紧，那样不利于血液循环。不要触动受伤的关节。如果儿童的患处有畸形或剧烈的疼痛，说明儿童病情不只限于扭伤，可能发生了骨折，应马上送医院治疗。

如果伤口出血，要用一块消毒的棉垫或卫生纸压迫伤口十分钟以上。如果伤口不大，在止血后，用冷开水洗干净患处，用创可贴贴在患处。如果伤口较大，应当马上带儿童去医院对伤口进行处理，必要时要注射破伤风抗毒素，以防止破伤风的发生。

如果症状较重，患处出现肿胀或活动困难，或碰伤的部位是头部或胸部，尤其是出现了头晕、呕吐、意识丧失、耳鼻有淡黄色的液体或血流出时，必须立即将儿童送去医院救治。

◇ 切割伤

家长应为切割伤的儿童做以下工作：

伤口不深，只是划破皮肤少量出血，只需用清水（或淡盐水）和肥皂清洗好患处，消毒后用创可贴或消毒纱布敷盖患处就可以了，这样可防止伤口感染，在清洗伤口时要确保伤口洗净。

在包扎伤口时要保证伤口有较好的透气性，不能包扎得太紧。每天都要换一次敷料，夜间活动较少可取下敷料加强伤口通风，有利于伤口的愈合。

注意不要将棉花或其他绒毛状的物质敷盖在伤口处，因为它们会粘在伤口上面阻碍伤口愈合。

（2）异物入侵

◇ 误吞异物

误吞异物后，应根据异物的形状大小特性，做出相应处理：

若误吞的是钱币、纽扣、小石子等小而圆并且光滑的物体，一般均能通过肠道排出。可多吃些韭菜、芹菜之类的高纤维蔬菜，促进其排出。如果吞咽了尖锐和直棱的物体，例如小发卡、骨头、别针等，则很危险，但决不可惊慌失措，而应速去医院，由医生用特殊器械取出异物。

如误吞异物后出现腹痛、呕吐暗红色血或黑便，应及时送医院进行检查。

◇ 异物误入气管

吃花生、糖果或瓜子时误入气管，是很危险的。这时家长应立即将孩子横抱，头部向下，在背部拍打，让异物咳出。如无效，应速去医院抢救。

◇ 鱼刺卡喉

当鱼刺、小骨头卡在喉部时，千万不要慌张。这时立即停止进食，将嘴张大，用筷子夹住舌头，用镊子取出异物。如果鱼刺卡得较深，不能夹取，应立及到医院就医。

◇ 眼内异物

家长应仔细观察异物是否植入眼内。如果异物没有植入儿童的眼睛，可以翻开儿童的眼睑，让儿童向下看，用消过毒的棉签轻轻地将异物拨去。

如异物植入眼内，千万不要去动它，用一块消毒的纱布垫盖在儿童受伤的眼睛上，并用纱布或布条加以固定，并立即就医。

◇ 昆虫进入耳道

昆虫等生物性异物进入儿童的耳道，家长可用酒精或油类液体滴入外耳道内，将进入的昆虫淹死，再用耳镊将其取出，然后用棉签擦净耳道即可。用此方法难以取出昆虫时，应立即送医院处理。

(3) 流鼻血

流鼻血的原因很多，如外伤、气候异常、各种原因的血小板减少等。鼻血流淌不止时需迅速采取措施止血：

将流血一侧的鼻翼推向鼻梁，并保持5~10分钟，使其中的血液凝固，即可止血。如两侧均出血，则捏住两侧鼻翼。鼻血止住后，鼻孔中多有凝血块，不要急于将它取出，尽量避免用力打喷嚏和用力揉，防止再出血。

一侧鼻孔流血时，举起对侧手臂，数分钟后即可止血。家长也可用中指勾住患儿的对侧手中指根，并用力弯曲，或用布条扎住患儿对侧中指根，鼻血止住后，解开布条。

取大蒜适量，去皮捣成蒜泥，敷在脚心上，用纱布包扎好，可较快止血。

如经常流鼻血，需去医院进一步诊治。

孩子的心理健康标准有哪些

心理健康是孩子健康的重要组成部分。孩子的心理健康取决于多因素的相互制约。家长应细心了解孩子的心理变化，关注孩子的异常心理，有效排除心理压力，塑造孩子的阳光心态，给孩子一个幸福、欢乐的美好童年。

早在1946年，第三次国际心理卫生大会将心理健康定义为："心理健康是指在身体、智能以及情感上与他人的心理健康不相矛盾的范围内，将个人的心境发展成最佳状态。"具体表现为：身体、智力、情绪十分协调；适应环境，人际关系中彼此能谦让；有幸福感；在工作和职业中，能充分发挥自己的能力，过有效率的生活。心理学家英格里士指出："心理健康是一种持续的心理状况，当事者在这种心理状况下，能做良好的适应，具有生命的活动，而能充分发挥其身心的潜能，这乃是一种积极的饱满的状况，不仅是免于疾病而已。"在我国，人们一般认为，心理健康是人们对环境的一种高效而愉快的适应状态，是个体在适应环境的过程中，生理、心理和社会性方面达到协调一致，保持一种良好的心理功能的状态。

根据人们从不同的方面、角度给予心理健康概念的界定，我们可以做出这样的解释：心理健康是一种良好的、持续的心理适应状态。心理健康的人必须具备完整的人格、进取的精神、充沛的活力、愉快的情绪、适当的行为、对现实的良好适应状态。

心理健康是儿童健康的重要组成部分。一般来说，儿童心理健康的标准包括以下几个方面：

◇ 活泼开朗

能自然流露自己的思想情感，不掩饰内心的喜怒哀乐。与人交往坦率真诚，比较随和，乐于接纳别人的意见。常常向父母或亲人诉说自己生活中遇到的问题和自己的行为反应，遇到挫折所引起的不良情绪能很快释放，不会郁积心中。

◇ 心态平衡

心境经常处于欢乐愉快状态，遇事冷静，很少大哭大闹，能理性分析事物，很少表现出焦虑不安或忧郁。

◇ 求知欲强

喜欢观察事物，探索周围环境，常向父母、师长提出自己经历过而想不通的问题；兴趣广泛，什么都想学，都想试一试。智力活跃，思维敏捷，爱动脑筋，敢于提出自己的见解。对新鲜事物反应快速。

◇ 热情慷慨

富有同情心，乐于帮助父母及亲属、同学等人。关心人，常有“利他”行为和“亲社会”的表现。喜欢交往，乐于和别人在一起。大方、谦让、和谐地与他人相处。在学校和住宅区与同龄人关系良好，能尊重别人。积极参加集体活动，适应纪律约束和行为规范，有时能排解群体内的一些矛盾，心胸开阔。

◇ 意志力发展良好

为了达到目的，遇到困难和挫折不退缩，不半途而废，不依赖他人，喜欢自己去克服。有较强的自信心和自制力，能根据需要控制自己的愿望和言行，能排除外界或内心的干扰，集中注意力实现学习目的。

◇ 生活习惯良好

儿童良好的生活习惯体现在饮食、睡眠、运动、言行等方面。心理健康的儿童具有一定的自尊心、自信心和自控能力，无怪癖、无恶俗举止，在日常生活中基本能保持平和、乐观、谦让、乐于助人等良好心理特质。从小做到尊老爱幼，待人和气，热情，有礼貌；不骂人，不讲脏话；大人讲话不乱插话，不打断别人说话；不挑食、不偏食，起居睡眠有规律等。

影响儿童心理健康的因素是多种多样的，包括生理因素（遗传）、心理因素、社会因素三个方面。了解这些影响因素，对于促进儿童心理健康具有重要意义。

◇ 生理因素

影响儿童心理健康的生理因素主要是遗传素质和生理发展特征。遗传素质是生物体遗传给后代的生物特征，如机体的形态、构造、感官特征、神经系统的结构和机能等，它是儿童身心发展的物质前提和必要条件。遗传影响着人的身高、体型、面部特征。遗传素质和生理发展特征显著地影响着儿童心理发展。如，身材高大、体型匀称、面容较好的儿童容易形成自尊、自信或高傲、自大等特征；身材矮小、五官不协调或生来就有生理缺陷的儿童，易受到同龄伙伴的奚落、羞辱，以致形成自卑、孤独、不善交际等心理。

◇ 心理因素

每个孩子都有自己独特的个性特征，它对儿童的心理健康有非常明显的影响。美国学者托马斯根据儿童个性把孩子分为两类：难养型和易养型。“难养型”儿童，生活的规律性差，情绪易波动，对外界环境的刺激反应强烈，对新事物、新环境较难适应，因而易发生心理障碍；“易养型”儿童则生活的规律性强，易于接受新事物，适应性强，接受规劝，性情温和，易达成心理平衡。

◇ 社会因素

△ 社会环境的影响。社会大环境作为成长背景对孩子的思想、行为具有潜移默化的影响。受从众心理和模仿天性的支配，儿童总是十分自觉地接受社会文化，融于所处环境。一个能歌善舞的民族，无论男女老少都热情开朗、能唱会跳；处在关爱、友善的环境中，孩子也会助人、自助。

当今社会，一些负面因素作为不良诱因腐蚀着孩子幼小的心灵，急功近利的社会风气、盲目攀比的心态也在影响着儿童心理的健康发展。对此，要引起社会的普遍重视，采取措施，综合治理，努力营造一个有利于儿童健康发展的社会环境。

△ 学校（幼儿园）教育的影响。教师的人格、对儿童的态度、教育

方法等都能影响孩子的心理健康发展。教师如果脾气暴躁、情绪反复无常、偏爱、没有同情心和爱心，就会给儿童的情绪带来负面的影响。教师在教育过程中一些不当的行为，也容易使儿童的心理健康受到影响。例如，当孩子犯了错就警告、训斥、甚至体罚，容易使胆怯的孩子烦躁、寝食不安，甚至不愿上学。

△ 家庭教育的影响。家庭是孩子长期生活的场所，也是孩子最早接触的环境。家庭的结构、父母的素养水平以及教育子女的态度等，都会影响儿童的身心健康。

给孩子一个阳光的心态

现代家庭教育强调要引导孩子调整好自己的心态，营造知足、感恩、达观的心理基调，树立乐观、开放、积极向上的人生态度，以阳光心态来享受生活的每一天。

（1）塑造孩子的阳光心态

塑造儿童阳光心态的方法是多样的。家长可以从多方面进行尝试，改变孩子的不良心态，塑造健康、积极的人生态度。

◇ 改变态度

小明参加了校运动会的中长跑比赛。中午回家后喋喋不休地向爸爸讲述运动场上发生的一幕幕。爸爸见他兴致如此高涨，禁不住好奇。于是产生了下列对话：

爸爸：儿子，你到底跑了第几名？

儿子：决赛第六名。

爸爸：奖励前几名？

儿子：前五名。

爸爸：你连个名次都没拿到，怎么还那么高兴？

谁知，儿子笑得更欢了。他好久才抑住笑，告诉爸爸："兔子跑得快是被狗追的。他们跑得快，是被我撵的呀。老爸，你不知道，那前面的几个家伙被我追得有多惨！"

不能改变环境就适应环境，不能改变别人就改变自己，不能改变事情就改变对事情的态度，不能向上比较就向下比较。一个人因为发生的事情所受到的伤害，没有比他对事情的看法更严重。事情本身不重要，重要的是人对事情的看法和态度。一旦改变了态度，往往就能产生激情，有了激情就有了奋发向上的斗志，结果往往就会变化。如果你能保证每天心情好，你就会获得很好的生命质量，体验别人体验不到的精彩生活。

◇ 享受过程

享受过程，精彩每一天。生命是一个过程，不是一个结果，如果你学会享受过程，结果到底是什么反而变得不重要。要争取用精彩的活动、良好的心情去享受生活的每一天。

怎么享受生命这个过程呢？把注意力放在积极的事情上。生命如同旅游，记忆如同摄像，注意决定选择，选择决定内容。

有甲、乙两个人看风景，开始的时候你看我也看，两人都很开心。后来甲耍了一个小聪明，走得快一点，比乙早看一眼风景。乙一看，岂能让你比我早看一眼！就走得更快一点超过甲。于是两人越走越快，最后跑起来了。原来是来看风景的，现在变成赛跑了，后面一段路程的沿途风景两人一眼也没看到。到了终点，两人都很后悔。这就是不会享受生命过程。

◇ 学会感恩

感恩是一个人该拥有的本性，也是拥有健康性格的表现。生活、工作、学习中都会遇到别人给你帮助和关心，也许你不能一一回报，但是对他们表示感恩是必需的。

感恩是一种处世哲学，也是生活中的大智慧。学会感恩，为自己已有的而感恩，感谢生活的赠予，能帮助你在逆境中寻求希望，在悲观中寻求快乐。这样你才会有一个积极的人生观和健康的心态。

◇ 服务他人

一则故事耐人寻味：

一个人跑到释迦牟尼面前哭诉。

“我无论做什么事都不能成功，这是为什么？”

“这是因为你没有学会给予别人。”

“可我是一个一无所有的穷光蛋呀！”

“并不是这样的。人即使没有钱，也可以给予别人七样东西：

第一，和颜施：用微笑与别人相处；

第二，言施：对别人多说鼓励的话、安慰的话、称赞的话、谦让的话、温柔的话；

第三，心施：要敞开心扉，对别人诚恳；

第四，眼施：以善意的眼光去看别人；

第五，身施：以行动去帮助别人；

第六，座施：乘船坐车时，将自己的座位让给老弱妇孺；

第七，房施：将自己空下来的房子提供出来，供别人来休息。

如果你有了这七种习惯，好运会随之而来的。”

一个人没多大本事的时候，养自己；本事大了，养家人；本事再大了，造福社区，然后就是造福社会，这个人的生命就很有价值。所以金钱的价值在于使用，人的生命价值在于被需要，成功的企业家最终应成为慈善家，多为社会福利事业作贡献，领导者应该为官一任，造福一方。

上帝领着一个人到地狱，这个人发现地狱里的人都瘦骨嶙峋。他们都用一把特制的勺子喝粥，勺子的把特别长，勺子的头很小，不仅自己一点也喝不上，而且舀出的粥都洒在了地上。最后桶里没粥了，大家就互相埋怨、互相憎恨。上帝又把这个人领到了天堂，他发现天堂里的人一个个都长得胖乎乎的，笑逐颜开。他们用的是同样的勺子，吃的是同样的粥，但他们是把粥舀出来喂别人，你喂我，我喂你，结果大家都吃到了粥。

这就说明，要学会善待身边的人。如果你把别人看成是魔鬼，你就生活在“地狱”里；如果你把别人看成是天使，你就生活在“天堂”里。如果你能把别人变成魔鬼，你就在制造“地狱”；如果你能把别人变成天使，你就在营造“天堂”。怎么才能把别人变成天使呢？要学会感恩、欣赏、给予、宽容。

（2）多角度赏识让孩子心灵充满阳光

尊重和爱是孩子的基本心理需要。父母是孩子生命的主要依存者，父母的认可与表扬是孩子建立自信的首要源泉。由衷地欣赏、赞美孩子，需要家长学会从多个角度发现孩子的闪光点，用发自内心的喜悦感染、打动孩子，使其保持健康积极的心理状态。

◇ 正面强化，赞扬孩子众所周知的优点

今年6岁的蓓蓓很有环保意识，常把小区里的果皮、纸屑捡起来放进垃圾箱，年前还被小区管理处评为“环保小卫士”。可是，最近蓓蓓保护环境没有以往积极了，因为爸爸妈妈觉得孩子环保方面的表现已经受到了肯定，便不再表扬他这种行为。蓓蓓拿回“环保小卫士”的奖状时，他们只是随意看了一眼，就再也没有提起。孩子的积极性受到了打击，慢慢失去了保护环境的兴趣。

孩子在表现优秀的时候，最期望听到爸爸妈妈的鼓励与肯定。积极的正面肯定，才能使孩子感受到父母发自内心的爱和喜悦，给孩子带来愉快的心理感受，强化他正面的表现，促使他努力做得更加完美。

调皮的东东常会给父母招惹一些小麻烦，但有时也会主动做些好事，把摔倒的小朋友从地上扶起来，帮粗心的阿姨找到丢在角落里的钥匙……看到东东帮助人的时候爸爸妈妈总会充满喜悦地赞扬孩子：“东东真懂事，这么小就知道帮助别人，将来长大了一定会了不起!”在父母的赞扬声中，东东一天天懂事了，不再沉湎于捉弄别人带来的小小乐趣，而把精力转移到帮助别人上。

爸爸妈妈发自内心的赞扬是引导孩子一步步走向真、善、美的动力。家长如果老把眼光盯在孩子的过错上不放，孩子就会心生焦虑。对孩子的教育缺乏耐心与信心，会导致孩子往消极的方向发展。在纠正孩子捣乱等错误行为的同时，用心发现他身上的优点，细心捕捉他的每一点进步，及时予以肯定和鼓励。这样孩子就会逐步改掉不良习惯，强化优秀的品质。

◇ 沙中淘金，寻觅孩子错误中的闪光点

刚上小学的小刚成绩不好，很少受到父母和老师的表扬。3月是学雷锋月，很多做了好事的孩子都在学校里得到了表扬，让小刚十分羡慕。一天，他交给老师一百元，说是在上学路上拾到的，当天就受到了学校广播站的表扬，这让小刚兴奋得满脸通红。那一天，他读书的声音特别响亮，作业写得特别工整，红领巾比任何时候都系得整齐。可是第二天，小刚却垂头丧气地来到了学校，原来他为了得到表扬，竟然偷拿了家里一百元，被爸爸发现后暴打一顿。幸亏老师了解到真相后及时和家长联系，做父母的也检讨了自己的冲动行为，肯定了孩子的出发点是好的，才慢慢让小刚又找回了笑容。

在工作和生活中，成人因为期望得到别人的尊重与肯定，偶尔也会犯些连自己都难以置信的错误，小小年纪的孩子又怎么能够避免呢？发生这样的事情时，家长一定要头脑保持冷静，客观分析孩子这样做的深层原因。如果孩子是为了获得尊重和肯定而犯的错误，至少有令人欣慰的地方：孩子想听表扬，想要上进。家长要肯定这一点，多找机会表扬孩子，满足他的心理需要，并在此基础上引导孩子用正确的方式来获得肯定。

◇ 独辟蹊径，演绎孩子的与众不同

豆豆性格有些内向，常被小朋友冷落。因此她不太喜欢出门，闲下来时就给家里的小狗洗澡、梳理皮毛，把学习和生活中发生的事编成故事说给它听。豆豆的父母担心孩子将来不能与人和谐相处，但转念一想，光着急也没有用，还不如引导孩子把说给小狗听的故事记录下来。豆豆妈妈把孩子记下的故事投到儿童杂志，竟然有几篇发表了，让豆豆感到了成功与快乐。不少小朋友也开始要求豆豆讲故事给他们听，时间长了，豆豆的性格逐渐变得开朗起来。

世界上没有两片完全相同的树叶，也不会有两个完全相同的孩子，每个孩子都有自身的特点，这些特点是孩子人格的一部分，简单的斥责和生硬的要求只能激起孩子的逆反心理，把他推向人格不健全的深渊。发现孩子具有负面的性格特点时，家长首先要反省自己的教育方式，寻找孩子特殊性格中的积极因素，因势利导，帮助孩子一步步走出狭隘的天地，在人际交往和社会生活中找到更多的乐趣，逐渐成为一个优秀的孩子。

第四章

疼爱与规则之间

爱孩子是教育孩子的前提，爱孩子是家庭教育成功的基础，爱的真谛就是给孩子以精神上的温暖、关怀、鼓励和帮助。

对孩子的严格要求应该有度，这里的“度”，就是指所提出的要求必须符合孩子的实际，能为他的思想水平、认识程度所接受，是孩子经过努力可以做到的。如果要求制定得过高或距离现实太远，那么，所谓的严格要求也形同虚设。

孩子成长需要爱

没有爱的世界是阴暗的，没有爱的世界是悲惨的，没有爱的世界是极其冷酷的。父母不要掩饰自己的爱，应当通过自身不懈的努力，让孩子感受到父母深深的爱。

父母深深的爱，犹如大江大河的源泉，当孩子的生命面临干涸的时候，给孩子带来希望；父母深深的爱，犹如不灭的灯塔，当黑暗袭来的时候，给孩子带去了光明；父母深深的爱，犹如激昂的旋律，当孩子意志消沉的时候，给孩子不断的鼓舞；父母深深的爱，犹如激越的号角，当孩子遇到烦恼的时候，给孩子坚强的力量。

假如让孩子时时刻刻成长在爱中，那么孩子就会生活在快乐与满足中，就会用一种深深的爱意去感悟生命，迎接挑战，健康地成长。

父母的爱要向孩子表达出来，这样做有助于培养孩子美好的心灵和铸就高尚、完善的人格。

父母的爱是奔腾的热血，是跳动的诗句，是陪伴孩子一生旅程的花朵。父母爱的教育是飘入孩子耳中的一个清音，是拂过孩子眼睛的一抹新绿，是流过孩子心灵的一股清泉。

用爱去关爱孩子，就能发现孩子身上的闪光点，保护孩子的自尊心，从而树立起孩子的自信心。在父母的教育中，不要把你们的爱掩饰起来，应把对孩子的爱放在首位，从而充分的挖掘每个孩子的潜力。

每个父母都应该懂得，爱是教养孩子的基础。没有爱就没有资格去教育孩子。

人们很少把温情和关爱与孩子的生长发育直接联系起来。但是，它们同食物一样重要，缺乏慈爱和关注可能导致孩子严重的生长紊乱。

第二次世界大战后，女营养学专家温杜莎博士被派遣到某城 A、B 这两个孤儿院当顾问。她发现，A 孤儿院的孩子体重增加的情况要好于 B 孤儿院的孩子。体重增加较快的 A 孤儿院的孩子是由一位年轻、温柔的保育员在照顾，而负责照顾体重增加缓慢的 B 孤儿院孩子的则是一个四、五十岁的严厉的保育员。后来，A 院的那个温柔和蔼的保育员辞职离开了孤儿院，B 院的那个严厉的保育员来到了 A 院。B 院则雇到了一位和蔼可亲的女性。另外，可能是出于特别的考虑，在伙食的量上也做了相应的调整。因为体重增加较快的 A 院的孩子这一次是由严厉的保育员来照顾，所以特地给他们增加了食量。而体重增加较缓的 B 院的孩子开始由温柔和蔼的保育员照顾，所以提供给他们的伙食则维持原量。其后，反映两院孩子体重变化的曲线发生了什么样的变化呢？B 院孩子的体重不断增加，而 A 院的孩子，尽管给他们增加了伙食量，但体重却丝毫没有增加。半年以后，反映体重变化的曲线终于出现了与原来相反的走向。

近年的研究还发现，严重缺乏关爱的孩子可能出现“剥夺性侏儒”，这种情况通常发生在 2 ~ 15 岁之间，它的显著特点是身高大大低于该年龄段孩子平均身高，生长激素分泌减少，骨骼发育不符合年龄水平。研究者认为，严重的情感剥夺会影响丘脑下部和脑垂体之间的交流，阻碍生长。当孩子离开那些对情绪有不良影响的环境时，生长激素水平会很快恢复到正常水平，生长发育也开始加快。但是，如果治疗被推迟到发展晚期，这种矮小就可能成为永久性的。

温情和关爱不仅带给孩子幸福的感受，而且能够促进孩子生长激素的分泌以及食物的消化、吸收和代谢，改善睡眠。反之，家庭不和睦或亲子关系紧张则可能引起孩子生长发育受阻。

与孩子沟通是一门学科，而让孩子感受到爱则是一门艺术。研究表明，把“爱”强加于孩子，极易扼杀孩子的天性与童真，导致孩子性格上的缺陷和心理上的障碍。

父母不要掩饰自己的爱，把自己的爱表达出来吧！

（1）时刻关注。时刻关注就是给予孩子全心的关注。这种关注向孩子传达的信息是：孩子自身很重要，我喜欢与你在一起。这会使孩子觉得他对父母来说是世界上最重要的人。他觉得真正被爱，因为他完全单独拥有父母。

（2）行动支持。父母对孩子的行动支持，不仅是对孩子表达爱的一种方式，还是给孩子以身作则的人生示范。父母为孩子所做的服务行动，最高目的在于帮助他们成为成熟的人，并学会借由服务的行动去爱别人。而服务不单包括帮助自己爱的人，也要服务那些根本无法回报或偿还这些慈爱的人。

（3）身体接触。身体接触是最易于使用的爱的语言：常被人拥抱与亲吻的孩子，比那些被人长期甩在一边且无人接触的孩子容易发展出健全的感情生活。

（4）赠送礼物。赠送礼物是表达爱的有力方式。有意义的礼物会变成爱的象征，而那些真正传达爱的礼物，则是爱之语的一部分。赠送孩子的所有礼物，最终都会成为展示父母的爱的见证。

不要给孩子太多的压力

当孩子呱呱落地，每位父母都会在脑中想象各种形象，希望自己的孩子将来能成为什么样的人。但是很遗憾，孩子不会乖乖照父母所想的模式成长，他完全是凭自己的个性成长。

父母亲的期待是一个永无止境的欲望世界。当孩子还在襁褓中，希望他能健康长大；等到他会跟朋友玩了，就希望他是团体中的领导者；让孩子学游泳时，又希望他的运动神经很好；到学校念书后，希望他是第一名。但是现实生活中，根本没有人能如此十全十美。对孩子期待太高的父母，其实正在慢慢摧毁孩子的自信心。

以前的年代，孩子生的多，父母不会将所有的期待都投注在一个孩子身上。如果生了四五个孩子，有的孩子很会画画，有的孩子运动神经好，有的孩子很聪明，有的孩子善解人意，所以父母不会将所有的期待都灌输在同一个孩子身上。而且因为孩子生的多，在反复的育儿经验中，父母也会体会到这个道理，知道每个孩子个性不同，要让他们自由发展。

但是现代父母孩子生的少，大多只生一个，所以就会将所有的期待全部投注在一个孩子身上。孩子当然也想满足父母的期待，但是很难办到，于是孩子就会有压力，因而引发各种问题。例如，孩子为了满足父母的期待，不敢表达自己的意见，就算小时候是个听话的乖孩子，长大以后也会变成问题人物。

为了避免这样的情况发生，父母千万不要将自己的理想形象强加在孩子身上。就算他不是百分百听话的乖孩子，但是每个孩子都有迷人的地方，父母应该尊重孩子的个性。

(1) 父母对孩子期望的误区

随着社会竞争的日趋激烈，父母对孩子教育的重视程度也明显提高了。独生子女的父母，总是对自己唯一的孩子抱有很高的期望，在孩子很小的时候，就为他们精心设计着未来，并且为了达到期望的目标，为了“不让孩子输在起跑线上”，努力地为孩子“助一臂之力”。但是心理学家指出：在望子成龙、望女成凤的道路上，父母的期望在很大程度上影响着他的教育行为，从而也影响了孩子的人格发展，有不少人甚至走进了误区，延误了孩子的一生。

①期望太高

当抱着自己刚出生的孩子时，父母们在激动不已之余，就开始为孩子设计他们的“人生蓝图”。在孩子还是幼儿时，不管孩子喜不喜欢，玩具、图书、音像资料搞了一大堆，幼儿早期教育的物资准备工作做得很好，然而却忽视了思想教育。上学后，有的父母总希望孩子的成绩名列前茅，让孩子参加各种各样的特长班，也有的为孩子布置额外的家庭作业，不允许孩子外出参与交往。他们唯一的愿望就是孩子今后能考上重点学校，将来一定要……父母的这种心情是可以理解的，然而过高的期望，不仅强化了自身对孩子教育中重智轻德、重分数轻能力的弊端，而且自觉不自觉地将孩子陷于文化学习的小天地，在一定程度上抑制了孩子的全面发展，往往使孩子失去奋斗的勇气，造成精神负担，甚至诱发严重的心理障碍。

②期望单一

有些父母对孩子的期望值过高，过分投入，相应的造成了期望的单一化。他们根据自己的喜好，给孩子绘制了未来的生活蓝图，把自己的理想寄托在孩子身上，想使自己没有实现的理想在孩子身上实现。如：一父母看见邻居的孩子考上了音乐学院，就给自己的孩子买钢琴，高价请家庭教师“逼”自己的孩子练琴；一父母自己因高考差几分未被重点大学录取，就拼命逼孩子“头悬梁”，将来一定要考上重点大学，一定要出国深造……。单一的期望使孩子失去了学习的兴趣，往往会造成人才的浪费。不可否认，父母们期望孩子达到较高的学历水平，表明全社会尊重知识的风气已经形成，并影响着诸多的父母，这是历史的进步。然而，他们却忽略了两个基本的社会现实：第一，就我们国家现有的教育发展水平而言，尚没有也不可能在短期内达到90%以上的人受高等教育的程度，期望的高学历未必能成为现实；第二，就孩子自身的状况而言，各有其长处和特点，受高等教育、当硕士、博士未必都是适合孩子的最佳选择。在许多父母看来，面对目前激烈的社会竞争，学历就是孩子进入社会的资本，这种盲目对高学历的期望，使父母们在教育行为上不可避免地出现某些偏颇。

（2）父母对孩子期望过高的后果

要使孩子健康成长，父母不要以自己的好恶来为孩子设计未来，更不要用自己的标准来约束孩子，要给孩子提供一个健康的环境，还孩子一个自由的空间，让他们按自己的兴趣去发展。父母施加压力太大的孩子，通常存在着某些情绪或情感问题，而这些情绪或情感问题往往是孩子学习的动力之一，但有时也反过来影响或阻碍学习。这些情绪和情感问题过程一般包括：

第一阶段：焦虑与恐惧。孩子了解到父母无限美好的期望之后，会担心不能达到目标或不能克服障碍怎么办，困扰心绪的担心与压力会渐渐地使孩子形成焦虑，不断的焦虑会使自尊心与自信心受挫，增加挫败感和内疚感，从而形成紧张不安，并带有恐惧的情绪体验。这种过度紧张往往会造成孩子终日处于惶惶不安之中，注意力不易集中，干扰学习所必需的一些能力的发挥，如记忆能力、组织技能等，孩子往往敏感、多虑、缺乏自信心，在生理上，常因此出现睡眠不好、做噩梦、讲梦话、食欲不振、心跳多汗、尿频、便秘等症状。

第二阶段：逃避或回避。如果第一阶段没有处理好，成绩的不佳使孩子觉得父母会十分失望，自己的良心受到谴责，生活在自责状态中的孩子会更加焦虑，从而影响他们的行为、智力及人格等多方面，表现退缩、过度顺从、逃避、回避等。他们经常不能完成学习任务，过分敏感，自我评价过低，做事优柔寡断，谨小慎微，忧郁消沉，由于连续的必败，失去了对学习的自信心，开始不愿上学或逃学，回避学习不良的课程，孩子的学习状态会越来越糟，父母的失望也会越来越大，亲子关系变得越来越紧张。

第三阶段：对抗或抑郁。父母越来越多的失望和他们言语、行为中的不满，会招致孩子的不满，导致越来越紧张的亲子关系："不是在沉默中爆发"——对抗，"就是在沉默中灭亡"——抑郁。浙江"徐力弑母事件"就是最典型的悲剧性反抗案例：当能力平平的徐力感到实在满足不了母亲让他必须考入重点大学的愿望时，用榔头将生母活活敲死！徐力的反抗行为是弑母，其他更多孩子的反抗方式可能是拒绝上学、视父母为路人、离家出走等；也有的孩子选择忍受，他们会长期忍受成绩不佳或学业失败的痛苦，屈辱于自尊心与自信心所引发的伤害之中，导致出现抑郁症状，如孤独、懒散、敏感、闷闷不乐等，甚至诱发抑郁症。

（3）适时调整对孩子的期望

只有把对孩子的期望值调整到符合孩子发展的"度"上，才能减轻自身的心理负担和教育负担，进而减轻给孩子在学习上和精神上带来的压力，才能使父母的期望得到孩子的认同，转化为孩子为动力，也才能够使孩子得以健康愉快地发展，达到父母理想的目标。著名教育家陶行知先生曾指出："我们有两种极端的心理都对孩子有害：一是忽视；二是期望太切。忽视则任其像茅草一样自生自灭；期望太切不免揠苗助长，反而促其夭折。"

期望是一种可以变化的心理状态。一般来说，孩子能动性的发挥受两方面的影响：其一是期望，其二是可行性。所谓期望，就是人所要达到的目标。所谓可行性，就是实现目标的客观环境和客观条件。

第一，父母必须十分了解自己的孩子，根据孩子的爱好和特长对其提出适当的期望。要克服从众心理，使期望符合孩子的特点。人与人之间总是存在着差异，而在对孩子的期望上，一些父母往往忘记了这一常理，总是喜欢随"大流"，别人干什么，我也跟着干。父母应以孩子的实际情况而不以他人的行为确立自己的期望，并使自己的期望取得孩子的认同。事实上，父母的任何期望只有取得孩子的认同，才能转化为孩子的实际行动。同时，不要因失望放弃期望。因此，无论孩子在学习上出现什么样的挫折、反复，父母永远都要对孩子说："只要你认为自己确实尽力了，我们就接受任何结果。"父母还要对孩子说："我们相信你能行，你还有潜力，还能取得更好的成绩！"在家庭教育过程中，让孩子能够经常从父母的教育态度中感受到他们的心理预期，得到父母的尊重，孩子就会保持一种向上的力量。

第二，承认孩子与其他孩子之间在智力和潜能方面客观上存在着差异，改变急于求成的心理。有些父母希望孩子在学业上有所成就，以高压的方式给孩子层层加码，定了诸如"进入班里前10名"、"不能低于90分"等标准，孩子如果觉得这个目标经过努力不能达到，可望而不可即，就会去信心。如果将要求分解为不同的阶段，循序渐进地提出来，孩子觉得做起来比较容易，便有信心。经过一段过程同样能达到父母的愿望，急于求成只能事与愿违。

第三，对孩子的期望值既不能过高，也不能太低。期望值太高会使孩子觉得根本无法实现而放弃努力。若期望值太低，则不利于挖掘其潜能，有碍于孩子良好个性的形成。俗话说，"井无压力不出水，人无压力难成器。"父母对孩子寄予一定的期望是对他们的一种关爱，一种鼓励，是建立孩子自信心的主渠道，是人之常情的事情，但是父母的期望必须根据孩子能力的具体情况来确定，最好的期望值是让孩子稍加努力后就能实现。就好比摘桃子一样，不用跳就能摘到桃子会使人产生惰性，怎么跳也摘不着桃子会使人失望而放弃，努力地使劲跳起来才能摘到桃子富有挑战意义，会使人充满希望、会使人得到锻炼、会培养人的能力，下次跳得更高！父母对孩子的期望值也是如此：高不可攀会丧失信心，唾手可得会消磨斗志，富于挑战才会催人奋进！

第四，根据实际情况适当调整期望目标。当孩子的确努力了，还不能达到目标，父母应根据实际情况及时、适当调整期望值。一位母亲在和女儿玩"摸高"游戏时发现，当女儿一次次努力向上蹦，而她总是故意把手略抬高一点儿让女儿够不着时，女儿的情绪明显地越来越沮丧。她改变了做法，悄悄地把手放到女儿能够摸得着的高度上，结果女儿欢欣雀跃，玩兴大增。这件小事向我们提出了一个期望值的问题，只有那些适合孩子能力的期望，才能成为推动孩子成长进步的积极力量。

父母对孩子的期望值其实就是对孩子施加的压力，压力太大或太小以及没有压力都会毁了孩子，只有恰当地把握分寸，才会真正地塑造一代新人。父母对孩子的期望不妨长短期望相结合：短期内根据孩子上次或前一阶段的学习情况，提出“跳起来能摘到桃子”的期望，并不时地给予一定的鼓励，一旦孩子达到目标后，父母一定要表现出无比的兴奋与幸福之情，根据家庭情况给予一定的奖励，同时与孩子一起探讨下一步的努力方向；关于远期期望可以根据孩子的理想与志向加以适当的引导，并将远期期望分解到无数个短期的期望之中，孩子每前进一步都给予鼓励。只有这样，父母才可能和学校教育紧密配合，最大限度地挖掘孩子的潜能。

与孩子共同编织一条爱的绳索

有人问微软创办人比尔·盖茨事业这么成功，是否还会遭遇挫折？遇到挫折时如何克服？他说，自己当然会遭遇各种挫折，每当低潮时，也不知道为什么，总会想起小时候跟父母相处的快乐时光，家庭的回忆带给他很大的力量，重新出发。

德国心理学家林德曾说过，“没有童年则没有回忆，没有回忆便没有人生。”孩子的成长时光转眼即逝，父母不妨多抽些时间陪伴他，让孩子在满箩筐的回忆中，快乐长大。

(1) 牺牲就是获得

日本心理学家，也是备受尊敬的亲子教育大师河合隼雄曾经说：“当父母，就如同在现实生活中禅修，没有任何经验比得上养儿育女更能‘实现真我’，你要学会负起完全的责任，学会爱一个人不求回报。在这个过程中，有多少痛苦，就有多少欢愉；而当你自以为是‘牺牲’时，却才赫然发觉是‘获得’。”

当父母，就是一场充满挑战的旅程。没有人天生就懂得如何当父母，我们都需要把经营家庭关系、亲子关系当成比工作更重要的课题来学习。

许多父母也许认为，家庭里的爱和亲情是一种天生的本能，不需要推动。事实上并非如此，父母亲必须毫无隐藏地表达对孩子的爱。在家中，父母应该乐意牺牲自己，训诫孩子，无私地爱，处处为孩子考虑等等，这一切虽然都能表现出你真心地关怀孩子，但却不代表真爱，除非父母亲在家中以身作则，将爱以实际行动表现出来。

现代很多父母错误地认为，自己日夜操劳挣取很多的财富，就可以给予孩子更多的物质需求，这就是爱，这就是牺牲。然而，这些父母也同时发现，他们的这种爱，这种牺牲并没有得到所谓的回报。的确，在这个意义上来说，牺牲也是一种艺术，至少可以说是一种技巧。

因为父母的这种牺牲并没有和孩子的情感沟通，或者说，没有和孩子一道编织美好的记忆。甚至有的孩子认为，这些是父母给予自己的一种补偿。的确，我们必须承认，相当一些父母为了自己所谓的事业，为了那些虚荣的勋章，牺牲了和孩子共同编织美好记忆的时光，在内疚和抱歉中，认为尽可能地给予孩子物质补偿就能挽回情感上失去的一切。其实，这是一种非常幼稚和荒诞的想法。

要知道，孩子的成长时光转眼即逝，父母不妨牺牲一些虚荣的荣誉追求，多抽些时间陪伴他们，让他们在绚丽多彩的记忆中快乐地长大，为他们未来成长的经历中增加很多美好的回忆！

（2）关掉电视

陪伴孩子也要讲求质量，建立亲子良好互动，最重要的事情之一是“请关掉电视”。台湾著名的人类发展与家庭教育专家林育瑋教授曾说过，“一打开电视，家庭关系就都不一样了，很多家庭喜欢在电视机前面消磨时光，彼此却很少说话或互动”。

科技的发展的确是一件值得庆贺的事情，也是人类社会发展的需要。然而，随着科技的发展，我们人与人之间的情感似乎越来越淡漠，沟通也没有因为科技的发展变得更多。其实，我们很怀念童年家中没有电灯和电视的那些晚上，那时父母都会在饭后陪我们聊天，说一些故事给我们听。有月亮的晚上会坐在月亮底下一起看月亮和数星星，一起在星空下哼唱动听的童谣。哪怕在后来有了电灯和电视以后，我们还经常会为那偶尔几个停电的夜晚异常欢喜。

今天，父母们因为忙碌而没有时间好好陪自己的孩子，电视成为家庭的一员，陪伴着那一个个“孤独”的孩子，孩子在家也只有靠电视打发时间，哪怕父母回到家中，也会因为一天的劳累瘫坐在电视机前，“默默地”

欣赏电视里的节目。其实，从当前亲子感情的发展状况看来，我们应该早日加入“关机族”。关掉电视机，我们可以更好地陪伴孩子，听孩子说在学校中发生的事，或者陪孩子下棋，或者和孩子一起分享有趣的故事，或者分析那些有趣图书中的人物……让孩子的童年记忆中留下更多与家庭成员在一起的美好情景。

(3) 与孩子一起学习和做事

今天，不少父母为孩子的不爱学习感到无限苦恼，并将此看做是家庭的大不幸。其实，这一切的始作俑者，严格地说，就是父母。因为父母没有珍惜和孩子在一起的时间，没有通过构建孩子美好的共同情感记忆来激发孩子的学习兴趣和学习热情。如果父母能在孩子很小的时候每天将他抱在腿上给他说故事，或是利用孩子每晚睡觉前的30分钟，在床边讲故事，让孩子在与父母亲密肢体接触下，逐渐爱上阅读、爱上学习，哪还有现在这么多的愤怒和指责？

有一位对文学很感兴趣的父亲告诉我，他每天晚上总爱给儿子读半小时故事。最近他为儿子读《西游记》《三国演义》，每晚读一两回。8岁的儿子很开心，到了晚上就开始期待，时间一到，自动跳到床上等爸爸。他儿子才小学二年级，爱玩、爱闹也爱写童诗，每天最快乐的时光就是听爸爸读这些文学名著。

德国教育学家薇兰尼·梅尔兹在《苹果怎么这么好吃》一书中不断强调，陪伴孩子共度“日常生活”才是最珍贵的，小至绑鞋带、穿衣服或准备餐具、铺床单，允许孩子用自己的速度去完成，父母在旁边“专心”陪伴，陪孩子体验做事的过程，孩子自然可以学到很多东西。

(4) 多与孩子一起谈心

父母忙了一天，回到家疲惫不堪，早已累得无法提起精神专心说话或聆听了，有时因为缺乏耐性，不要说与孩子谈心了，连聊天都难以有好兴致。

许多教育专家齐声呼吁，不论多忙，父母每天一定要抽时间跟孩子聊天互动。“因为孩子从小没有建立与父母沟通的习惯，长大后他也不会找你分享”。

与孩子沟通，父母要放下身段，用开放的态度和理解的心情，专心聆听孩子心声。甚至，父母偶尔也可以把孩子当成“大人”，跟孩子分享自己的工作烦恼、挫败或心得。

父母与孩子谈的话题尽量多元化，不要总是以“你功课写了没有?”当开头。很多父母不知道该跟孩子说什么，其实，生活中处处是话题，尤其带有记忆的对象，是很好的聊天素材。我们在此列举出10个父母与孩子一起谈心的话题供父母参考：

①一般生活询问：今天过得怎么样？天气让你觉得舒服吗？今天有人生气吗？

②学校学习：今天语文课教什么？音乐课好玩吗？体育课怎么上的？

③学校生活：你跟某某今天一起玩吗？午餐吃了些什么？

④同学间发生的事件：今天下课跟哪些人讲过话？有人被记名字吗？得奖卡吗？

⑤卡通、电视节目分享：介绍一下刚刚演什么好吗？哪些同学也看这个节目？

⑥补习班经验：累不累？今天玩些什么？做了哪些作业？

⑦家庭作业：今天作业多不多？最不喜欢的是哪一样？最容易的是哪一门？

⑧时间安排：今天晚上的时间安排是什么？你打算几点洗澡？

⑨活动安排：今天有没有想要做什么？有想要去的地方吗？

⑩欣赏感谢的人与事：今天让你最快乐的事是什么？今天的一句谢谢要送给谁？

其实，亲子之间谈心的话题很多，关键在于父母能否找到恰当的主题，能否找寻恰当的时机，这样才能和孩子一起编织一个个美好的共同记忆。

如何赏识自己的孩子

哪怕天下所有的人都看不起您的孩子，您也要一如既往地拥抱他、欣赏他、赞美他。因为孩子找到了好孩子的感觉，他就会成为好孩子；有了天才的感觉，他就会努力成为一个天才！

——教育家张家栋

一次期中考试后，老师问一位女同学："你的试卷怎么没有家长的签字呀?"这个女孩听后低下了头，一会便哭泣起来。原来她的父母看了分数（93分）后不满意，觉得考得不理想，便厉声训斥了她，并以拒绝签字来让她记住这个教训。

不少家长在查看孩子的试卷时，不自觉地从反思性的角度来评价，却很少从肯定、欣赏的角度去认可孩子付出的努力，总是以指出问题为主，肯定优点为辅；而且有一些家长在指出问题时，也未必能击中要害，只是"隔靴搔痒"而已。甚至有的家长在气头上竟会说出一些不理智的话来，训斥孩子"作文怎么能写成这样?""你真笨，真不可救药了!"面对类似的训斥，绝大多数孩子不会像成人那样去理智地分析原因，寻找解决问题的办法，而是会产生另样感受，这就是：面对自己的进步，没有成就感。因而，孩子会把考试当做一个沉重的心理负担，或许下次孩子会想方设法，不让试卷与家长见面了，对学习也会逐步失去兴趣。

假如换一种心态，结果可能就大不一样。如果家长在查看试卷时，带着欣赏的心态而不是挑剔的眼光，哪怕是一个填空、一道算式，都能与孩子共同分析问题或不吝啬赞美的话语，不忘了给孩子一个鼓励的眼神，那势必能激发孩子的自信心，调动其学习的积极性。

大家可能都知道全国十佳少先队员周婷婷的故事吧！这位又聋又哑的南京小姑娘，不但成了中国第一位残疾少年大学生，还成了美国波士顿大学和哥伦比亚大学特殊教育专业的教育博士生！而周婷婷的成功就是她父亲周弘先生应用了“赏识 + 成功”教育的结果。又如，被称为“进化论之父”的英国生物学家达尔文，从小因喜欢搜集杂七杂八的东西，使学校校长、老师对他很反感，经常训斥达尔文。可是达尔文的父亲却支持他的兴趣和爱好，给予了他由衷的赞扬。正是这种肯定、赞扬和支持，使达尔文越发对大自然感兴趣，并将之保持终生，终于成为一个伟大的博物学家和进化论的奠基人。

现实生活的许多事例也告诉我们，在对孩子的教育中，责难和赏识，方法不同，结果也大不一样。随着社会生活中竞争因素的不断增加，在“应试教育”的重压下，有的家长望子成龙心切，把孩子的学习成绩视为头等大事，视作将来能否成才的唯一标准，不管孩子自身条件如何，都把孩子的成绩标准定得很高，孩子长期处于责骂、训斥、高压的环境中，就会挫伤他的自尊心，产生自卑感和自暴自弃的心理。这样，不仅不能提高成绩，甚至还会造成心灵的伤害。而经常鼓励孩子，用赏识和赞许的目光关注孩子，增强其荣誉感和成就感，就会激发孩子的自信心，使其不断克服自身的缺点和不足。如达尔文搜集的那些珍贵的标本，对于一个10岁的孩子来说，完全可以认为是一种成就，他的父亲不失时机地肯定了他，夸奖了他，这就更进一步激发了他对生物学的兴趣，为他将来的成才之路奠定了坚实的基础。

赏识和赞扬孩子，对于众多家长来说并不陌生。当年轻的父母看到自己的孩子开口说话，喊出第一声“爸爸、妈妈”时，父母是多么高兴，给予了无限的赏识；孩子姗姗学步，常常跌跤，父母也没有抱怨，而是抚掌大笑，并鼓励孩子自己爬起来。这时家长们都是用了赏识加成功的教育方法，几乎所有的孩子都是在这种赞赏的氛围中学会了说话，学会了走路，学会了一切。因此，为了孩子能健康全面地成长，家长不妨学会赏识孩子、拥抱孩子、赞美孩子，对孩子多一点鼓励，少一点责骂或鄙视，以培养他们良好的心理素质。赏识孩子一般可以从下列几个方面着手：

（1）学会关注

关注孩子，但注意力不是放在孩子的错误行为上，而是要放在孩子的成功或好的行为上，这样赏识就会在这个过程中自然地产生。如在数学作业中，孩子做20道题，做错了5道，家长的注意力如果放在错的5道题上，并盯住不放，就会使孩子失去自信心；相反，如果你首先肯定、赞扬他大部分题目都做对了，孩子一定会自觉认识到，错误是应该改正的，也是能够改正的。

（2）充分信任

只有你充分相信孩子的时候，孩子才会相信自己。如果家长不相信孩子，孩子就难以培养出自信心。应当学会少看孩子的缺点，多表达对孩子的信任。不要对孩子常说；“你能做好吗?”而应该对孩子说：“你以前就做得很好，所以你现在也一定能够做好。”

（3）及时激励

这是赏识教育的重要环节，家长应鼓励孩子的每一个进步，与孩子一起分享成功的快乐。而目前众多的家长常常只是关注孩子的期终考试和升学考试，关注孩子最终的成绩，却忽视他们平时的每一个微小进步。因此，家长需要对孩子的每一个进步都进行鼓励，使孩子体验到成就感，促使他向更高层次迈进。

（4）掌握分寸

对孩子的赏识要有分寸，绝不能过分。赏识的标准应高一些，轻而易举地受到赞扬，会使孩子不能最大限度地发掘自己的全部能力。赏识孩子还应着重于内在的评价和个人的贡献。在赏识中要让孩子既充满自信，在每一次的成功中感受到个人的价值，又须教会孩子接受和认识自己的不足。

（5）创造氛围

如中国外交部长李肇星和夫人订过一条纪律：当着孩子李禾禾的面，

从不说别人“不好”之类的话，也不吵架。有李禾禾在场时，他们总是肯定别人，赞美别人，讨论“怎么学习人家的长处”之类的话题。李肇星有个特点：喜欢看别人的优点，喜欢表扬人，经常回家对夫人和孩子说，某人真棒，某某的英文说得太地道了。家里这种赞美他人的氛围也时刻影响着禾禾。有一回，李禾禾对妈妈说：“妈妈，你放心，总有一天，我一定做得比某某还好。”其实，孩子已经粗浅地意识到，爸爸妈妈身边不乏优秀的人才，只有做个更优秀的人，才是爸妈所期望的。为了这个“更”字，李禾禾一直默默努力着。

（6）坚持原则

赏识孩子不是违背实情一味表扬，更不是对孩子不能批评。我们都知道，给予一棵小树以无限的自由，并不一定使其成为有用之材。如果只顾浇水施肥，不作适当修剪，甚至对其生长情况视若不见，持这种做法的肯定不是一个好园丁。对孩子也一样，如果无原则地一味表扬，继而放弃对他们必要的“修剪”，等到出了问题就来不及了！“玉不琢不成器”，因为怕伤孩子的自尊而不对孩子开展正常的批评管教，危害无穷。

家长和老师对孩子的评价以鼓励为主，应引导孩子看到自己的进步，从而树立起“我行”“我能干”的自信心。家长不要盲目把孩子与别人作比较，使孩子产生自卑感。

对孩子提出要求时，要考虑孩子通过努力能否达到所定的目标。不对孩子提过高的要求。培养孩子相互间的协作能力，鼓励孩子在家中做力所能及的事，使孩子觉得自己是有用的人，从而提高自我评价水平，增强自信心。

在有关孩子的决定时，应与孩子商量，不要越俎代庖。有句话是说，小时候不把他当做人，将来也成不了人。人作决定的能力也是慢慢成长的，如果我们老是不给孩子机会，他们可能永远不会自己作出决定。需要强调的是，经常有机会自己作决定的孩子，对自己就比较有信心，而自信是做人、办事业成功的必要条件之一。

根据年龄采用不同的教育方法

孩子在一天天长大，在一天天变化着。父母应及时了解和分析孩子身心发育特点，适时不断地调整自己的教育方法，对孩子的优点、成绩给予充分的肯定，对孩子的缺点、差距要帮助查找原因，督促改正，多关心孩子的生活。

（1）学龄前

千万不要忽略学龄前这个阶段，虽然这个时候孩子的年龄还比较小，但恰恰这个阶段是培养孩子养成各种良好习惯的最重要阶段。在这里我们可以通过一篇小故事让大家自己来领悟其中的奥妙。

1978 年，75 位诺贝尔奖获得者在巴黎聚会。人们对于诺贝尔奖获得者非常崇敬，有个记者问其中一位：“在您的一生里，您认为最重要的东西是在哪所大学、哪所实验室里学到的呢？”

这位白发苍苍的诺贝尔奖获得者平静地回答：“是在幼儿园”。

记者感到非常惊奇，又问道：“为什么是在幼儿园呢？您认为您在幼儿园里学到了什么呢？”

诺贝尔奖获得者微笑着回答：“在幼儿园里，我学会了很多很多。比如，把自己的东西分一半给小伙伴们；不是自己的东西不要拿；东西要放整齐；饭前要洗手；午饭后要休息；做了错事要表示歉意；学习要多思考，要仔细观察大自然。我认为，我学到的全部东西就是这些。”

所有在场的人对这位诺贝尔奖获得者的回答报以热烈的掌声。事实上，大多数科学家认为，他们终生所学到的最主要的东西，就是幼儿园老师教给他们的良好习惯。

（2）小学阶段

孩子刚刚进入小学阶段之后，对学习是抱着很美好的一个想法的，作为家长应该也注意到了，学校所布置的作业，孩子总是不用家长提醒就自己按时完成，每天去上学的时候也总是很积极，因为学校在孩子的眼里还是很新奇的一个地方，但是随着年级的增长，孩子越来越不喜欢去了，是因为学校变了吗？不是，是因为家长的要求变了。

小学阶段本来是培养孩子想象力、创造力、思维能力的关键阶段，但是很多家长在孩子刚刚学习“1、2、3”的时候就开始想着给孩子报各种各样的课外辅导班。原因也是多种多样，有的是因为父母双方都上班，没有时间管孩子，给孩子报个班好有人看管着；但更多的则是坚信“不让孩子输在起跑线上”，“别的孩子有的，我的孩子也一定要都有”这样一些信条，父母的这种攀比心理，导致最后受苦的是自己的孩子。

实际上，适当的选择一些课外辅导课程，扩大孩子的知识面，的确是有好处的，但是一定要把握好一个度，凡事“过犹不及”。有没有想过，孩子面对着没完没了的课外辅导，心里是多么痛苦和无奈，长期这样下去，就会导致孩子丧失对学习的兴趣。因此，专家建议父母给小学阶段的孩子一定要报辅导班的话还是应该以突出智商情商开发、能力训练为主，并且数量不要太多，要留给孩子一些玩耍的时间。

（3）初中阶段

初中阶段和高中阶段一般意义上讲都是属于中学阶段，但是初、高中的孩子在年龄上、心理上实际是有着很大差别的。初中阶段是孩子成长的关键时期，因为这个阶段不仅是他们长知识的黄金时期，同时也是长身体的最佳年龄阶段。

从小学升入初中，很多学生都要有很长的一段适应期。因为小学时知识的难度有限，学习的科目相对较少，老师对学生的管理更是无微不至，甚至生活起居都要顾及到，而且小学阶段，孩子所面对的同学范围比较小。所以，孩子们总是感觉到自己是很优秀的，这个时候的心理也是比较自信的，但是升入初中后情况则有了很大的变化。

①所学科目增多了，学习难度相应增大。在初中都会开设物理、化学、历史、政治等一系列课程，这对由小学升入初中的学生来说会有一些不适应，需要家长对孩子进行及时的心理调节。

②老师的授课方式有所改变。老师对学生的管理不再是小时候孩子所熟悉的那种“保姆”式的教育方法，而是逐渐开始锻炼孩子的自主性、独立性。这个时候，孩子因为刚从小学阶段过来，所以不适应，觉得老师好像不关心自己了。因此，家长需要对孩子及时进行指导，以免孩子产生厌学情绪。

③准备功课的时间增多。小学的时候，老师留的作业都是具体的，比如说第一题、第二题等这样很明确的题目，但是中学则不然，老师经常会留一些“熟读这篇课文”、“预习下一课生字词”等这样软性的作业，这在一些学生眼里，就好像不是作业似的。

其实不然，这些软性的作业恰恰是课前的一个必须的准备阶段。如果准备比较充分，那么上课的时候就会感觉非常顺畅，否则，上课的时候就会留下一个一个的小绊脚石。久而久之，不懂的地方越来越多，就会导致以后越来越听不懂，这样恶性循环下去，成绩当然也就一落千丈了。因此，家长一定要多多督促孩子进行功课的复习和准备。

④学生自信心的变化。升入初中后，学生的学习程度有了差距，在小学阶段可能还没有表现出明显的差距来，但是到了中学阶段，因为种种原因，导致每个人对知识的认可、接受程度不一样，成绩自然也就分出了一个层次。再加上这个时候正好处于学生的青春期，还要面对中考的压力，所以孩子的自信心很容易受到打击。因此，父母一定要多安慰孩子，更加留心孩子的日常举动，及时和孩子沟通，对孩子进行关心和疏导教育。

（4）高中阶段

高中相比初中而言，又是一个新的开始，同时也是一个延伸，不管是在学科数量上、难度上，还是在学习的要求上，都有了更高的要求。而且这个时候随着年龄的增长，学生所遇到的青春期问题也越来越多。但是这个阶段的学生明显的已经在心理上更加成熟，处事上也更加理智。

所以这个时候，作为家长绝对不能再沿袭以前的“一言堂”，而是应该放平姿态，与孩子平等交往，因为这个时候他们已经基本有了自理能力以及是非判断能力。也许这个时候的家长还有些不适应，觉得孩子还是不成熟，还是不肯放手，还是像小时候一样，吃喝拉撒都看顾着，殊不知这样只会让孩子丧失自己的自理能力并引起逆反心理。

高考对所有的高中生都是一个严峻的考验，一个有责任感的高中生在高考面前往往都会承担着过重的压力，所以家长能够做的应该是帮助孩子减轻负担而不是增加压力。但是，事实上很多家长做不到这一点，大都把自己的焦虑变成更大的压力转嫁给自己的孩子，好多孩子因为难以承受过重压力而影响到学习效率甚至出现心理问题。所以，对处于高中时期的孩子，父母要用最大的精力和耐心与孩子进行沟通，防止孩子在青春期产生强烈的负面情绪，影响了亲子关系。

从以上我们可以看出，父母在面对孩子变化的同时，也应该在方法、态度、期望值等各方面及时调整自己，而且还要克制自己的攀比心理。

如何表扬奖励自己的孩子

表扬让人兴奋，感到光荣，为了再次得到表扬，孩子会继续努力，只要努力去做，事情就会做得更好。所以每次恰当地表扬，都会收到促其进步的效果，甚至某次重要的表扬，能成为孩子一生中的转折点。

孩子取得成绩、获得进步时是需要表扬的。表扬是开展家庭教育的一个有效手段。不少家长已认识到这一点，能运用表扬的手段来教育自己的子女。但在实际生活中，许多父母表扬孩子的方式、方法还有值得商榷之处。表扬也有学问，否则，不仅达不到教育的目的，还可能导致孩子狂妄自大的不健康心理。孩子需要表扬，但家长不要轻易表扬，表扬多了也会滋生优越感，长此以往，便受不得半点批评，对孩子的心理发展很不利。美国著名的教育学家戴尔·卡耐基告诫我们："你的赞美应该是真诚的，如果是虚伪的，就好比是张伪钞，用出去多危险！"因而，我们家长不但要善于为孩子的进步喝彩，更应发自内心地表扬孩子。

长期以来，中国的父母大多信奉"棍棒之下出孝子"，因而习惯了对孩子指责、挑剔或贬低，使孩子的成长很多时候显得有些"动力不足"。家长对孩子严格要求，不姑息放任的负责态度是对的，但是对孩子信任、肯定、赞扬的激励机制更是必不可少。

孩子都是有上进心的，包括那些缺点、毛病比较多的孩子，都希望得到表扬、肯定和激励。当他们由于进步或做了好事受到父母赞赏时，会在心理上得到满足，产生快乐感，这种积极的内心体验将增强他们的自信心和上进心，产生再进步的欲望。如果孩子总是受批评，情绪会越来越消沉，逐渐丧失上进心。清代教育家颜元说过，“数子十过，不如奖子一长”，这对任何孩子都适用。虽然许多家长知道赞扬奖励对促进孩子进步有好处，但并不真正清楚怎样赞扬奖励孩子，认为就是说好听的，表扬一下。其实，赞扬奖励孩子也有一定的技巧，家长要注意运用。

（1）恰如其分

我们提倡家长对孩子的表扬要慷慨些，但也不是一味地夸奖。如果夸大其词，不切实际地瞎赞扬，孩子会感到不真实或产生侥幸心理，甚至会认为父母是在讽刺哄骗自己而产生反感。有位妈妈还没看清 12 岁儿子的画就夸奖：“儿子，你画的画可真好，真棒!”儿子却厌恶地说：“妈，您说的是正话还是反话？这张画是我最不满意的!”

对于年龄稍小的孩子，赞扬可适当高些，小孩子都是喜欢戴“高帽”的，略高于实际的赞扬对他们会有更大的激励作用。对有一定自我评价能力的稍大一些的孩子进行表扬，就应注意分寸了，过高或过低效果都不佳。

（2）及时适量

及时是要求家长要细心，善于捕捉和挖掘孩子的“闪光点”，随时观察孩子的一言一行，一举一动，发现有好的行为或有了进步，就要及时给予赞扬奖励。这样会使孩子很容易把家长明确的反应同他自己的行为联系起来，使好行为得到强化巩固。如果不及时，孩子可能会对自己的行为渐渐淡忘，大大削弱了激励作用。比如孩子现在做出好行为，你几个小时后才拍拍他的肩说“嗯，不错”，孩子会莫名其妙，不知你为什么无缘无故表扬他。另外，儿童思想情绪不稳定，行为表现上会出现反复或带有一定程度的暂时性，如果不及时赞扬奖励加以巩固，好的行为还有可能消退。

赞扬奖励孩子在量上也要适当，防止过多过滥。蜜吃多了不甜，孩子经常获得“廉价”的无原则的赞扬，久而久之，便对此习以为常，无动于衷，那么这种赞扬很快就成了空洞无物的累赘，并且失去了作为动力来源的效果，如果孩子哪一天得不到赞扬，就会非常伤感。

（3）内容明确

赞扬孩子时内容要明确，也就是要求家长要用具体的语言赞扬孩子，而不是仅仅说些笼统的话。这样，孩子才会明白得到表扬的原因，也更容易理解家长对他的期望。例如，“你在公共汽车上，把座位让给了一位老奶奶，做得很对，我真高兴”，“你帮妈妈做饭，妈妈很高兴”，所表达的意思要比“今天你表现很好，我真高兴”清晰得多，效果也更好。

赞扬孩子时，还应注意找准原因。只要有可能，就宽容地把孩子的成功归功于他个人的能力而不是外界的影响，这样做对他今后的发展更有意义。例如，对孩子说“真是太好了，这些数学难题这么快都被你解决了”，比说“如果你看电视，你的数学作业就不会做得这么快了”产生的效果要好得多。

（4）方法多样

赞扬奖励的方法是很多的，包括赞许、表扬和奖赏。赞许不仅可用语言，还可借助目光、微笑、亲热等非语言手段。表扬可通过口头语也可通过书面语言表达，奖赏有物质的还有精神的。这么多方法，家长可灵活运用，而不只是机械地重复“这样做对”、“你做得很好”。要想发挥赞扬奖励的最大魅力，一定要注意方法的多样化。

在日常生活中，一束深情的目光、一个会心的微笑、一次赞许的点头、一个热烈的拥抱，都可以传递真诚的鼓舞，都能表达对孩子的赞扬。带孩子去书店、去旅游、去逛公园、去看电影，也是很好的奖励。总之，家长在赞扬奖励孩子时，应该不拘一格，因时因事而宜，这样的赞扬奖励才能有的放矢，才会变得更有意义，更有价值。

（5）慎用物质奖赏

奖赏分为物质奖赏和精神奖赏。对于孩子在学习和生活中表现出来的良好思想行为，家长给予适当的物质奖赏是合乎情理的。但是比起微笑、拥抱、夸奖等包含着家长爱和关切的精神奖励来说，物质奖励的效果并不是最好，而且如果使用不当，还可能带来一些问题。所以，家长在对孩子进行物质奖赏时一定要慎重。

△ 不要事先许诺，用奖赏诱使孩子进步。这样容易使孩子为单纯追求

物资利益而学习，甚至讨价还价，失去奖赏的激励作用。有的孩子还可能为获得奖赏，不惜采用舞弊作假、欺骗隐瞒等方式，形成不良品质。例如，有些家长轻易许愿，“只要你做某事，就给你买什么东西”，或者考多少分，给多少钱，把物质奖赏当成刺激孩子积极性的主要手段。

△ 物质奖赏要与孩子的学习、爱好、兴趣等联系起来。家长送一些对孩子有意义而且他们又喜欢的物品，可以起到促进学习、爱好、兴趣发展的作用，比如奖给孩子一些学习用具或他们喜欢的图书等。

△ 让孩子明确得到奖赏的原因。家长要讲清楚孩子好在哪里，有何进步，为什么给予物质奖赏，以后该怎样做等。使孩子不仅得到物质上的满足，还能转化为精神上的动力。

无论精神奖赏还是物质奖赏，实质上都是对孩子积极动机的一种肯定。要想让孩子树立自觉的持久的良好动机，精神鼓励是根本的最有效的方法，物质奖赏只能是次要的暂时起作用的方法。所以，家长在奖赏孩子时应坚持以精神奖赏为主、物质奖赏为辅的原则。

如何批评惩罚自己的孩子

“人非圣贤，孰能无过”，何况是孩子。我们提倡对孩子多赞扬奖励，不等于放松要求。批评惩罚也是一种必要的家庭教育手段，用得好，用得艺术，同样会给孩子以深刻的教育。

没有不犯错误的孩子，孩子犯错并不可怕，可怕的是犯了错误之后，家长不批评教育，使孩子犯错不知错，坚持错误不改正，终将酿成大错。

批评惩罚是对孩子不良思想行为做出的否定评价。通过批评惩罚，可以使孩子认识到自己的缺点和错误，并在情感上引起内疚和痛苦的羞愧感，促使其克服缺点，改正错误。

批评惩罚与赞扬奖励同样重要，赞扬奖励犹如阳光，温暖而灿烂，成为孩子成长的动力；批评惩罚犹如镜子，公正而无私，时刻鞭策孩子进步。家长既要让孩子在赞颂声中走向成熟，也要让孩子在批评声中得以锤炼。美国作家巴德·舒尔伯格在七八岁时写了第一首诗，当时母亲对他的评价是“精彩极了”，而父亲对他的评价是“糟糕透了”，他从母亲的赏识声中得到博爱，从父亲的批评声中得以纠偏，最终成为一个著名的作家。

孩子有了缺点，犯了错误，家长该批评的就要批评，该惩罚的就要惩罚，不可姑息迁就。但是，要掌握批评惩罚的技巧。

（1）冷静理智

家长首先要明确批评惩罚的目的，批评惩罚是为了纠正错误，让孩子知错改错，而不是发泄。在现实生活中，有些家长批评惩罚孩子，是因为孩子的某些错误伤害了自己的感情和面子，要借此“出出气”，所说话语的内容不是在批评教育孩子，而是在发火、诉苦。这一般有三种表现：

一是雷霆大发型。家长大发雷霆，火冒三丈，甚至气得说不出话来。这不是批评孩子，而是在惩罚自己。

二是感情倾诉型。家长不批评孩子的错误，而是强调自己为孩子付出的一切，而孩子竟辜负了父母的苦心做了错事。这样做孩子还是不明白自己的错误所在。

三是马后炮型。家长不去分析孩子错误的原因，帮其改正，而是一再说明自己当时如何正确，如何有预见，所谓“不听老人言，吃亏在眼前”。这样做会使孩子感到家长是在幸灾乐祸，从而产生反感。

当孩子出现错误时，家长一定要理智，心平气和地批评孩子，这种低声音的“冷处理”往往比大声训斥的“热处理”效果好。有一个小学生将试卷上的68分改为88分，回家交给母亲后，母亲细看发现分数有改动，于是注视一下孩子，孩子当即低下头，心怦怦跳个不停，只等打骂临身。母亲在分数改动处画了一个问号，接着以信任的目光望着孩子说：“我早已从老师那里知道了真实考分，并知道你已为下段学习订下了努力目标，我相信你一定会以优异的成绩弥补自己的过失。”母亲的话语温和轻柔，却如重锤一样一字一句地敲在了孩子的心头上。

（2）对事不对人

家长应该明确批评惩罚的对象，是孩子的过失而不是孩子本人。有些家长在批评孩子时，总是情不自禁地把话的锋芒指向孩子本人。比如，“我知道你就是有意这样搞的！”“你这样做简直是个笨蛋！”等。这都是对孩子的人身攻击。还有的是将一腔怨恨倒向孩子：“我算看透你了！”“我真讨厌你！”“早知如此，当初不该要你！”这样做，孩子会觉得父母不爱自己而不愿听从父母的批评教育。

如果家长在批评惩罚孩子时，让孩子感受到爸爸妈妈只是讨厌其缺点，并不讨厌他个人，那结果就不同了。比如，孩子今天作业做得不好，家长可以这样批评：“我今天非常生气。你是个好孩子，可是你今天做作业粗心大意，结果出现了10个错别字。”

批评惩罚孩子要建立在爱的基础上，不可带有怨恨情绪。对孩子的缺点过失，家长既要严格批评，又要有所谅解，因为孩子的一些过错往往是不自觉造成的。当孩子意识到父母正是为了爱自己，为自己好，才严格要求自己时，就会乐意听取批评，主动改正错误。

(3) 就事论事

家长批评惩罚孩子要坚持就事论事，点到为止，不要唠唠叨叨，更不可因孩子此时的错误而否定他的过去和未来。我们有些家长一遇到孩子出事，就气不打一处来，一训起来就没完没了，还习惯于由此及彼地推论开去。

一是追究过去，把昔日陈谷子烂芝麻的事一股脑儿抖搂出来。孩子不小心打碎了茶杯，家长便说："你一直这么不稳当，总是改不了！"或更为具体："你去年就打碎个茶杯，今天又这样做，真是屡教不改！"

二是推测未来，脱离此时的错误而扯到今后去。孩子因起床晚上课迟到了，家长便说："瞧你现在这个懒样，将来一定是个懒汉，成不了大器。"

这种无原则的批评使家长难以把握分寸。如果批评惩罚不公正合理，孩子就不会口服心服，就不会自觉改正错误。孩子被数落得一无是处，还会使他们产生自卑感，丧失改正缺点的信心。

家长还应注意，孩子有了错，父母态度要一致，并由一方批评惩罚，不可父亲批评惩罚后，母亲再来批评惩罚，这种轮番"轰炸"只能激起厌烦情绪，产生对抗心理。

(4) 前后一致

家长在运用批评惩罚的教育方法时要注意前后一致，坚持一贯，不可随父母的心情随意改变。如果孩子做错了事，父母高兴时不闻不问，情绪不佳时就滥加责罚，这样做会使孩子不知所措，或者学会看父母脸色行事。

家长还要说到做到，光说不做不能算正确的惩罚。如果您总是说"下次再这么做就不带你出去玩"，那么这句话对孩子就像耳边风一样，"我才不怕呢，妈妈下次还会这么说"。如果您说"罚你三天不准看电视"，可第二天当孩子打开电视时，您却没说什么，那您的惩罚很快也会失效。

（5）有罚有教

批评惩罚孩子要与教育相结合，让孩子建立起所犯错误与一定结果的联系，清楚自己的错误行为会带来什么后果，从而学会对自己的行为负责。

一是让孩子意识到所犯错误和由此产生的客观后果的联系。例如，当孩子不好好吃饭，过后又叫肚子饿时，家长可温和明白地告诉他：“我知道你肚子饿了，但你得忍耐一下。午饭你不好好吃，现在用餐时间已过，只能等到晚饭再吃了。”让孩子建立起不好好吃饭与挨饿的联系。有些父母一边抱怨、批评孩子不好好吃饭，一边又急忙给零食吃，孩子只能产生“不好好吃饭没关系，反正可以吃零食”的想法，家长的一切批评等于白费。

二是让孩子意识到所犯错误与家长所给批评惩罚的联系。家长在批评孩子时，一定要讲清道理，让孩子明白为什么受罚，错在什么地方，有什么危害，该如何纠正。同时也可向孩子表明自己的心情：很生气、很失望等。比如，“你昨天看电视看得那么晚，以致今天起不来，上课迟到 10 分钟，我感到很失望”。

（6）注意场合和时机

每个孩子都有自尊心，最怕别人当众出他的丑。所以家长不要在大庭广众之下批评惩罚孩子，比如有客人来访时，家人都在场时，特别是在孩子的同学朋友面前，最好采取个别形式。

孩子有了错，什么时间批评惩罚较为合适呢？一般说来，孩子正在兴奋时，你的批评惩罚会让他扫兴而产生抵触情绪。孩子正在不高兴时，你的处罚就如“火上浇油”，结果越弄越僵。所以最好是在孩子刚犯过错误，思想矛盾之时，进行批评惩罚。及时的批评还能使孩子更好地认识到自己的错误，若时间一长，时过境迁，小孩子早把自己的错事抛之脑后了，就会影响批评的效果。

家长还应注意不要在睡觉前或吃饭时批评惩罚孩子。睡觉前挨上一顿批评，孩子郁闷就寝，会影响睡眠。有些家长喜欢在饭桌上批评孩子，一端起碗来就开始训斥，这样做不仅使家长吃了一肚子“气”，还会影响孩子进餐时的情绪，不利于消化，影响身体健康。

（7）禁用体罚

做父母的心里都明白，对孩子体罚不好，可在对孩子进行种种“文攻”后仍然达不到目的时，一些家长便会采用体罚这种过激的方式，认为打两下也未尝不可。体罚是对孩子人格的侮辱和侵害，它不仅会对孩子的身体造成不同程度的伤害，也干扰了孩子心理的正常发展。孩子觉得，自己已为犯错付出了沉重的代价，从而减轻了心中本应有的内疚，下次再犯错误时就心安理得了。体罚还会使孩子产生对抗情绪和暴力倾向，形成不良品质。

体罚孩子也不合法，我国《未成年人保护法》中就明确规定：应当尊重未成年人的人格尊严，不得对未成年学生和儿童实行体罚、变相体罚或者其他侮辱人格尊严的行为。因此，体罚是最不文明、最不科学的惩罚方式。

孩子的不良行为及纠正方法

由于孩子缺乏生活常识和经验，更没有体验过生活的艰辛，因此，常常会有一些不切合实际的要求或行为。这时父母要理智地对待这些要求或行为，正确的、合理的，可以给予满足；错误的、不合理的，哪怕孩子再耍脾气，也不能答应。

俗话说，三岁看七岁，七岁定终生。这句话虽有些偏颇，但也并不是没有道理。人的个性、品德是从小开始形成的，但这个时期，他的思想、行为等等都还没有最终定型，可塑性很大，孩子身上存在一些不良习惯、消极因素，都很容易在这个时期加以矫正，使孩子逐渐形成良好的个性和品德。

要培养孩子成才，就必须从小对孩子严格要求。第一次发现孩子的不良行为，不良思想，尤其要加以重视，绝不能姑息，直到孩子改正缺点为止。防微杜渐，是严格要求孩子的关键所在。

要培养孩子成才，还必须持之以恒。家长教育孩子，绝不能想到时抓一下，平时撒手不管，一旦发现孩子有缺点，又采取急躁、粗暴的态度。教育孩子，始终要坚持动之以情，晓之以理，导之以行，使孩子逐步增强自我教育的能力。

要培养孩子成才，家长绝不可溺爱孩子。父母爱孩子，是人之常情。必须提倡理智的爱，也就是说，对孩子正确的、合理的要求，应该给予满足；对不正确的、不合理的要求，不仅不能给予满足，而且还要加以指正，不能因孩子的吵闹而加以迁就。

（1）假装听不见父母的话

当父母一遍遍地提醒孩子收拾玩具或自己拿水喝时，他就像没有听见一样自顾自玩。出现这种情况，做父母的不要轻易放过。如果长此以往，孩子会越来越不重视大人的指令，继续纵容孩子的这种行为，孩子可能会变得目中无人，他们的控制欲会变得越来越强。

纠正建议：孩子做某件事时，父母应走到他面前，轻抚他的肩膀，呼唤他的名字，然后告诉他该做什么。谈话时应让孩子看着你，要求他回答你“好的，妈妈（爸爸）”。如果孩子不听话，应该告诉他继续这样做会引起什么样的后果。当孩子开始出现“选择性听取”时，父母可以用限制他做最喜欢的事的方法来纠正他的行为，并且父母不能轻易让步，否则孩子很难改正。

（2）不时打断大人的谈话

孩子经常会迫不及待地想告诉父母一些事情或问题，但是经常打断大人的谈话可不是什么好习惯，纵容孩子这么做，不利于教育孩子替他人着想，他会认为自己有权吸引别人的注意，不能忍受任何失败。

纠正建议：大人谈话时，应提醒孩子保持安静，告诉他不能随意打扰大人的谈话，同时给他安排游戏或者让他玩平时没有玩过的玩具。如果此时孩子还是缠着大人提出各种要求，父母可以指指椅子让他安静地坐在那儿，耐心等大人谈完，然后告诉他，干扰别人的讲话就不能达成愿望。

（3）生活上无规则，随心所欲

孩子经常未经过父母同意就随意拿糖果吃，或是自己开电视看，对这些看似不起眼的小事，父母也不能听之任之。应早早为孩子订立一些生活中的规矩，譬如不能随心所欲吃糖果，不能一整天看电视。放任孩子不遵循规矩做事绝不是好办法。如果父母继续纵容，等孩子到了一定年龄，他可能出现不通知大人就外出的情况。

纠正建议：不妨制定几条家庭纪律，并经常和孩子谈论这个话题，譬如告诉孩子："想吃糖时，应该问问父母，这是咱们家的规矩。"如果孩子在规定时间以外打开电视，应让他及时关闭电视机，并且大声清楚地陈述一遍规则，这样做有助于让孩子铭记在心。

(4) 游戏时出现攻击性行为

在游戏过程中，孩子有时会与小伙伴发生一些小小的冲突，并出现攻击性的行为，譬如推搡小伙伴或是用手掐小朋友等等。如果父母无视不管的话，等到孩子长大以后，就会积习难改了。放任孩子这种行为的话，会让孩子认为伤害别人不是什么大不了的事情，不用在意。

纠正建议：当孩子出现攻击性行为时，父母应把孩子拉到一边问他："如果别人也用这种方式对待你，你感觉会怎么样呢？"同时要告诉孩子，任何伤害别人的举动都是不可以的。在下一次出去玩的时候，要提醒孩子的行为不能粗鲁霸道，教会他生气时该采取什么措施让自己镇静下来。如果再次发生类似的情况，应给他一点惩罚。

(5) 常常夸大事实真相

如果一个还不会叠被子的孩子说是自己整理好了床铺，或是一个没有乘过飞机的孩子告诉同伴他坐飞机去过迪斯尼乐园等，这些大话听起来无关紧要，但是如果发现孩子经常说大话，父母就一定要提高警惕了。如果孩子认为说谎可以美化自己，可以避免让他做一些不愿意做的事，或是摆脱闯祸后的困境，慢慢地，他就会把撒谎看成很自然的事了。

纠正建议：一旦察觉孩子在说大话时，父母应该直截了当地告诉他："去迪斯尼，当然很有意义，我们以后说不定哪天就会去，但是现在还没有去，你就不可以说你去过。"同时要告诉他，一个人如果总是说大话，人家就不会再相信他了，父母还可以用讲故事来启发孩子，让孩子学会诚实。

常言说："严是爱，惯是害，不管不教要变坏"。对子女严格要求，严格管理，严格教育，严格训练，是家庭教育的一条重要原则。在教育子女的实践中家长对子女的管教态度，实际上是有松有严，而不是始终严而又严的。在儿童的成长过程中，也就是从儿童到少年，从少年到青年这一时期里，家长对他们的要求、管理、教育和训练，还是"先严后松"好。

第五章

让孩子学习轻松、快乐一点儿

两千多年前教育家孔子说过："学而不思则罔，思而不学则殆。"意思是说，如果一个人的学习，只知死记硬背，而不加以思考、消化，那他就毫无收获。我们经常看到，有些孩子在课堂上记了那么多笔记，课后花了那么大气力去背，遇到问题却无从下手，不知怎么解决；也有些孩子做了那么多习题，看了那么多资料，成绩总也提高不了。之所以出现这种情况，关键问题在于没有找到学习方法，没有把自己作为学习的主人。

给孩子一个良好的学习环境

一个良好的学习环境，不仅对儿童的身心发展起着潜移默化的影响，而且对孩子智力的发展也起着积极的作用。

儿童处于一个整洁、优美、富有儿童情趣的环境中，能产生愉悦、轻松、安宁等积极的情绪体验，往往表现为活泼开朗，自信大方，有进取心，易于接受家长的教育，逐步形成良好的心理品质。如果儿童生活在一个杂乱无章，肮脏不洁，噪音不断的环境中，长期下去不但损害儿童的身体健康，对其心理发展极为有害。这种环境中的儿童，往往表现出一些不良性格特征。

生动优美的环境还可以丰富儿童的审美内容，加深美感体验，发展感受美和理解美的初步能力，有益于儿童身心全面健康发展，所以家长要努力做到以下几点。

(1) 给孩子一方天地

当孩子高高兴兴背着书包跨入学校，成为一名小学生的时候，作为家长，就要努力为孩子创造一个良好的家庭学习环境，设计一方属于孩子自己的小天地——独立的居室。随着城乡居民居住条件的改善，目前大部分家庭都可以做到。如果家庭住房实在太小，也要想方设法为孩子隔开一个小居室。家长一定要摆脱让孩子和父母同居一室，直至十几岁才分居的传统习惯。因为作为一个小学生继续和父母同居一室，易养成事事依靠家长的心理，对培养小学生独立生活的能力不利。同时学习容易分心，对培养孩子良好的学习习惯也不利，更不利于儿童心理的正常发展。

孩子的居室小，不宜面临嘈杂的马路、庭院及受干扰的过堂屋内，以便于孩子在学习时思想集中，提高学习效率。

（2）布置一个学习环境

孩子房间的布置要整洁、优美，简朴大方，富有儿童情趣。除床、书桌、椅子外，最好有一个小书柜，专门放课本、图书、作业本；一个小器具柜，专门放置对开发智力有益的玩具和手工制作工具、作品等。墙上的装饰要和孩子一起布置，选择富有儿童情趣的图片和儿童亲手绘制的图画，并布置一个小小的学习园地，贴上小张中国地图、世界地图、科学家的画像，作息时间表、课程表，荣誉奖状和儿童自己的美术、书法作品等。书桌上不宜放置玩具，除放经常用的工具书、文具外，最好在孩子坐的位置左前方放置一个台灯，以保证孩子在学习时有充足的照明。所有这些布置，家长要和孩子商量，一起动手，以使孩子产生主人感，从而注意保持自己居室的整洁，按时认真学习。

在布置孩子居室时，要注意以下几点：

①切忌豪华型装饰。居室搞得富丽堂皇，易使儿童产生不应有的优越感，不利于培养儿童艰苦奋斗、刻苦奋进的精神。

②切忌成人化布置。有些家庭儿童居室墙上装饰香港、台湾电影明星、歌星的巨幅画像或大壁镜等，均不利于儿童审美情趣的培养。

③对孩子的玩具，家长一定要引导选购能开发智力的或对学习有辅助作用的玩具等。对其他玩具，则不宜购买。当前家长不要给孩子购买电子游戏机当玩具。广告上反复宣传电子游戏机可以开发儿童智力，这纯粹是商业宣传的需要。孩子一玩入迷，学业荒废，视力减退，精神萎靡不振，许多天资聪颖或某方面很有特长的孩子，就因为迷恋电子游戏机，学习成绩一直滑坡，这是常常发生的事实。

（4）要引导孩子自己选购读物。目前，大多数家长重视为孩子购买读物，订阅报刊。但是，大多数家长往往忽略了很重要的一点——引导孩子独立地选购图书和报刊。引导孩子从小自己选书，让他们根据自己的兴趣爱好和智力发展水平，去挑选自己喜爱的书。只有这样，才能强化他们的阅读欲，并逐步从被动性阅读转为主动性阅读。久而久之，他自己选购的书是哪方面的，会同他内在的智力结构不断地发生相互作用，甚至对他今后一生的道路都能产生积极影响。另外，让孩子自己选购图书，还可以从小培养孩子对书的感情，倍加爱惜，从而养成爱书、读书的良好习惯。

(3) 创造浓厚的文化气氛

为了孩子健康的成长，家长要有意识地创造浓厚的家庭文化气氛。业余时间处理完家务后，娱乐活动要适当适量。自己要经常看些有意义的书报。钻研技术书籍，或练练书法等。孩子学习完后，和孩子一起谈论一些科学知识，一起搞些小制作，也可以给孩子读些文学作品，讲些有意义的故事，或一起下会儿棋，有条件的可以教其学书法、弹琴。星期日带孩子参观博物馆或郊游，搞些体育活动。孩子处于这样一种家庭文化环境中，长期地无形地受到影响，使其在潜移默化中接受规范，形成习惯，并内化为品德素养，逐步形成学习的自觉性，将使孩子终生受益。

(4) 建立一个和睦的家庭

一个家庭气氛快活、美满是很重要的，在和睦的家庭中成长的儿童，其学习成绩一般较好，在学校中易受到教师同学的喜欢。可是，实际上家庭中祖父母和父母之间的意见不一致使家庭不和，或是父母之间不和的事是常有的。大人之间因有争吵，使家庭气氛紧张，对孩子很有影响，孩子总是很担心而不能安心学习。

有时，兄弟姐妹之间的争吵也会使孩子的心绪不宁，而影响学习。作为父母要使家庭内尽量不要发生争吵和纠纷。万一有纠纷不可让孩子卷入其中。大人应有作孩子的防护堤的思想准备。大人、孩子间要形成相互理解关心的气氛，不能任性。到了小学高年级和中学的孩子，自我意识提高了，情绪容易激动。家庭中有时孩子自己也会把家庭气氛搞的较为紧张，家长要注意防范。

在家庭内不仅要反对相互之间不理睬，还要在生活上采取合作态度。这样的家庭才会使孩子生活得愉快，才会快乐，他们才会心情舒畅，专心学习。

怎样让孩子养成爱学习的习惯

习惯是一种条件反射。小学生由于心理特点所限，学习较多地是凭借兴趣，自觉性较差，这个年龄阶段的儿童也正是一个习惯养成的重要时期。父母对此应下大力气帮助儿童养成一个良好的学习习惯。

良好的学习习惯建立主要是从建立学习计划开始，以严格执行学习计划为主要步骤所形成的，家长要在学习习惯未形成时期，采取奖励方式为主，惩罚为辅的手段，督促孩子学习习惯的形成，这是家长对儿童进行学习指导的一项重要任务。

从小养成孩子良好的学习习惯，对孩子现在以及今后的学习生活都有非常重要的作用。实践经验告诉我们，大多数三好学生的行为习惯都是比较好的，而少年管教所中的青少年，几乎都是从有不良行为习惯开始，而走上犯罪道路的。一般地说，学生的学习成绩与他们的学习习惯良好与否，是正相关的。凡是学习成绩较好的学生，往往学习习惯都比较好，凡是学习成绩较差的学生，往往都没有一个良好的学习习惯。可见，学习习惯与能否成人，能否成才是直接相关的。从小养成良好的行为习惯，会使孩子受益终生，而养成不良的行为习惯则会贻害无穷。

(1) 制订学习计划，使学习生活有规律

我们常常看到不少小学生，在家庭里没有一个固定的合理的作息时间，没有一个学习计划。有的孩子放学回家，把书包一扔就跑出去玩耍，一直玩到精疲力竭才回家，饭后则匆匆忙忙、潦潦草草地写完作业，有时作业没写完就伏在桌子上睡着了。父母感到烦恼的是“孩子不认真学习”。这说明孩子没有养成良好的学习习惯，究其原因，是因为没有一个合理的学习安排和学习计划。

根据条件反射的原理，“每天在同一地点、同一时间进行学习”是非常重要的。也就是说，每天同一时刻、同一地点进行学习，就会不知不觉地养成习惯，只要一到时间，一走进这个地点，就自然而然地进入学习的状态。所以，当孩子入学后，家长帮助孩子制订一个学习计划，建立一个合理的作息制度是至关重要的。当儿童养成按时休息的习惯后，就会形成一种学习时间定向，一到学习时间，就自然地产生了学习的情绪，大脑兴奋就会逐渐增强，头脑清醒，效率就会提高。在制订好学习计划之后，家长应注意：时间的安排要有规律；要多次反复实行；如能顺利实行就要给予奖励（表扬，表示满意）。

为了使孩子形成良好的行为习惯，应做到以下几点确保计划的实行。

①没有例外，只要不是生病，一定按计划进行。

②按规定的时间进行学习。

③在书桌前坐下来，就要马上着手学习。

④要按预先计划的科目学习。

⑤到了规定的时间就要停止学习，要肯定孩子按时完成任务的努力态度。

⑥到了规定时间仍没有完成时也不要介意，对有能力的孩子，时间到了仍没完成时，可以继续学习；但对能力低的孩子，到了时间就要结束学习，即使没有完成也不要埋怨。

（2）科学地安排学生的学习时间

小学生一般都不能科学地安排自己的学习时间，特别是在家中学习时间。小学生家中的学习时间一般都是早上，下午放学后到晚饭前，晚饭后到睡觉前。制订安排学习计划时要选择其中最有利于学习的时间。

一二年级的孩子下午放学回家早，一般吃完一点东西后就可做作业，晚上再做预习和复习。年级越高下午放学回家的时间越晚，晚饭前几乎没有学习时间。所以，晚上 7 时到 8 时或 9 时学习为最好。但不要看电视看到深夜，若看电视也要养成早看，看完立刻停止的习惯。

早上时间短，可以预习功课，到了上学时间就立刻停止。即使学习 10

分钟或15分钟也是好的。每日坚持做下去就不会有不能读书的孩子了。在安排学生学习时间上要注意几个问题：

第一个问题：孩子到了高年级，有的学生下午放学回家休息一会儿，就一直学习到深夜。一般地说，“开夜车”学习效率不高。有的人对这个问题做过研究，为了调查一天三班制工人的工作效率，使三班工人的睡眠、劳动时间相同，只有白班、夜班、中班的差别。让三班工人每隔一个小时做一分钟的一位数加法题。结果是，加法的正确率是白班最好，中班次之，夜班最差。理由如下：①夜间工作不符合人体自然规律，自主神经和激素的调节作用发生紊乱；②由于生活没有规律，身体的正常机能发生紊乱；③由于以上原因，大脑功能也降低了。学习的时候，白天已经在校学习了，再加上“开夜车”，影响就更大，所以告诉孩子“开夜车”学习不是一种好方法。

第二个问题：是学习的具体时间安排。在家的学习时间，小学一年级以30分钟到1小时为宜。二年级1小时，三四年级1—2小时。中学生可适当延长。实际上，长时间持续学习没有效率。

不同的年龄每次学习的时间有一个大致的限制，超过这个时间，影响学习效率。长时间持续学习，会对学习厌烦，精神涣散，无力继续学习，严重的时候会头昏头痛，连平日喜欢的事情也不想干了。这是疲劳的表现，必须适当休息。一般说来，学习1小时，要休息10分钟左右。

另外，家长还要注意合理安排孩子的睡眠。睡眠是消除疲劳的最好方法。为了提高睡眠效果怎样睡才好呢。有研究表明，晚上8~10点钟睡，睡8~10小时，早上6点起床是最有效的。一般说来，小学低年级儿童睡足10小时，高年级9小时，中学生8~9小时。此外，同样睡8小时，但睡的时间不同效果也不同。睡的过早或过迟都不好，都要降低睡眠效果。所以，应该强调的是，“睡眠，要在应该睡的时刻，睡足必要的时间。”

（3）独立完成作业，当天的功课当天做完

现在，许多家长都要每晚“陪着”孩子做作业。孩子对数学题不会解要求父母给解答，某个句子不会造句，要求家长替他造词句，作文要求大人给写开头等。他们对老师所布置的作业不能独立完成，时时处处离不开大人的“帮助”。甚至常常会责怪父母没有认真检查作业，将自己的粗心、马虎归责于家长。这样一来，孩子在学习上养成了严重的依赖、懒惰思想，离开了家长就不会学习，更谈不上进取、创造精神。因此，培养儿童独立完成作业的习惯十分重要。

首先，家长不要包办代替，要放手让儿童用自己的力量去解决问题。在学习过程中，如果遇到了不会的题目，家长要引导孩子阅读课本、复习当天所学的知识，查阅工具书或参考资料，然后通过自己的思考去解决问题。对数学题，家长可让学生多读几遍题目，帮助他通过图表来分析题目的条件、问题是什么，找出已知和未知之间的关系，然后再去做。对做完的作业，家长不要急于帮助检查、改错，而要让学生自己先去自查、自检。这样可以培养儿童对做作业的责任心，又能培养他们会学习的能力。

其次学生对自己每日的家庭作业和学习，要严格按计划实行，当天的任务一定要当天来完成，不能拖拉；在规定的时间内要完成一定数量的任务，不能不讲效率。

（4）良好的行为习惯，有利于孩子成长成才

人们在认识世界、创造世界，进而去改造一个新世界的过程中，靠的是什么？主要依靠的就是一双手和一付头脑。一个勤于动脑动手的人，他们的智力发展状况是良好的。反之，一个不爱动脑的人，智力不会有大的发展。一个虽然善于动脑但不爱动手的人，在科学研究上很难做出突出的贡献。只有善于手脑协调工作的人，才能巧妙地把理论和实际有机地结合起来，进而达到科学的高峰。钱三强、丁肇中等著名的科学家就是这方面的典型。如果不谈科研事业，仅就一般的工农业生产来说，善于手脑并用的人，也常常会有更多的创造性，会做出更多的较突出的贡献。良好的行为习惯靠从小培养起，从点滴的小事做起。在学习上鼓励孩子多动手、动脑去思考问题，在生活上凡能自己做的事要求他自己有条不紊地完成。

（5）教育孩子对学习效果进行自我检查

让孩子应根据一定的标准，采用一定的方法，对自己取得的学习效果之间的差异进行分析和评价，以找出经验和教训，这便是学习效果的自我检查。学习效果的自我检查在整个学习过程中具有重要意义，通过自检，可以获得大量的反馈信息，从而调控和控制孩子的自学，并得到成功的鼓励或者失败的鞭策，把孩子学习的行动导入一个更为有效的途径。

如何帮助孩子做好入学准备

入学前的一段日子，应增加孩子安静活动的内容和时间，如剪纸、写字、画画等，这些活动可以养成儿童一心一意、不讲话、不时常站起来走动、认真做事的习惯，以便入学后能尽快适应课堂学习。开始的时间可以是20分钟，以后再逐渐延长，不可操之过急。

入学是六龄童的一大转折点，适应从“玩”到“学”的转变是这一转折期的主要任务；中学生活给孩子提出了更高的素质要求，“寻求发展”是整个中学时期的主旋律。孩子面临转折期，家长一定要早做准备，从生活时间、行为习惯、学习技巧、知识容量等方面给孩子提供全方位的发展支持。

(1) 入学是六龄童的一大转折点

孩子从幼儿园大班毕业到进入小学一年级学习，标志着一个新阶段的开始。它包含着一系列重大的转折与变化，形成由幼儿园向小学的过渡。

◇学习要求提高

幼儿园是保教并重的机构，以游戏为主要活动形式，游戏灵活、自由，趣味性强，对孩子没有严格的约束力和规范性。小学是实施义务教育的机构，以上课为主要活动形式，必须根据国家统一的教学计划、教学大纲和教材进行系统教育，并达到特定的质量要求。

幼儿园是启蒙教育，着重对孩子进行全面的素质教育，以培养学习兴趣为主，只传授周围生活环境中粗浅的知识，不重视能力训练和学习习惯的培养。因此，幼儿的学习常常是通过各种生动的、形象的、孩子感兴趣的活动来进行的，而且不需要考核，没有学习压力。而对小学生来讲，学习却是一种社会义务，必须根据国家规定的目标，学习系统的文化知识，接受基本技能训练，完成规定的学习任务，因而有一定的强制性。

◇ 生活作息变化

幼儿在园时间较长，以游戏活动为主，每天只有 1 ~ 2 次的正规学习活动，且每次时间不超过 30 分钟。孩子入学后，正规学习活动增多。除了早读课外，上午有 3 ~ 4 节课，下午有 1 ~ 2 节课，课间休息和户外活动时间也没有在幼儿园时长。这些变化会加重孩子神经系统的负担。所以入学初期孩子往往感到不适应。

◇ 人际关系复杂化

在幼儿园，孩子是在教师的关心、照料下生活和活动的，心理上依赖教师。进入小学以后则不同，教师与孩子的关系主要在课堂教学上，对孩子的日常生活不再过问，与幼儿教师比较，显得冷淡、严肃，使孩子在情感上感到不适应，产生与教师的心理距离、压抑与生疏感。此外，刚入学的孩子还要面对班级组织，面对同学关系、与班组长的关系，等等。与幼儿园相比，小学对孩子的社会交往方面有了进一步的要求。

◇ 学习环境正规化

除此以外，在生活环境、教育内容、教育方法上也有差别。如幼儿园孩子的活动场所完全是以随意的生活环境模式布置的，小学则是按正规的教学和学习环境模式布置的，除了课桌、椅、黑板之外，没有任何能让孩子感兴趣的物品。教育内容的加深和教育方法的改变都会使孩子在进入小学以后产生紧张与焦虑。

孩子从幼儿园进入小学发生的种种质的变化，就像水中的小蝌蚪变成陆地上的小青蛙，层出不穷的问题将出现在他们的面前。活动的领域扩大了，读书与游戏被认为是两极化的事情；人际关系多样化了，父母、老师有着更高的要求与期望等。面对复杂的挑战，孩子们产生了各种各样的心理矛盾。如期待、欣喜与担忧的矛盾，纪律约束与自主自由的矛盾，依赖与自立的矛盾，求知与贪玩的矛盾，等等。

要让孩子在这一系列的转折与变化中顺利适应，并形成积极稳定的入学倾向，家长必须帮助幼儿做好入学准备工作，使孩子愉快、轻松地进入小学学习。

(2) 检测孩子的入学准备

孩子即将入学，父母一定很想了解孩子是否具备了入学条件。为此，父母可让孩子做一个入学能力测验，看看孩子是否达到测验所提出的要求。测验内容如下：

◇ 自我认识、自我服务

知道自己的姓名、年龄、属相及家庭住址；能了解并说出自己身体各部位的名称；能自己穿衣裤、系鞋带，生活基本自理，还能承担一些力所能及的劳动。

◇ 学习准备

语言表达：约掌握3500个词汇，在讲述事情时内容更丰富、句法更正确、语言更连贯、层次也更清楚。能把1套3~5张的图片按情节顺序做出正确排列并进行有头有尾的叙述。能够初步掌握一些简单的书面语言，并开始识字。

记忆能力：能复述6位数字，或较完整地复述一个小故事；能记住近来发生的主要事件。

观察力：给孩子看有错误或缺损的画，让孩子指出他观察到有哪些错误或缺损。

计算能力：掌握20以内的数的概念，能进行10以内的加减运算，了解10以内数的组成和排列。

思维能力：能顺利进行图片归类；理解反义词；听完故事后能根据故事内容进行分析推理并回答问题。

◇ 基本常识

图形与色彩：能辨认4种以上的颜色，认识一些基本的几何图形，比如三角形、圆形、正方形。

时间知觉：对一周的时序基本都能掌握，在辨别今天、明天、昨天的基础上，开始延伸到能辨别后天、前天、大前天。最难掌握的是认识钟点，只有很少数的6岁儿童认识钟表，会报出时间。

空间知觉：大多数6岁儿童能以自我为中心，正确地把自己的左右方位和词联系起来，从而产生最初的左右概念，但常常只限于自身的方位，而不能辨别对面人的左右方位。

生活常识：懂得过马路时先看红绿灯及两边，要走斑马线；认识男女洗手间的标志，选择正确入口，等等。

◇ 社会发展

规则意识：理解规则的重要性，遵守生活、学习中的基本规则等。

独立性：如自我意识、独立意识，基本的生活自理能力和独立的学习习惯、解决问题的能力等。

主动性：孩子有广泛的兴趣、好奇心，发现、寻找新的事物和新的体验的渴望。

人际交往的能力：会明确表达自己的情感，如愤怒、快乐及爱等，在游戏中发生的争执，一般都能用游戏规则来解决，不需成人监督。对同伴、集体有积极的情感，学着与同学建立良好的人际关系，学习交往技能，等等。

这个测试，能让你全面了解目前孩子各方面的能力情况，做到心中有数。

（3）帮助孩子做好入学准备

从幼儿园到一年级，变化太大，假如孩子一点生理和心理准备都没有，就相当于把孩子扔到拳击台上，不给他任何护具、不教他任何技巧，活生生地去忍受打击。孩子将要入学，家长一定要比孩子更早进入状态，早做准备，从生活时间、行为习惯、学习技巧、知识容量、物质基础、心理准备等方面给孩子全方位的适应和支持。

◇ 心理上的准备

家长抽出时间带孩子到小学去看一看，让孩子熟悉一下学校的校园环境，培养与学校的感情。

认真地与孩子做一次交谈。告诉孩子从上学起，就要努力学会自己的事自己做，告诉孩子养成以下学习习惯：放学回家做完作业后再玩；按时、独立思考完成作业；学会预习明天老师将要教的内容；做作业前先复习老师讲课的内容；做作业时仔细读题目；作业完成后认真检查一遍；作业做错后及时订正等。

◇ 生活上的准备

固定孩子摆放物品的位置。给孩子准备一个小柜子，教会孩子将故事书、课本、练习本等分类摆放；营造出一个儿童小世界的氛围，吸引孩子喜爱和珍惜自己的“小天地”。

培养孩子自己收拾东西的习惯。教会孩子每天按着课程表自己整理书包、收拾文具。

教孩子形成吃饭时的好习惯。对于吃饭磨蹭的孩子在假期中逐渐缩短其吃饭的时间，培养孩子自己吃饭、节约时间的良好习惯。

◇ 物质上的准备

在家里为孩子布置一个的学习小天地。书桌、椅子的高度要适中，在桌子上摆上课程表、小台灯、小闹钟、地球仪等，为孩子创设一个固定的学习场所和优美的学习环境。

与孩子共同制作一张作息时间表，贴在孩子看得到的地方，并要求孩子一定要按照时间表去做。督促孩子养成早睡早起的好习惯。

为孩子制作一张作业正确率统计表，将表贴在墙上。做完作业由孩子自己检查，全对的，给孩子画一颗星，不要养成家长代孩子检查作业的不良习惯。家长每周或每个月与孩子共同进行小结，并给予适当的奖励，可以更好地激发孩子的学习兴趣。

帮助孩子爱上阅读

爱书的孩子，其人格特征是温柔、善良、开朗、快乐、幽默、自信、有气质、有同情心、语汇丰富、人际关系良好。从小帮助孩子建立阅读习惯，培养孩子读书方法，在面对将来的考试和学业时，他就能轻松地应对。

孩子上学以前，认识的生字不多，要引起他们的阅读兴趣，首先就是要讲故事和念书给他们听。

有一点要强调的，孩子在入学之前，父母是唯一可以教导孩子为阅读作准备的老师，所以这个责任不可疏忽；父母不负起这个责任，孩子就失去接受这种阅读的训练机会。

如前面所说，如果能把阅读做到是一种游戏活动，孩子就会感兴趣。只要父母的态度温柔平和、充满爱意，使学习气氛保持宁静、轻松，孩子自然就能愉快地学习。

（1）辅导和培养阅读习惯

孩子上学以后，功课多了，同学多了，感兴趣的活动也增加了，如果父母不抓紧去辅导孩子阅读，孩子就会渐渐地把兴趣转移到其他的地方去了。

五六岁的孩子还是很喜欢在睡觉前听故事的，他们会早早上床等待这可贵的一刻。读完故事后，父母可以和孩子讨论书中的内容或有关日常生活的琐事，这些谈心或悄悄话，是增加父母与子女间感情的良方。孩子常常渴望接近父母，听故事就是方法之一。

七八岁的孩子，可以自己在床上阅读一会儿，然后把他所读到的告诉父母，大家讨论心得。这样做，就是把“听故事”的享受，改为“讲故事”的责任了。只要父母每天晚上都去聆听故事，孩子是会兴致勃勃去为讲故事而阅读的。

日常生活中，有很多社会新闻、城市故事等，我们可以鼓励孩子也去阅读，然后大家一起讨论。很多时候，孩子见家人讨论得兴高采烈，就会自己去找这段新闻来看，想发掘资料来加入讨论。

(2) 创造阅读的环境

家里客厅的电视永远都播着节目，房里的收音机总是播着轻松悦耳的音乐。不是视觉得到享受，就是听觉上得到满足，在这样的情形下，孩子实在太忙了，忙得没有时间和心情坐下来阅读。

电视、收录机、音响都影响孩子阅读，因此，我们就要控制家里的声浪，创造一个宁静的环境来让孩子去阅读。控制声浪的方法，就是管制电视的开放时间，爱听音乐的家人要戴上耳机，以免扰人清静。

室内的温度太高或太低，也会影响阅读的情绪。环境太冷，孩子马上想到那温暖的床；环境太热，孩子就只向沙滩想。

家里灯光是否光亮，也是重要的。幽暗的灯光使人容易疲倦，对视力也有损害。

很多父母都以为只有品位高雅的名著才可使孩子在阅读上有进步，于是家中的书，不是巴金、鲁迅、朱自清，就是海明威、狄更斯、莎士比亚。不错，这些都是好书，但可惜你的孩子的阅读能力还未达到这种程度，对着这些名著也不会感到有兴趣。

不少家长都以为画册和连环画是坏书，禁止孩子去阅读。但其实孩子的阅读是受到同学影响的，别的同学在看《铁金刚》，自己却在看《三毛流浪记》，那多少有点落后的感觉。看少量的连环画是没有大碍的，只要这些连环画是点缀品，不是孩子的主要读物便可了。父母只要持续供应一些内容健康、印刷精美的书籍给孩子，过一段日子，孩子的兴趣还是会向文学性较强的读物转移的。

让孩子自己选择一些儿童杂志、周报或定期读物，然后给他们订购，使家里常常有适合他们阅读的图书。由于这些书刊是用孩子的名字订的，孩子会觉得特别珍惜，读起来也觉得特别有趣味。

消闲读物除了可以使精神轻松愉快外，对生活经验和课外知识是有一定裨益的，只要是意识正确的，父母可以安心让孩子去阅读。

（3）定期去图书馆和书店

图书馆是知识的宝库，少儿图书馆阅览室是专门为孩子开放的，有很多适合孩子阅读的书籍。培养孩子“泡”图书馆的习惯，对孩子一生都有益处。

图书馆藏书甚多，孩子往往不知道到哪里才能找到适合他的书。最好的方法就是先带孩子去请教图书馆管理员，让他直接向孩子解释寻找书籍的方法；如何去查找特别资料；如何去借书等等。孩子认识了图书馆管理员，以后遇上其他问题，也可以放心去询问。

年幼的孩子去少儿图书馆，最好是陪他一起去，选择了图书就办借书手续，然后马上离开。年幼的孩子没耐性，不懂得控制说话音量，而且喜欢到处跑，他们的尖叫声、跑步声往往令父母尴尬不已，父母要特别留心。

学龄儿童已习惯了这种场合，只需要进去前提示一下便可。孩子选择图书，父母可以不必多加干涉，因为图书馆的藏书是经过筛选的，意识不良的书籍不会被放在架上。要是孩子选择了太深奥的，看不明白，下次退回就算了，这种经验就让孩子亲自去领受。当然，假如孩子借的五本都是童谣集，父母可以提议再借一些故事书来换换口味。

去图书馆最好是定期，或是一星期一次，或是两星期一次，习惯了，成为生活的一部分。逛书店也是件顶有趣的事，到了书店，一家大小各据一方，埋首在他们喜爱的各类书籍中，有时翻翻杂志，有时全神贯注地读一本书，遇上喜欢的买下来；或者，免费阅读一番就走出来，也是乐趣无穷。

（4）父母的态度

孩子能否对阅读养成一个习惯，父母的影响是很大的。如上面所说，家中长期供应读物，定期“泡”图书馆，常常和孩子讨论他们所读到的，都可鼓励孩子多阅读。

反之，如果父母常常挑剔孩子的读物太幼稚，苛求他去读名著，要他在限定的时间内读完一本书或限制他的读物，都会打击孩子的阅读情绪。孩子往往为了怕受父母责备，而放弃了阅读，免得父母啰嗦。

希望孩子多阅读，多寻求知识，父母最好就以身作则，自己也选择一定的时间坐下来阅读。孩子最喜欢仿效父母的行为，我们就做个好模范吧！

如何为孩子选择读物

学龄前儿童所阅读的图书大部分是父母选择的，父母了解孩子的需要和兴趣，挑选适合他们的书籍，那么孩子会感到阅读是件有趣的事。如果书本都是艰深或沉闷的，孩子只有弃图书于一旁，把时间花在那些更有趣味的活动中去了。

孩子到了入学年龄以后，往往还是需要父母的指导，才能选择有趣而益智的书籍，否则，他们盲目去摸索，就会选择一些无益的读物。

当然，就是孩子懂得自己去挑选书籍，父母也要时时留心，注意他们看的是哪一类的书，一来便于了解孩子的兴趣和阅读能力，二来也可从他们的读物中知道孩子思想的趋向，从而在谈话中给予他们辅导和启发。

说了这么多，还是一句，父母需要知道什么是优良的书籍，什么是无益的读物。现在就来谈谈优秀书籍必具备的条件：

（1）意识正确

不论这本书是给两岁的还是十岁的儿童看，是图片的还是完全是文字的，它的意识必须正确。书中内容应该是谈及友爱、和平、宽恕、孝顺、乐观、积极、奋斗、怜悯等方面。

书籍对孩子的思想具有极大的影响力，也由于孩子的社会人生经验有限，辨别能力不强，所以很容易被作者的思想影响了，向好向坏，孩子就跟着走。一本好的书籍可以影响孩子的一生，同样，一本不良书籍也可以使孩子误入歧途。我们不想让孩子变得残忍、凶暴、横行、好斗或叛逆，就不要让孩子看这一类书本。否则，一旦让这些意识潜进了孩子的头脑，纠正起来就麻烦了。

（2）趣味浓厚

唯一能够引起孩子阅读兴趣的，就是书本身的趣味性。如果它是给幼儿看的，必须要迎合这个年纪的孩子的兴趣。学龄前儿童都喜欢一些以动物为主题的故事，或是书中人物都是他们熟识的，如父母、兄弟、祖父母；主角的年纪最好是和他们相仿，故事的内容和他们的生活有关联。图片颜色鲜艳可爱，人物衣着要配合时代。至于读物的形式，拼图、画册、连环画、卡式录音带都是受学龄前儿童欢迎的。

孩子入学以后，认识的字和语句渐渐增加，这个时候，再给他们看那些只是图片的书籍，他们会觉得索然无味。反之，那些全是文字，而没有插图的，他们也觉得枯燥单调，同样不能引起阅读兴趣。所以，要给他们购买有适量插图，图文并茂的书刊。

随着年龄的增长，社会经验的增加，孩子开始对各种类型的图书发生兴趣。谜语、笑话、童话、游记、探险故事、神怪故事、科幻故事等都是热门的读物。

虽然选择书籍要迎合孩子的口味和兴趣，但除此之外，也应选择多种类型的书籍。如有启发性的，有道德观念的，有鼓励性的，可以引发幻想力的或富有人情味的。

不同种类的书籍可以供给孩子多方面的知识和经验，帮助他作全面性的发展。历史故事可增加他们对社会道德的认识，获得前人的奋斗经验；名人和探险故事可使他们得到鼓励和启发进取精神；神话可让他们在幻想世界中尽情享受；科学故事可增加对自然界的认识；寓言可使他们领悟到人生的哲理；小说则可感受到伦理亲情，使感情得到适当的抒发。总之，孩子的阅读范围愈广，所得的知识愈全面，到他们长大了，便懂得如何选择自己喜爱的书籍了。

（3）富文学气息

一本好的书籍，一定要内容丰富、文句畅顺和修辞优美。阅读书本，除了吸收知识外，另一种乐趣是欣赏书中的修辞。阅读一本措辞优美、描写生动的书籍，可陶冶孩子的情操，提高写作水平。阅读是写作的基础就是这个道理了。

好的儿童读物，必定是插图生动，切合实际，颜色柔和，印刷优良，而且书本所用的纸张也是上乘的。这些视觉上的辅助，往往吸引孩子对书本的注意，帮助他去维持阅读的兴趣。

（4）配合年龄和发展阶段

很多儿童读物都注明书本适合什么年龄的孩子，这对父母选择图书有很大的帮助。为两三岁儿童设计的读物，以图片丰富，文字简浅为宜。为十岁以上的儿童写的书籍，则以文字为主，图片只是用来增加阅读趣味。由于每个年龄都有不同的阅读爱好，发展程度也有不同，他们所需要的也迥异，所以为孩子选择图书时，一定要留心文字和内容是否适合孩子的年龄特点。

比如学龄前儿童，他们都喜欢以动物或以小孩子为主角的图书，如《三只熊》、《三只小猪》、《小红帽》、《睡公主》等故事。他们喜欢每页都有彩色的图片，文字只有两行。内容描述的要和他们生活或周围熟悉的事物有关，故事和人物简单有趣就是适宜。其他的如童谣、手指谣、儿歌、画册、漫画等都能吸引孩子的口味，录音故事，可以一面听，一面看图画，视觉和听觉都能一起得到训练，也可以帮助孩子独立去阅读。

一二年级的孩子喜欢情节略为复杂和惊险的故事。内容仍是以动物和小孩子为主角，家庭和学校为背景最受欢迎。文字要简短浅易，一页中一半是图片，一半是文字就最适宜了。三四年级的孩子，阅读能力增强了，兴趣也广泛了，所以在题材方面可以选择一些能够迎合孩子的口味，与他们生活有关联，或对孩子的特别嗜好有帮助的。对这个年纪的儿童，笑话、谜语、名人故事、绕口令、武侠连环画、科学探险故事、冒险故事、太空幻想故事等都适合。

五六年级开始，男孩子和女孩子的阅读兴趣开始有分别了。男孩子特别喜欢以太空、大自然、动物野兽为背景的书籍，故事内容以惊险、刺激、紧张、神秘、侦探、战争和英雄人物为最吃香。女孩子则偏爱伦理、奇情、恋爱和传奇的故事，对曲折和富于戏剧性的恋爱悲剧小说则更痴迷。

了解了孩子的阅读兴趣，大人可以为他介绍和选择适合的读物，这样孩子受益，父母花钱也有价值了。

阅读是一切学习的基础。在学习的过程中，如果能养成阅读的习惯，语文领域的学习可以得心应手，其他领域知识的学习也已经成功了一半。因为孩子通过阅读，不但可以获得知识、提高学习兴趣，而且还可以开发孩子的多元智慧。

书桌、书法和握笔姿势

孩子的写字姿势不正确危害不小，轻者影响写字质量；重者影响生长发育、不利于身心健康。孩子正处于生长发育的关键时期，以正确的坐姿和握笔姿势书写，不仅利于书写的规范，也利于孩子健康成长。另外，一张舒适的书桌也很必要。

(1) 书桌是必备的学习用具

学习文化科学知识是复杂的思维活动。科学家告诉我们，人的大脑要处于最佳学习状态，必须要具备三个条件：第一，注意力完全集中于大脑中枢；第二，脑血管的血流量达到最大；第三，供给脑部充分的氧。我们知道，人在站着的时候，脊柱神经处于紧张状态，注意力的一部分已用于维持身体平衡，无法全集中于大脑中枢。在蹲着或坐得太低时，下腹及大腿受到压迫，血液循环受阻，造成脑供血不足。俯伏着的时候，胸腹受压，呼吸不畅，脑供氧不足。所有这些都限制了大脑思维能力的发挥。所以在用站、蹲、俯伏这些方式进行学习时，都会降低学习效果。只有坐在大体上与本人膝部相同高度的椅子上，身体处于较舒适的状态，上述三个基本条件同时处于最佳状态，才最有利于思维。所以学习的时候，应当坐在高度适当的座位上，这样，才有可能收到较好的效果。

书写和阅读两个方面还要求桌子的高度必须适当。以书写要求来说，当人端坐时，桌面的高度以比肘高 2 ~ 3 厘米为最佳，而从保证孩子的正常发育出发，阅读时，应使眼睛到书本的距离在 30 ~ 35 厘米之间。桌子若太高，则眼和书本距离太近，容易引起近视；太低了，则易造成驼背。

桌面上还应有专门的光照。光的高度要恰当，方向要正确。光线太强或太弱都会影响视力。光线应当来自正前方或左前方，要绝对避免让孩子背光学习。

还应强调的是，桌子必须专用。桌面上除了孩子自习的必需品外，不要再摆设其他物品（包括玩具、其他图书之类），以使孩子感到方便和注意力集中。这样，孩子学习的效果自然就比较好。还要教育孩子保持书桌和周围环境的整洁。每次自习完毕，要收拾好桌面，使它整洁如初。这样，不仅可以提高孩子的学习兴趣，促进学习长进，还可以培养孩子做事认真严谨的良好习惯。有的家庭并非没有可供学习的桌椅，只是桌面上摆满了各式各样的器物。孩子自习时为了省事，就把杂物胡乱往边上一推，腾出一小块地方来。由于周围堆放着杂七杂八的东西，孩子学习时，不是注意力被分散，就是感到厌烦和不舒适，甚至学习兴趣减退，对于作业就会抱应付态度。久而久之，还会养成脾气暴躁、做事马虎凑合的坏习惯。

以上几方面可以说明，书桌并非可有可无的。它和孩子的学业、健康及性格培养都有相当大的关系，虽然不能说一张书桌决定孩子的命运，但它确是孩子成长过程中不能忽视的一个重要的物质条件，应当引起每个家长的重视。

(2) 孩子几岁学习书法

孩子学习书法是一个循序渐进的过程，而且还有一个识字、辨字的过程，它需要依据孩子的不同年龄而有所选择。

学龄前的孩子，大脑对手的调节功能还不太协调，手掌上的肌肉发育也不完善，因此他们握笔的力量不够，特别是学习书法握毛笔需要手指不同角度的屈张，这对他们来说不是训练一朝一夕就可奏效的。如果您希望自己的孩子在学龄前就接触书法训练，可注意在平日吃饭时让他学会使用筷子。这样做对于孩子手掌肌肉的发育是很有益的，同时还利于锻炼大脑的协调功能。

根据有经验的书法教育家的观点，孩子学习书法的最佳年龄，是在8~9岁之间。因为孩子在这个年龄段，已经上小学二三年级，对汉字的结构有了初步的认识。虽说他们对汉字的构架还摆不太好，但他们已经具备了初步的识字、辨字能力，而且经过二三年的学习，手掌肌肉的发育愈发完善，能够较为稳健地握住毛笔，也能够在运笔时按基本要求摆正方形，初步做到横平竖直。

孩子在8～9岁，初入书法之苑，父母让孩子学字当先从“摹书”开始，宜先学楷体，不可为图虚名而先学草书或行书。先学草书实际上破坏了基本功的训练，以后就很难练出合乎规矩的书法了。

(3) 孩子的握笔姿势

孩子的执笔姿势，看来是一件小事，其实小事不小，因为它关系到一个人的“笔力”和“眼力”。执笔姿势不正确，不仅会影响书写——这要受用一辈子，而且会影响坐姿，还是造成孩子视力减退的主要原因之一。

据上海市闸北区的几位教师调查，小学一年级和幼儿园大班儿童执笔姿势不正确的问题十分严重。原因是孩子在家或上幼儿园大班前，已经喜欢拿起笔写写画画，而执笔姿势在某些方面，特别是在拿蜡笔大面积涂色时与写字的执笔姿势不一样，长此以往，错误的执笔姿势就使习惯成了自然；幼儿在家常喜欢书写数字或测字，而爸爸妈妈只注意到他们写得“像不像”，没有注意他们握笔的姿势对不对；在教孩子书写时，往往只注意他们坐的姿势，忽略了拿笔的姿势。以上种种原因，使经常拿笔写、画的孩子形成了不正确的执笔姿势而难以纠正，等到进了小学，为了完成一定的作业，只求速度，更难注意到执笔的对与错，于是错误的执笔姿势就形成了。

那么，做家长的怎样防止孩子错误的执笔姿势呢？

首先，要懂得什么是正确的执笔姿势。根据归纳，可有6项执笔要求：①右手拇指在笔杆的左侧，比食指稍靠后些；食指在前偏右，这两指紧紧夹住笔杆，中指在食指下面，用第一个关节托住笔杆，无名指和小指在中指之后自然地弯向掌心。②笔杆向右后方倾斜，紧贴在食指第三关节与虎口之间。③食指与大拇指捏笔时中间呈椭圆形。④手掌与手臂呈一直线。⑤捏笔手指与笔尖的距离为2.5厘米左右。⑥写字时手的支撑点在豌豆骨上。

其次，当发现孩子喜欢拿笔时，就要对他们进行执笔姿势的顺序训练，教会他们怎样握笔，怎样坐正，怎样写、画，写与画时，执笔姿势有什么不一样等等。在顺序训练一段时间后，孩子基本上习惯于正确的坐姿与执笔姿势了，还要时时提醒，经常观察、示范，直到孩子养成正确的执笔、书写习惯。每次让孩子书写，要有一定时间的握笔练习。

最后，要寓教于玩，不使孩子在完成定量的书写任务时，感到负担重、厌烦。当孩子频繁出现执笔姿势错误时，一定要耐心纠正，不能训斥或打骂，以免孩子一握笔就产生恐惧心理。

握笔姿势是学习习惯的一个组成部分。它的正确与否，由于涉及书写速度和质量，因而会影响学习质量。同时还会由书写姿势的不正确而严重影响腿、脊柱、心、肺等身体各部分的健康。所以必须引起家长们的重视，并及时纠正。

识字、计算和外语

学习难不难？有人说不难，有人说难。可是说不难的人却未必有成就；说难的人也未必都知难而退。清朝学者彭端淑说："天下事有难易的区别吗？去做，难的事情也会变得容易；不做，容易的事也会变得难。去学，难的也会变得容易；不学，容易的也会变得难。"孩子学习亦是如此。

(1) 如何教孩子识字

识字是儿童从运用口头语言过渡到学习书面语言的最初的环节，也是最基本的环节，它与儿童的认识能力的发展有着密切关系。它是学文化的开始，也是启蒙教育的必要手段。

汉字是音、形、义三个因素构成的方块图形符号，儿童掌握汉字，既要认识字形本身的结构关系，又要建立它与音、义之间的联系，因此识字的过程不仅要感知字形，而且要进行复杂的思维活动，识字必然要引起儿童认识结构的某些变化与改组。

儿童识字是在初步掌握口头语言的基础上进行的，由于汉字形与音是脱节的，所以儿童在掌握字形环节中，不能直接依靠口语基础，而是一项缺乏经验支持的、全新的任务。掌握方块图形符号的汉字，首先遇到的问题是，对字形结构的感知，特别是对字形空间位置配置的识别，初上学的儿童，空间知觉的发展水平较低，只能识别大体轮廓，对辨别精细的字形、分辨微细的差别和空间位置的复杂的搭配关系是有困难的，所以儿童常对字体的上下、左右、正反和里外关系弄错。研究表明，字形结构简单的，笔画由横、直线组成的，字形对称的，识记比较容易。反之，结构复杂的，字的笔画多而且分成3～4个部分、细节部分又很碎杂的，由斜线、曲线组成的，左右结构不对称的，掌握起来比较困难。识记了相当数量汉字的小学低年级学生，对汉字的辨认，字体的笔画多少影响并不大，只要合体字的构字部件是儿童所熟悉的，辨认和识记就容易。那些对于分解成单元部件的字，虽然笔画少，亦难掌握。所以，对字形的各结构部件的熟练掌握是识字的基础。

儿童认识汉字的过程有3个发展阶段：

①泛化阶段。即对字的结构中的各组成部分以及音、形、义三者之间建立初步的模糊的联系。

②初步分化阶段。即字形结构的各组成部分以及音、形、义三者之间初步建立"统一联系"阶段。

③精确分化阶段。即形成字形结构各组成部分以及形、音、义三者之间"统一而牢固联系"阶段。

由于儿童在心智上发育还不十分成熟，识字及分辨汉字会遇到不少麻烦，应理解他们，并发现他们的心理发育中的特点，给以细心指导及强化训练。

人在识别汉字时，也服从于知觉整体性的原则。

△字形：人对字形的认知，一般根据字形的轮廓或其他一些重要特征，而不受个别笔画脱落和畸变的影响。很早以前，就有人对汉字的不同部位在识字中的作用进行过研究，结果发现，人在辨认汉字时，根据上半部辨认率比较高，根据下半部辨认率比较低，这可能是因为汉字上半部所携带的信息量大于下半部的信息量。近年来，有人做了更进一步的实验，他们把汉字分成4个象限，然后分别遮住一个象限，让被试者辨认此字，结果表明：遮住左上象限时，被试者对字的辨认受到很大干扰（尤其是对左右分隔型的汉字）。而遮住右下象限时，对辨认汉字的影响最小。这就更进一步证明：汉字的不同部位所携带的信息量是不同的。

△字音：准确感知和发出字音是小学生的必修课，依靠汉语拼音这一语音工具，可培养学生语言分析综合能力，对提高儿童识字和自学能力，

以及加强书面和口头表达的生动性、节奏感和韵律性都有积极的意义。

字音掌握的难易程度，与口语中掌握的词汇多少，使用的次数有关，儿童对不理解及在口语中没有说过的字、词，感知和发音就不够准确，所以口语的练习也是识字的基础。

掌握音调也是一个重要方面，据研究，去声最容易掌握，阴平次之，上声和阳平难度较大，应重点辅导。

△字义：儿童对熟悉的、口语中常用的、字义浅显的字容易掌握，凡字义较具体的，如：山、水、日、牛、马等；或与儿童生活经验中关系密切的，如：上学、写字、游戏、上课等；还有就是带有较大情绪性的字词，如：高兴、欢呼、红旗等词，都是儿童容易理解和掌握的。对儿童较难理解的抽象的词或儿童没有生活经验的词，应使用儿童易于理解的语言作媒介来讲解。

每一个词都有固定的明确的意义，但是同一个词，不同的个体，掌握的情况是不同的，一个词在不同人的脑子所标志的概念、反映的事物和现象是有差异的。不同的人对词义掌握的精确性与完整性也是不相同的，这是由于思维发展水平和知识经验所决定的。这就不难理解，不同的个体对同一个词的解释、答案是相同的，但在作文中，对这个词使用的准确程度、生动程度是不一样的。

(2) 如何提高孩子的计算能力

对“数或符号”的运算操作能力是数学学习所必须具备的一项重要技能。我们日常生活中的衣食住行，时时刻刻也离不开运算。儿童在运算中会出现各种各样的问题，需具体问题具体分析。譬如，有的孩子乘、除法会做，但加、减法常出错，这是因为乘、除法主要依靠听觉记忆功能，会背九九乘法表，即可能做对，而加减法因为计算时受进借位的影响，涉及视觉功能与记忆，因而更容易出错；再如，有的孩子计算正确，答案却抄颠倒，是因为由运动功能发展出来的垂直、左右、前后次序等观念尚未牢固建立的缘故。

四则运算是小学阶段计算错误率最高的一部分内容。因为它是计算知识的综合运用，步骤多，计算繁，有时一步不慎，就会导致前功尽弃。而这部分知识又是计算数学的重点和难点。

提高四则混合运算的准确率，不应盲目地进行机械训练，搞题海战术，这样做的结果是题做得越多，学生越漫不经心，成效不大。

我们应该通过孩子的演算总结归纳出他们知识上的漏洞，尤其要对计算错误率高的孩子，更应进行耐心细致的辅导。

只要细心分析每一道题，都会发现错误的产生是因为某一法则概念掌握得不熟练、不正确。而个别计算常出错误的孩子，只要把他每次错误的原因记录下来，就会发现他不是因为粗心才出错，是因为某一部分知识有漏洞，这样家长就可以有针对性地帮他补上知识盲点，提高计算能力。

如：有的孩子小数加减法计算易出现 $9.6-6=9$，$4.8+2=5$ 这样的错误。有的孩子带分数与整数的加减法计算易出现 $5-2\frac{1}{3}=3\frac{1}{4}$ 这样的错误。要让孩子养成及时改错、自觉查找错误原因的习惯，因为知道自己错在哪里，才有可能注意克服。

很多家长也会给孩子购买各种各样的练习册，但往往却见效不大。其原因在于没有能够正确地使用好练习册。如何保证练习题的质量？首先要帮孩子精心选准一本与教材同步的辅导书或练习册。第二，在做的过程中，做完一节的全部练习后，对照答案进行批改。千万别做一道题对一道题的答案，因为这样会造成思维中断和对答案的依赖心理；先易后难，遇到不会的题一定要先跳过去，以平稳的速度过一遍所有题目，先彻底解决会做的题；不会做的题过多时，千万别急躁、泄气，其实你认为困难的题，对其他人来讲也是如此，只不过需要点时间和耐心；对于例题，有两种处理方式：“先做后看”与“先看后测”。第三，选择有思考价值的题与同学、老师交流，并把心得记在自习本上。同时，每天保证1小时左右的练习时间。

那么在做练习时如何保证练习的质量？①题不在多，而在于精，学会“解剖麻雀”。充分理解题意，注意对整个问题的转译，深化对题中某个条件的认识；看看与哪些数学基础知识相联系，有没有出现一些新的功能或用途；再现思维活动经过，分析想法的产生及错因的由来，要求用口语化的语言真实地叙述自己的做题经过和感想，想到什么就写什么，以便挖掘出一般的数学思想方法和数学思维方式；一题多解，一题多变，多元归一。②落实：不仅要落实思维过程，而且要落实解答过程。③复习："温故而知新"，把一些比较"经典"的题重做几遍，把做错的题当做一面"镜子"进行自我反思，也是一种高效率的、针对性较强的学习方法。

总之，重视运算能力的培养，扎扎实实地掌握数学基础知识，学会聪明地做题，并且能够不断地去反思自己的数学思维活动，我们的孩子就一定能学好数学。

（3）孩子开始学外语的最佳时间

关于开始外语学习的最佳时间，生理学家及心理学家一致主张较早开始为好，根据有关言语生理机制的研究，认为4～10岁开始学外语最佳。科学上已经证明年龄在12岁以下时，左脑损伤引起的失语症，可靠右脑机能来补偿，年龄大了，右脑就起不到补偿功能，临床上表现为无法补救的失语症。这说明儿童时期大脑机能有很大的可塑性，儿童时期语言中枢的潜在能力较大，早期学习外语，有利于开发儿童语言中枢的潜在能力。

早期开始学习外语，对儿童心理发展也有重要影响。学过外语的人语言听觉较发达，对新语音的细微的音色差特别敏感，对形成新概念体系和形成新的表达方法也有促进作用。

早期学习外语，还可促进母语的学习。一般人学习母语是自然而然，笼统地掌握的，所以知识也比较含混，概念模糊；经过外语学习，通过外语与母语的比较，可以使儿童有意识、有分析地掌握母语。

当然，从生理心理学角度考虑，应该从4～10岁之间开始学外语，从社会学角度考虑，还有一些具体的问题：4岁以前母语还没掌握好，再加外语学习，会增加儿童言语负担，反而使儿童在说话时无所适从。6～7岁，刚上小学，正在学习汉语拼音，容易把汉语拼音与外语的字母搞混。所以，在4～6岁上学之前这段时间，及8～10岁，汉语拼音已很巩固之后为最佳时期。在早期教育中，以单纯模仿学习为主，所以只限于口语练习，关键是掌握好发音动作及听音能力的基础。形成了良好的发音、拼音技能，对以后的外语学习会有很大裨益，指导老师的发音准确是关键性的问题。所以，早期的外语学习，主要是口语练习，常贯穿于游戏之中，看起来是轻松的快乐的，但其中的质量问题必须严肃、认真对待。

让孩子掌握一些复习方法

复习是学习之母。我国古代大教育家孔子特别强调这一点，他说：“学而时习之。”这就是说，要经常复习已经学过的东西，以增强记忆，加深理解。只有做到“学而时习之”，才能很好地巩固、运用所学知识，才能做到“温故而知新”。

（1）五步连环法

就是指在识记时，都要按照“看清，熟读，理解，书写，回忆”五个步骤来完成，每两个步骤之间要紧密相连接。

第一步，要看清。在学习的开始，首先要看清楚、看准确所记材料的形象在头脑中形成一个清晰而准确的形象。如记单词，第一眼就要看清楚、看准确单词是由哪些字母组成以及每个字母的结构及排列次序，看的时间约 3 ~5 秒。

第二步，要熟读。在看清楚、看准确的前提下，立即连续诵读、拼读或默读念所记材料的音（拼音或念名称）。诵读或拼读的次数 2 ~3 遍，每次诵读的时间约 3 ~5 秒钟。

第三步，要理解。在连续诵读之后应立即理解所记材料的含义。反复理解 2 ~3 遍，时间 10 秒钟左右。

第四步，要书写。紧接前三步把看清楚、读准确、理解后的材料连续写 3 遍，如果是识记图类时可写、画 1 ~3 遍。写的时候要边写边念、边想含义（写 3 遍过程中可念数遍），用时 15 ~20 秒钟。

第五步，要回忆。紧接前四步，将前四步所记材料的形、音、义回忆默背一遍，使形、音、义三者在大脑里形成一个完整的形象和概念。如回忆不清，可立即重复一遍，重新建立一次完整的印象，用时5~8秒钟。

(2) 四步复习法

第一步，泛读。初步泛读课文（材料），了解掌握它的主要思想和大体意思。必要时，可在主要意思下面画线或做重点记号，也可将主要意思摘录或概括下来，并在头脑中进行复习。

第二步，精读。泛读后再认真精细地阅读课文（材料）一遍，并用心找出次要情节。找出次要情节与主要意思之间的联系。并依据这种联系再次在头脑中复习主要意思。

第三步，检查。精读后再迅速把课文（材料）通读一遍，并检查一下前面对主要意思与次要情节之间联系的判断是否正确、全面。为了加深理解可以对主要意思提出若干问题。

第四步，巩固。在脑子里复述课文（材料），或者口头向别人复述，并同时注意回忆其主要意思，对所提出的问题做出回答。复习阅读的遍数不宜太多，在头脑中根据记忆来复习的遍数应适当增多，当靠回忆来复习发生障碍时可复习阅读原课文（材料）的内容。

(3) 四程序复习法

所谓“四程序复习法”，就是把一个完整的复习过程划分为上下之间存在程序关系的四个环节。

一是尝试回忆。所谓尝试回忆是将课堂学习的内容回想一遍。有人将它比喻为“反刍”，就像牛或羊一样，把已经进入胃里的食物再返回到口腔里细细加以咀嚼。这种方法实际上是在自己检查自己，逼着自己进行思维活动。尝试回忆的好处，至少可以表现为以下四个方面：①可以检查课堂学习的效果。在尝试回忆的过程中，如果能够正确回忆出课堂学习的全部或大部分内容，这就可以证明预习和课堂学习的效果是好的。为了正确地检验自己的预习和课堂学习的效果，在开始尝试回忆时，最好先不要看书或听课笔记，等到想不出来的时候再看书或听课笔记。为了加深记忆，还可以一边想一边把主要的内容写出来。这样尝试回忆的效果会更好。②

可以提高记忆能力。由于尝试回忆是一种积极的思维活动，它可以把自己学过的知识，在尚未进入遗忘状态之前，就在头脑里再现了一遍，这当然是有利于记忆的保持。③可以提高阅读和整理笔记的积极性。通过尝试回忆，把课堂学习的内容在脑子里再过一遍，记住的往往是自己已经懂得的，没有记住的正是自己没有掌握的，这说明记忆恰好是对学习效果的检查。对于那些想不出来的学习内容，自然就会急着去看书或笔记。这样，就激发了看书和整理笔记的积极性，并自觉地将忘记的内容作为复习的重点，使得复习有针对性。④可以培养思维能力。尝试回忆时会反省思维的过程，还要概括课堂学习的内容。而一旦想不出来，还要千方百计地寻找回忆的线索，这无疑是在做“记忆体操”。因此，一个经常尝试回忆的学生，不仅记忆能力会有所提高，而且思维的能力也会得到一定的提高。

二是认真读书。在复习的过程中，完成了尝试回忆的步骤以后，便要开始认真读书。当然，这时候的读书和预习与课堂学习时的读书是不一样的，它是在预习和课堂学习基础上进行的。因此，必须做到以下几点：①读书和思考相结合。所谓读书和思考相结合，是指不仅要在读书的过程中认真从头到尾、逐字逐句读，对基本概念、基础知识的内容绝对不能马虎，要全面过目，而且还要边读边思考，要多想想在回忆过程中出现的问题，思考内在联系，更要思考对知识的理解和应用。②要重点突出。复习中的读书，要有重点，要细读和思考。对于已经记住和理解的部分可以不必再花费很多时间，而把时间集中在回忆不起来和印象模糊的内容上面。在读书的时候，不妨边读边划。③重在精读、熟读。对于课本中的一些重要内容，必须做到精读和熟读。至于一些关键的章节和定义、定理和定律等内容，还要在精读、熟读的基础上，将其背出来。④适当看一些参考书。在复习的过程中，适当地看一些参考书还是很有必要的。看参考书当然是在复习好课本内容的基础上进行的，而且是结合课本去读参考书的内容。

三是整理笔记。在复习过程中的整理笔记，是指要把预习、课堂学习和复习等学习过程中所记的笔记串联起来进行一定的加工和整理，使其成为一份经过加工和提炼的复习资料。整理笔记的过程往往是一个知识深化、简化的过程。所以，它要求索引清楚，中心突出，内容精练，最好还有自己的独到见解。这样，可以使这份经过加工整理后的笔记成为阶段复习和重要考试前复习的得力助手。

四是探索和发现。复习的内容不能仅仅局限于重复课本的内容，而应该在复习旧知识的基础上不断地进行探索和有新发现。所谓“温故而知新”也就是这个道理。要在复习的过程中进行探索，最根本的办法就是“质疑”，也就是提出问题。对于知识，不仅要懂“是什么”的问题，而且还要懂得“为什么”的问题。

让孩子掌握一些考试技巧

考试是一种手段。一般的考试，其实是对学习知识的考察，学习效果的检验。其不是用分数衡量学生，而是督促学生学习，适时、全面地掌握和运用所学的知识技能去解决问题。通过考试总结成绩，使学生发现自己在学习中存在的问题缺陷，及时调整自己的学习过程，提高自己的学习效率。

考试是评价学生和教师教学效果的一种方法，它不仅可以评价学生的学习程度和水平，还可以促进学生的学习活动，是“教”与“学”的重要环节。但不正确认识和对待考试，不但不能促进学生的学习活动，反而会影响孩子的学习和身心健康。《儒林外史》中的范进“中举”之后变得疯疯癫癫就是一例。所以，掌握有效的考试方法，对孩子的学习相当重要。

（1）帮助孩子做好考前准备

做好考前准备，概括起来讲就是要“复习好、休息好”。所谓“复习好”，就是复习好所学的内容，这既是考好试的基础和前提，同时也是减轻精神压力、预防怯场的最好方法。所谓的“休息好”是指考生在考试前要保持身体健康，以便有旺盛的精力、清醒的头脑去争取最理想的成绩。家长应帮助孩子搭配好营养，保证足够的休息时间，让孩子按时作息，这样有利于孩子在考试中正常发挥他的能力，争取理想的成绩。

（2）帮助孩子消除考试焦虑

父母“望子成龙”、“望女成凤”，凡有重大的考试，就会精神紧张，对孩子的一举一动就会表现出“无比的关心”，就盼着他拿名次、考高分，以便将来进重点中学、名牌大学。孩子的学习成绩甚至成为全家人的焦点，孩子的成绩单成为全家人喜怒哀乐的晴雨表。家长对孩子的考试抱有如此高的期望是可以理解的，但这种举动不仅对孩子的考试一点帮助没有，反而适得其反，加重孩子的心理负担，影响了孩子在考试中的正常发挥。我国当代著名作家贾平凹曾提出过一个观点，叫做“平常心”。所指虽然是以平常的心态做人和做文，但对孩子的学习和考试也同样适用。父母以平常心来对待孩子的考试，适当地调整自己的言行。比如，多抽一些时间和孩子交流在交友、课余生活和兴趣爱好方面的看法，给孩子营造一种比较宽松的学习环境，而不是过于看重和关注孩子的考试成绩。

每一次重要的考试，家长都要跟平时一样对待，让孩子在宽松的环境中安心地复习，考试时轻装上阵，只有这样孩子才能发挥好自己的水平。

（3）考试答卷的技巧

家长可按如下方法指导孩子答卷技巧。

①情绪稳定，有效利用 10 分钟

通常，在进入考场后，考生往往要等待 10 分钟左右的时间。这 10 分钟可以做些什么呢？首先，我们可以做几次深呼吸，尽快使自己的情绪稳定下来。而按考试规定，提前 5 分钟发卷，在这 5 分钟里，我们要做的主要是检查试卷是否有缺页、破损、漏印、印刷不清等情况，如有应及时更换；同时浏览整卷，了解一下题量、题型、做到心中有数，不至于漏答。

②科学分配作答时间

作为限时考试，大考时答题要考的目标可不少：它既考准确度，又考答题速度，从而要求既快又准确。一份试卷中各题的占分比例不一样，要学会量体裁衣、看分花时，分值小就少花时，分值大就多花时，假如一个只有 2 分的选择题花去你 10 分钟的时间，那肯定是不合算的，这样势必减少其他题目的解答时间。这时，就应赶快转移兵力，把易攻的先攻下来，最后有时间再集中精力主攻“堡垒”。

③先易后难的顺序不可忘

在拿到考卷后，要先做容易题，后做难题，这里面可大有学问：它不但是经验之谈，而且符合心理原则。你看，刚进考场时，人的心情还比较紧张，感知、记忆、思维等心理过程都未适应考场上的紧张，没有达到最佳状态。待做过几题后，特别是做了几道有把握的容易题之后，心情就逐渐稳定下来，智力活动也恢复了常态，这时再做难题就容易成功。而且做的小题越多，拿到的分数也就越多，心里就越有底，自信心也就大大增强，更利于做剩下的难题。

④解题力求准确快速

答题时，不仅要做到准确无误、思路清晰、方法对路，还应做到每一步的推导、演算要准确，且书写清楚，格式规范。凡是会做的题，力求一遍做对，提高效率。理科题目求解的原始公式尤其要注意准确性。这就要求平时应打好“双基”，养成周密思考、严谨解题的好作风，把该拿的分都拿下。

⑤遇到难题，果断弃置

通常由于思维“卡壳”或其他原因，一时解不出某一题，不要过多的纠缠，浪费时间。待其他会做的题完成后，再回过头来攻它。

⑥不留“空白”，乃是上策

中国画有一绝：那就是“留白”的艺术，如八大山人的鹰的画法。然而，我们在做题时留“空白”却无论如何是不会得分的，有的题不会做或没有把握，也不要空着。对于客观题，如没有把握，要相信自己的第一感觉。经验告诉我们：第一感觉往往是最理想的选择。或者用排除法筛除其中一两个选项，再从剩余的选项中选出较为正确的。对于主观题，可以采用“分步”、“分点”得分的方法，会多少答多少，即使写上一些相关的公式也可能会有一定的分数，以达到在“能得分的地方绝不失分，不得分处争取得分”的目的。笔者在几次高考语文阅卷中发现，作为踩点给分的阅读题，有些同学十分聪明，把不明白之处，尽量用文中相关语言填满。结果，这种方法仅在阅读文一题中就可多得 3 分以上。比如，2001 年高考语文（“3 + X”型），在解答关于“玻璃门为什么不是门”一题时，许多同学写满了字，结果分数也相应比写得少的人要高。

⑦卷面整洁不可忘

最后一点，答题时要注意字迹清楚，标点正确，保证整张试卷卷面的整洁美观。这除了能得到客观上的好分数外，还能得到主观上的“感情分”。阅卷是一个枯燥、单调的批改过程，阅卷老师看到整洁美观的卷子，会产生赏心悦目的舒适感觉，会觉得这考生不错，其他能力也肯定比人家好，于是卷面清楚者的得分好上加好，这是一个客观的事实。

分数和孩子哪个更重要

分数虽能在某种程度上反映孩子学习的质量，但并不是评判孩子学习质量的唯一指标。我们关心孩子的学习，不能只看分数，更不能以分数高低决定奖罚，而应深入了解孩子运用所学知识解决问题的能力和思维品质，这一点是非常重要的。

有些家长只看重孩子考试的分数，不重视孩子掌握知识的质量，即只看表面，而不看实质。认为孩子考试分数高，将来一定能成才。这种认识是片面的。有的孩子考分虽高，但思路狭窄，思维较慢，知识缺乏，缺乏独创性和开拓精神。现成的结论背得很熟，换一种说法便不知所云。对老师所教的方法，所给的答案，亦步亦趋，不敢越雷池一步。这样的孩子在低年级可能暂时居于领先地位，但随着年级的升高，很可能失去优势，以至于到了中学，学习跟不上，对学习失去兴趣，产生厌学情绪。相反，有的孩子平时考分并不那么高，但思维快，思路宽，知识面广，反应灵敏，能独立思考，不满足于现成的答案，善于探究问题，有独创性。这样的孩子随着年级的升高，学科的增多，知识的复杂，成绩会越来越好。如引导的好，将来成才的可能性很大。

举世闻名的大发明家爱迪生，刚上小学时，因考试成绩不好，老师便让他母亲把孩子领回家，也就是令其退学。他母亲对爱迪生不因考试分数低而失望，而是积极引导，除教他知识外，还在家境条件不好的情况下，买来化学药品和仪器，腾出地下室让他做实验。家长的鼓励，更加激发了爱迪生钻研科学的志趣。由于爱迪生善于探索，加上坚韧不拔的毅力，一生中的发明竟达数百种，为人类的文明进步立下了不朽的功勋。

家长究竟应如何正确看待孩子的考试成绩？在此，将中国“第一班主任”魏书生先生在他的著作《好父母，好家教》一书中的一篇文章摘录如下，供所有的家长们借鉴。魏书生先生这样写道：

孙大志同学的母亲告诉我，大志期中考试成绩分数较低，平均68分，在班级排在第46名。分数公布后的这几天，大志闷闷不乐，放学后，在教室磨磨蹭蹭。问他原因，他说是害怕回家，害怕家长没完没了地数落他。近几天，他每天都听家长的指责、数落，听得心烦意乱，什么都学不进去，他说：“我晚回去一会，就少听一点训斥。”

对大志，我只能告诉他要理解母亲的这番苦心。良药苦口利于病，母亲对他寄予无限期望，看到他失误才会那么心焦。即使说的话过了头，也都是发自内心地为了他好。他应该把这些话当做激励自己奋发向上的动力，一想到这些话，就立即鞭策自己做实事。

对于家长，我则建议最好改变一下教育方法，正确看待孩子的考试分数。

分数本来是评估学生成绩的，只具有相对的合理性，它只表明孩子德、智、体、美、劳诸方面中的一个方面——智，而且只是智的一个方面——笔答卷子的能力。

孩子考试分数高，绝不代表各个方面都好；反过来，考试分数不高的孩子，绝不是别的方面都不行。1996年第2期《青年教师导报》载文写道：

一个人会发展，会变化。有些人在学校里是不行的，以后的发展恰恰是这方面很行。郭沫若初中时的一张成绩报告单：语文55分，不及格。还有一门课更不应该：修身，就是品德课，35分。两门课不及格。假如现在郭沫若还在那个学校读书，肯定要留级，高中肯定考不上。哪个重点中学要这个人，那么大学也考不上了。你怎么能想到，一个初中语文不及格的人，后来是一个大文豪！一个修身品德不及格的人，居然成为一个社会活动家、政治家！

其实，考试分数低了，最着急、最不安的还是孩子，他想不出更好的提高分数的办法，着急不安也没用，家长再训斥他，时间久了，他就麻木了。再持续一段时间，他可能就干脆躺倒不干，破罐子破摔了。真要把孩子逼到那一步，我想家长会更后悔。

大志目前还很有上进心，考试分数低了，他正苦恼，正焦虑，正不安。显然他不需要别人再增加他苦恼、焦虑、不安的程度，而需要别人帮他减轻苦恼、焦虑、不安，从而节省下脑细胞，用于提高成绩。怎样减轻他的苦恼不安呢？那就要引导他正确看待考试分数。家长不妨从以下五方面入手：

首先，给他卸掉包袱。别说一次考试不好，退一万步讲，读书时每次考试都不好的人，只要自强不息，乐观进取，将来也能大有作为。您可以给他讲爱迪生等人的故事，讲郭沫若语文曾经不及格，讲许多后进学生近几年成了企业家的事例，激励孩子对未来充满信心。经过努力得了高分更好，不得高分也照样能大有作为。

第二，帮孩子找到优势，找到擅长的学科，找到长处，孩子才有立足之地，才有前进的基础。这次考试，同时考语文、数学、英语、物理、政治、生物、历史、地理，共八个学科。大志的数学、物理成绩在班里排在前15名，英语是中等，这说明大志的理解力、分析力比较强，这是他的优势。若数学、物理继续保持优势，到了初三再加上化学，一定也是优势。这样就容易站稳脚跟，到了高中，学理科就更有利了。

第三，帮孩子找到所有学科中学得好的部分，使孩子喜欢上“自己不喜欢的学科”中的某一部分。比如语文，他的成绩是73分，在班级属于后几名，但分析起来，他的语法知识、修辞知识、文学常识、文言文部分答得都比较好，在班级处于上等，丢分最多的是现代文阅读和写作，平时他的作文还可以，这次答题时因时间紧，作文没写完。他学得最糟的是政治，而政治升高中考试我市又不考，大志也就无需为此而焦虑。

第四，帮助孩子分析丢分原因。一般说来考试丢分主要有三类原因。①马虎。题本来会做，只是计算马虎，加减乘除算错了而丢分。有时填空题本来都会，只是写时，一着急字写错了，符号写错了，因而丢分。②没记住。有相当一类题，只要去记，都能记住。非不能也，是不为也。比如地名、历史人物，这类知识只要肯记，幼儿园的孩子也能记住。大志只是没去记，而丢了分。③没理解。这就是我们平时所说的不会的题，需要动脑筋，需要以前的学习基础。仔细一分析，对大志来说纯属不理解的知识不到10%，如果把马虎丢的分和因没记住而丢的分夺回来，大志的平均成绩就不是68分，而是91分了，那样就能由46名上升为i8名。引导大志这样去分析，就一定能激励他夺回失去的分数。

第五，帮助他制订提高分数的具体措施。如政治、地理，实在不感兴趣，就暂不必太费力去学，上课时挑最必要的题去听、去记，结业考试，得个及格成绩还是可以的吧。数学、物理的长处要继续发扬。语文一边抓自己学得好的知识，一面提高作文速度，下次分数就会有明显的提高。最要紧的是英语，每天要拿出30分钟课余时间去学习。背10分钟单词，每天背会10个；再用15分钟做教材上的习题，先不求多，不必去管那些练习册、习题集之类的东西，先把教材弄懂弄通，这样考试时得80分以上没问题。

家长这样引导孩子正确地对待分数，孩子就会从不良情绪中解脱出来，把脑力真正用到有用的地方，用到提高成绩上，家长也会免除因埋怨训斥孩子而产生的苦恼。孩子会因家长给他分忧解愁而觉得家长很有水平，而更尊敬您。

阅读魏书生先生的这篇文章，我相信所有的家长们会受益匪浅，感受颇深，鉴于此，我们当家长的一定不要把分数的高低作为衡量孩子能否成才的标准。不能把考试分数看得过重，而一味追求高分。有的家长在孩子考试前，要求孩子考双百分，有的吓唬孩子，有的取消孩子的一切活动，严厉督促复习。据我们调查，有40%的家长是这样做的。结果闹得孩子在考试前夜不成寐，考场上心惊肉跳，小心翼翼。这种心态禁锢孩子的开拓精神，不利于孩子创造性思维的发展。其结果，必然是知识学得死，能力得不到培养，智力得不到发展，对孩子将来成才是极其不利的。

尽管分数可以客观地显示出孩子对课本知识的掌握程度，但它并不是衡量一个人的唯一标准，而且根本不涉及道德方面的问题。当你抱怨孩子没考好的时候，当你认定孩子是差生的时候，不妨静下心来想一想：这套试卷是否符合实际，能否考出孩子的真实水平？孩子未必就那么差，只不过没有在试卷上发挥出来而已。

我们当家长的要明确，小学阶段属于基础教育。基础教育要从应试教育向素质教育转型。传统的应试教育把千军万马都赶上“高考”这一座独木桥，似乎只有挤过去才是人才，其余的都是庸才。这种人才观是十分错误的。在伟大的社会主义物质文明和精神文明建设事业中，需要各方面有才干的人。只要某方面有特殊的才干，将来都是社会上难得的人才。当你发现孩子不太聪明，考试成绩较差或有许多短处，千万不要失望，应注意发现孩子的特长，并扬长避短，正面引导，科学扶植，使其在学好科学文化基础知识的同时，个性张扬得以充分发展，为顺利通过人才选拔的“立交桥”奠定基础。

第六章

让孩子从父母的身后走出来

有的父母，整天把孩子关在家中，不让他出去与小伙伴玩，怕孩子吃亏受气；有的父母怕孩子出去玩影响学习，把这么小的孩子关在家里认字、写字、数数等。这些做法，会束缚孩子的身心发展。孩子之间的交往，比孩子与成人的交往，具有更重要的意义。孩子们在一起，为了玩好，需要互相商量，这就培养了他们尊重别人意见，互相友爱的品质。在游戏中又发挥他们个体活动的积极性、创造性。

适当的社交对孩子有益

良好的社交能力是个人生存和发展必备的基本能力。任何一个个体都不是单一、孤立地存在的。大量心理学研究也证明，与人交往越主动积极，其人际关系也越融洽，越符合社会的期望。

社交艺术是一门很重要的学问，人际交往是适应环境、适应生活、适应社会、形成完美个性的必要途径。对正处于于青少年时期的孩子来说，进行适当的社会交往尤为必要。具体说来，适当的交往至少有以下几大好处：

（1）获得信息功能

一个人从书本上获得的知识毕竟是有限的，通过社交建立良好的人际关系后，人就能通过各种方式迅速获得信息。一个人的学识中的很大一部分是从社会交往中学到的，通过交流，双方拥有的知识、信息得以传播，交往的双方互通有无，使双方的知识面都得到扩展，信息得以增值。因为知识的交流不同于财富彼此间的交换，它能够增值。例如：双方相互交换一条信息，每个人就会拥有两条，而信息、知识都是无价之宝。现代人尤其需要拥有知识信息。一个足不出户与人老死不相往来的人，将成为一个闭目塞听、孤陋寡闻的人。因而家长不能忽视交往这一渠道。

（2）自知和知人功能

人的自我意识并不是自然而然形成的，而是通过交往，在与别人的相互作用中逐步成熟起来的。首先，人是以他人为镜，在与别人的比较中认识自己的，一个人如果孤独冷漠，缺乏交往，那他对自己的认识就缺乏“参照系”，也就失去了衡量自己的尺子和照鉴自己的镜子。

与朋友交往，能够使孩子从别人的个性中找到与自己的相似之处，发现别人身上好的或是不好的东西；其次，还可以通过他人对自己的评价和态度，以及自己与他人的关系来认识自己的形象。良好的人际交往有助于认识自我，了解他人。一个人要想对自己有正确的认识，就有必要借助交往，通过与别人接触、比较等方式去获得。自身拥有的一些优势或劣势，只有通过跟别人比较才能显示。一个人要想了解别人，也必须通过与别人接触，才可能洞察各种各样的人的心理、品格、为人，进而达到知人的目的。

（3）社会化的功能

人际交往是个人社会化的起点，对于孩子来说，更重要的是同伴之间的交往。在与同伴交往的过程中，孩子会发现自己的某些言行举止是同伴所喜欢的，这种喜欢作为一种奖励会增加这些言行举止出现的频率；而有些言行举止是同伴们所不喜欢的，这样就会减少这些言行举止出现的频率。在这个过程中，他们就会有意无意地调整自己的行为。在与同伴交往的过程中，青少年能够逐步学到社会生活所必需的知识、技能、态度、伦理道德规范等等，逐步摆脱以自我为中心的倾向，意识到集体和社会的存在。意识到自我在社会中的地位和责任，学会与人平等相处和竞争，养成遵守法律和道德规范的习惯，从而为自立于社会，取得社会认可，成为一个成熟的、社会化的人打下坚实的基础。

（4）自我表现功能

良好的人际交往有利于自己在更广大的范围内表现自己。孩子们都希望别人了解自己，理解、信任自己。要使这一美好的愿望成为现实，就必须与人交往，才可能让人家了解自己，才可能有更多的人赏识自己，自己才能获得更多发展的机遇。只有扩大交际范围，才能在更大的范围内表现自己。人际交往给自己提供了自我表现的可能性，也为人的才能得到发挥、抱负得以实现提供了可能性。

(5) 人际协调功能

人际交往是人类在改造自然的过程中通力协作的产物，作为一个现代人，要想取得事业的成功，就要学会善于与人合作，要能组织、协调各种力量，调动各方面的智慧。

有助于结识更多的朋友，建立和谐的人际关系。人际交往圈的扩大为寻找志同道合的朋友提供了更多的机会，这也会为孩子创造更多的有利条件。“多一个朋友多一条路”，是有一定道理的。

(6) 身心保健功能

当孩子心中充满忧郁，感到孤独时，与别人的交往诉说，会使孩子那失衡的心理恢复平衡，满足归属、合群的需要，使自己的忧愁、恐惧、困惑通过与朋友、同学的交流而分担、解除，使心理压力得以减轻。而心理压力的预防、消除又有助于身体的健康。青少年作为一个社会成员，有着强烈的合群需要，通过相互交流，诉说个人的喜怒哀乐，就会引起彼此之间的情感共鸣，从而在心理上产生一种归属感和安全感。在生活中我们不难发现，那些交际范围较广的人，往往在精神上很是丰富，身心也就更健康些；反之，那些不合群的孤僻的人，往往有更多的烦恼和难以排遣的忧愁，同时也就会有更多的身心健康问题。

可见，孩子不仅要学好书本知识，而且要高度重视人际交往，认识到它的意义，养成主动与人交往的习惯，积极地与各种各样的人接触，去经风雨见世面，培养好自己的交际、协调能力，积累必要的经验，以便将来更顺利地适应社会、驾驭人生。

教孩子怎样与人相处

人是生活在社会中的，与人打交道是孩子适应社会的重要途径。人与人和睦相处首先通过“礼貌行为”表现出来。早晨出门，大家相见总要相互问候，体现出相互间的关爱与尊重。父母需要做的，是给孩子做出好的榜样，因为孩子的模仿首先是从父母开始的。

交往是人与人之间相互作用、相互交流、相互沟通、相互理解的过程，是人与人之间相互联系的一种基本社会活动。交往也是传递信息、分享感情的重要手段。生活中交往无处不在，与人交往是社会生活的重要组成部分，善于、乐于与人交往，是一个孩子人格成熟的重要标志，是学业发展的必要条件。

人际交往具有多个层面，一是物质层面的交往；二是知识层面的交往，实现思想观念的沟通；三是心灵对话，人格碰撞的无声交往。通常所说的人际交往更侧重于指全面的心灵对话与人性融会贯通的过程，强调的是尊重个性，理解差异，求得沟通，并协调行为。

交往是孩子融入社会的重要前提。通过自由、平等的同伴交往，孩子能够体验和探索一种全新的人际关系，从而发展其社会交际能力和社会判断力。交往是孩子心理健康的需要，也是提高人文素养的需要。如何使孩子乐于交往、善于交往呢？

（1）给孩子创造一个宽松的家庭环境

家长要尽可能做孩子的朋友，培养他敢说话、爱说话的性格。家庭大事，尽可能让孩子参与讨论，尤其是涉及孩子的问题，应当从孩子的正当权益和今后发展考虑，多倾听孩子的意见。这样有利于孩子树立信心，大胆而正确地与人交往，品尝与人交往的各种滋味，了解自己的长处与不足。

每当家里来了客人，父母都要向孩子介绍这位叔叔或阿姨住在哪里，干什么工作，家里有多大的孩子。同时，也向客人介绍孩子的情况，偶尔，让孩子进行自我介绍。这样，孩子从小就学会了如何与陌生人相处。当孩子邀请小伙伴到家里玩的时候，父母也要留心观察孩子们的一言一行。新到家里来的小朋友，父母可以要求孩子很郑重地介绍小朋友的名字、幼儿园、班级。这是对朋友的尊重，也是对爸妈的尊重，同时也体现出孩子的文明素养。小朋友走的时候，要他自己送到门口，为朋友开门，并说“再见”。这些看起来是小事，但是，孩子们会感到自己受尊重了，是一个独立的个体了，就能够自觉起来，逐渐形成良好的习惯和责任意识。

（2）提高认识，给孩子交往的空间和机会

家长要认识到交往对孩了成长的重要性，鼓励孩子积极交往，增强孩子交往的主动性和积极性。在家长“保护”下交往的孩子往往胆小，在独立的环境下不知如何保护自己，有的孩子甚至因此封闭自己。家长要给孩子一定的空间，让孩子与同伴交往，引导他们进入一个愉快而适宜的团体。

（3）培养孩子乐观的性格

乐观的孩子是比较受欢迎的，因此父母首先要让孩子摆脱自卑，自卑会使孩子感到孤独和压抑，在人际交往中缺少自信，从而产生退缩、逃避行为。父母要引导孩子自信、乐观、积极、向上。乐观来自良好的心态，父母在平时可以鼓励孩子凡事都要往好的方面去想。教孩子每天面带微笑，带着愉快的心情上学校。这些都能帮助孩子自信地面对同学。

（4）让孩子参加集体活动

父母应让孩子融入集体生活中，在集体活动中做一些力所能及的事情，加强与同学的交往，增加同学对自己的好感和信任。在集体活动中，应教育孩子多干事情，少指挥别人。教育孩子在集体活动中尊重别人，当别人遇到困难时，主动帮助别人，这样才能赢得更多的朋友。如果有的同学对自己过于冷淡，也不必介意，应该坚持在班级里服务于大家，久而久之，就会受到同学们的欢迎。

（5）教给孩子交往技巧

要善于交往，还必须掌握一定的交往技巧，家长应指导孩子做到：

真诚关心他人。家长要教育孩子心中有他人，对孩子的助人行为，要及时肯定与表扬，强化助人的情感体验，使助人成为孩子稳定的行为方式。

学会赞美和感谢。真诚、适时、适当地赞美是于人于己都有利的，家长教育孩子要善于发现别人的优点和长处，多赞美别人，要感谢别人对自己的帮助。不要自夸自傲，旁若无人。

学会倾听和交谈。倾听他人心声是孩子必须具备的美德。要引导孩子学会倾听，用眼神示意对方“我在专心听你说话”。与他人交谈时，自己说话要语言清楚，表达准确，目光亲切，体态大方。

学会拒绝，消除误会。家长要教育孩子，与人相处中，总有说“不”的时候，坦陈自己的困难，学会委婉地拒绝别人，这样既能使自己不为难，又能使别人心无芥蒂地接受你的拒绝。如果受到别人的误解，语言无效时，要相信时间能够证明一切。

（6）为孩子做出榜样

记住别人的生日并安排和朋友聚会的日子，以自己的言行告诉孩子如何与朋友建立友谊，孩子会从父母和朋友的交往中学到很多东西。在许多家庭中，倾听别人意见，关心别人是作为家训世代相传的。在充满爱心、耐心和温情的指教下，孩子会很快接受并学会这些方法。

（7）尊重孩子间的差异

交往教育特别需要注意儿童的个性特点。例如，对于性格孤僻、畏缩退避的儿童，要鼓励交往，多指导交往方法。对于不怕陌生人、爱交际的儿童，要培养良好的交往习惯，防止在客人面前过度兴奋，表现自己等。对于喜喧闹的儿童，要注意培养良好的语言交际行为。

学会竞争，学会合作与宽容

每个孩子的身上都蕴藏着巨大的潜能，这些潜能一旦被释放出来，孩子们能做的比我们想到的要多得多。被尊为“控制论之父”的维纳认为，每一个人，即使是做出了辉煌成就的人，在他一生中所利用大脑的潜能也还不到百亿分之一。

虽然人们可以通过白我激励来开发潜能，但更可靠、更适用的方法是通过外因的激发带来能量的释放。因为自我激励需要坚强的意志力，而外因的激活则是人的一种本能反应，而且他的激发本身带有一种竞技游戏的效果。

挪威人喜欢吃沙丁鱼，尤其是活鱼。市场上活沙丁鱼的价格要比死鱼高出许多。所以渔民总是千方百计地想法让沙丁鱼活着回到渔港。可是虽然经过种种努力，绝大部分沙丁鱼还是在中途因窒息而死亡。但却有一条渔船总能让大部分沙丁鱼活着回到渔港。

这是为什么呢？船长严格保守着秘密。直到船长去世，谜底才揭开。原来是船长在装满沙丁鱼的鱼槽里放进了一条以沙丁鱼为主要食物的鲶鱼。鲶鱼进入鱼槽后，由于环境陌生，便四处游动。沙丁鱼见了鲶鱼十分紧张，左冲右突，四处躲避，加速游动。这样一来，一条条沙丁鱼欢蹦乱跳地回到了渔港。正由于鲶鱼进入鱼槽，使沙丁鱼感到威胁而紧张起来，加速游动，从而使沙丁鱼活着到了港口。这便是著名“鲶鱼效应”。

鲶鱼效应告诉我们，竞争可以激发人们内在的活力。在孩子的情商教育中同样如此。

（1）教孩子学会竞争

生活在竞争的社会，就要自觉地迎接挑战，积极参与竞争，在竞争中焕发人生的光彩。要使孩子在未来的社会中占有一席之地，必须教孩子学会竞争。

如何教孩子学会竞争呢?

①让孩子明确竞争目的，增强竞争意识

家长要让孩子充分认识竞争的不可避免性，明确竞争的目的在于取长补短，互相促进，共同提高。同时，还要告诉孩子“要获得就必须竞争”，帮孩子增强竞争意识。

教育孩子勇敢地面对竞争，提高竞争能力。要告诉孩子无论是哪个领域内的竞争，提升自己的实力和能力永远是自己在竞争中立于不败之地的前提。

②培养和发展孩子的个性

个性与竞争能力紧密联系，具有良好个性的孩子，对待竞争会更理智，更积极。家长要从孩子自身的性格特点和兴趣特长出发，培养孩子完善的人格，使其具备更强的竞争能力。

③提醒孩子采取正当的手段，赶超竞争对手

竞争不能靠损人利己，也不能靠谎言和欺骗，而要靠脚踏实地、加倍努力的付出，来赶超竞争对手。

④让孩子端正竞争的心态

家长要让孩子明白，竞争是展示自身实力的机会，是件美好的事，要用从容的心态看待超越和被超越，不应充满嫉妒和愤懑。告诉孩子参与竞争的意义之一，就是学会有风度地接受失败，并且诚心实意地祝福对手。在竞争中得到胜利固然值得骄傲！但和同伴之间团结协作的精神，也是现代生活中不可或缺的品质。

⑤ 鼓励孩子相信自己

鼓励孩子勇于表达自己的内心感受，用自己的价值观判断是非，相信自己有能力去实现所追求的目标，而不是只能通过竞争来体现自我价值。要让孩子明白，自己在尽了最大努力之后，能做一个继续努力的赢家或是毫不气馁的输家，而不是过分注重竞争本身。

（2）学会合作

合作不是一般意义上的人际交往，而是为了一个共同的目标结成的互助互利的双赢关系。合作的力量总是大于每个部分的总和。如果一个人不能与他人真诚合作，他就不可能成功。一个具有合作精神、合作能力的孩子容易获得他人的支持。在学会竞争后，要学会合作，才会做事认真，责任心强，团结向上，朝气蓬勃。怎样教孩子学会合作呢？

①培养孩子的合作意识，激发合作愿望

家长要培养孩子的合作意识，让孩子明白，一个人只有学会合作，才能融于集体之中，才会有更大的力量去战胜困难，取得成功。要让孩子有与他人合作的愿望，否则会走向孤僻之途，严重影响孩子一生的发展。

②在家庭中创设合作情境，教给孩子合作的技能

一个民主、宽松、平等的家庭环境，有利于造就孩子活泼开朗的性格，而在这种氛围中，孩子愿意、也乐于合作。在家庭中，家长要引导孩子与家庭其他成员平等相待，有意识地让孩子参与一些家事，多创造父母与孩子合作的机会。比如一起做饭，一起洗衣服等。这样，孩子可以学到一些与他人合作的技能。

③教孩子学会分享，体会分享的快乐

假如孩子凡事都自私自利，斤斤计较，那么他就难以与他人相处，更谈不上合作了。家长要引导孩子表现出一定程度的大方，让孩子体会到分享不是一种剥夺，而是一种增添更新更多的乐趣的机会。

④ 鼓励孩子和同伴交往，参加集体活动

家长要鼓励孩子积极参与同伴群体交往，在集体活动中相互帮助，齐心协力，共同完成预定的活动目标，这样有利于培养孩子的协作精神和发展合作能力。可以让孩子参与需要协作的体育活动，比如足球、篮球、排球等，这些活动既有团体之间的对抗与竞争，又有团体内部的协调与一致，有利于培养参与者的合作精神；还可以让孩子参与游戏，很多游戏是

集体进行的，许多孩子分成几组，按照规则以小组为单位争胜负。这时，同一小组的孩子需要齐心协力，共同合作才能取胜。如果孩子自以为是，不顾别人，其他孩子就不愿意再与他一起玩，他就会感受到不合作的滋味，从而想方设法与他人合作。

（3）教会孩子学会宽容

宽容是宽大有气量，不计较或不追究。宽容指在接受别人的长处时，也能够在一定程度上容纳别人的短处、缺点与错误，和平相处。“海纳百川，有容乃大”。宽容能使人性情随和，宽容的人时时刻刻都会受到人们的拥戴，因而他们更容易处理好各种人际关系，能够很快地适应各种不同的环境，融洽地与他人合作，充分挖掘自己的潜能。

孩子拥有一颗宽容的心，是心理健康的体现，这对良好人际关系的建立有着非常重要的意义。只有具有宽容之心的孩子，才会更有爱心，受人拥护，才能更好地与他人合作。学会宽容，能使孩子拥有宽广的胸怀，使孩子的世界变得更广阔。家长如何让孩子学会宽容呢?

①身体力行，做孩子的榜样

家长对人是否宽容，对孩子有着潜移默化的影响，孩子会看在眼中，记在心里。家长在生活中对人要宽容大度，不能斤斤计较，睚眦必报。

②多让孩子体会友情

能体会到友情珍贵的人，往往会更加宽容。多给孩子与同伴交往的机会，这样孩子会慢慢体会到，在发生矛盾的时候只有团结友爱，宽容谦让，才能享受快乐，这样就能渐渐培养孩子宽容、友善的胸怀。

③引导孩子体谅他人的心情

理解他人的难处，将心比心，就容易宽容别人的过失。当孩子和同伴发生矛盾时，家长可以让孩子进行换位思考：要是我是他，遇到了同样的问题，我会怎样想？怎样做？孩子理解了他人，自然就学会了宽容，促进了沟通。

④孩子犯错时，多一些帮助

在孩子犯错而闯祸时，如果孩子已经意识到自己错了，家长先不要急着批评孩子，应及时帮助补救，这样做一方面会加深两代人的感情，另一方面也会让孩子学会宽容与帮助。

提高孩子的口语表达能力

善于说话是现代社会对每个人的基本要求。良好的口头语言表达能力，可以使人凭借不凡谈吐令他人刮目相看，可以更好地展示自己的才能，灵活地处理人际关系，因而成为现代社会中竞争优胜者必不可少的素质。

尽管孩子入学前已经掌握了应付日常生活的一般性口语，但是要把自己的所见、所感、所识、所想准确恰当地传达出来，并且求得听者的理解，这又涉及说话人综合运用语音、语调、语气、词汇、句式、逻辑等等语言的要求，在缜密思考的基础上流利、得体地呈现，因而有着相当的难度，需要长期的努力才能达到。对于孩子而言，正是掌握基本的语言技能，为获得滔滔不绝的完善口才打下基础的时期。而若忽视孩子口头语言表达能力的训练，有可能严重损害孩子语言能力、交际能力、自我表现能力的发展，甚至影响其个性健康发展。

许多家长、教师都发现了这样一个似乎矛盾的现象：很多孩子在一般的场合下随便聊天时一个比一个能说，可是一到课堂发言、即兴演说、当众讲话等正式场合，一旦要求他们用完整、规范的话语表达思想、情感，他们就脸红胆怯、张口结舌，说不清也道不明了。

其实，这个现象并不奇怪，恰恰证明了日常口头交流与较高水平的口头表达能力是有一定距离的。前者存在于松散、随便的情境中，基本上无需孩子选择语言形式及剪裁语言内容，孩子也不会感觉到任何心理压力；后者则在语音、语气、语调、语速、姿态等形式方面及遣词用句、逻辑顺序、材料选择与组织等内容方面均有较高要求。因此，胜任一般交谈的口头语言能力不难掌握，然而要想“更上一层楼”，就不那么容易了，孩子是不是真正地伶牙俐齿也就在这里见了分晓。

基本的说话能力是每个孩子都具备的，并且，每个孩子学习口头语言表达的潜能都是惊人的。他们善于模仿，思维活跃，争胜心强，更容易克服羞怯等不利心理，只要教导得法，每个孩子的口头语言表达能力都会跃上新的台阶。

孩子伶牙俐齿的口语表达能力不是天生的，而是后天的教育、磨炼造就的。

那么，为什么一个学校一个班的孩子，他们的口头语言表达能力有的强有的弱呢？为什么上了朗诵班又上演讲班，孩子的口头语言还是贫乏无味呢？为什么“威胁利诱”、“软硬兼施”之下，孩子还是张不开嘴、沉默寡言呢？

看起来，把孩子训练得伶牙俐齿似乎还得先找找其中的“秘密”。

其实，揭开其中秘密后，您会发现那些秘密都是在日常生活中明摆着的，只是我们许多父母熟视无睹罢了。

（1）想方设法让孩子乐于开口，爱说话

尽管有的孩子一天到晚说个不停，有的孩子半天也说不了几句，可是每个孩子在内心深处都有强烈的表达需要，这就是引导孩子从不说、少说到爱说、会说的最有利因素。

细心的父母会发现，当孩子在大街上看到一辆崭新的汽车，在园子里看到一只小鸟，自己看一本有意思的书时，他们常常会欢呼雀跃，或者自己拍手笑起来，这种时候，正是孩子急于开口表达的时刻。抓住孩子渴望表达的时机，鼓励孩子说话，做孩子的热心、耐心听众，就在引导孩子爱说的问题上前进了一大步。

要让孩子不是一时一刻爱说，而是养成敢于开口、乐于开口的习惯，那就需要在孩子开口表达时及时肯定、多多鼓励。有时候，孩子由于经验、知识的局限，他们的表达可能出现用词、句式、读音等各种错误。此时，成人一旦加以嘲笑，孩子便可能羞于开口，压抑了他们的表达需要；有时候，成人因为工作忙，孩子叽叽喳喳地说话、询问令成人心烦，往往会喝令孩子“闭嘴”，这样做常常使孩子心情不快，沉默寡言；只有对孩子的口头表达抱有始终不变的热情态度，多鼓励，多进行正面引导，避免粗暴批评或“揪小辫子”，才能让孩子乐于开口、爱说话。

（2）父母需要在日常生活中贯穿口头表达能力的训练

当带孩子去公园游玩，不妨边游玩边和孩子一起描述美好景致、评论所见、抒发所感；当您携带孩子逛商场，不妨和孩子一块儿聊聊琳琅满目的商品，用语言描述外形、包装，谈谈产地，议议对这件商品是否喜欢；即使吃饭、看电视时，也可以充分地利用起来，鼓励孩子讲讲一天的所见所想所感，鼓励孩子发表自己的意见；如此日积月累，年复一年，孩子的口头语言表达能力何愁不强？

（3）父母要帮助孩子积累语言素材

积累语言素材可以通过多读、多抄录、多熟记名家名篇来进行。名篇优美典雅或精辟绝妙的语言既可作为孩子规范表达的榜样，也可让孩子“直接拿来”，为自己的表达增添文采和说服力。

积累语言素材还可以通过从报刊、广播、广告中汲取生动的“活”语言，使孩子的表达富有时代气息，并产生意想不到的效果。

当然，也别忘了提醒孩子虚心地向老师、家长、同学、邻居等人学习妥帖的用词、形象的比喻、生动的叙述，博采众长，使孩子的语言丰满、生动。

（4）要注意丰富孩子的经历、拓展孩子的兴趣

正如清清山泉来自于源头活水，高水平的口头语言表达能力是以孩子的广博见识、开阔视野与广泛的兴趣为基础的。

见多识广，识广言佳。当孩子希望听音乐歌曲、赏美术书法、访名胜古迹之时，千万别以为这是浪费时间；当孩子请求到体育场上角逐，在邮品、火花世界中徜徉，在棋盘上拼杀时，千万别以为这是不务正业——其实，他们正在体验生活，品味文化与人生，为滔滔不绝的口头表达准备永不枯竭的源泉。

男孩女孩如何更有魅力

风度是对人体美的一种综合的、高层次的评价，它既包含一个人在形体外貌上的总印象，也包含了一个人在服饰仪表方面的追求趋向，还包含了一个人在日常工作和生活中各种习惯身体姿势的联合。

风度较之其他人体美的因素相比，要复杂、深刻得多。因为人的风度不是一朝一夕可以学得的，也不是模仿一下他人的肢体动作或者改变一下衣着习惯可以得到的。简单地讲，风度是装不出来的。为什么呢？这是因为在风度的背后掩藏着一个人思想品格、道德修养、学识才能的实际水平。什么是魅力呢？通俗地说，魅力就是很能吸引人的力量，也可以说是“回头率”。一位形象设计专家说得好：“气质运于内，风度运于外，两者相加就是魅力。”可见，一个人的魅力离不开气质与风度。以心理学来看，人的气质可以分为胆汁质、多血质、黏液质和抑郁质四种类型，它们各有其优缺点，无好坏之分。而且，人的气质不只固定在一种类型上，也不是一成不变的，每个人既要把握好自我气质，也要在日常的交往中不断有意识地培养自己的优良气质。

那么，女孩子应有的风度体现在哪些方面呢？

（1）幽默文雅的谈吐

在日常生活中，离不开言语交谈。少女美的风度，在言语上体现为言之有据，言之有礼。特别是幽默风趣的谈吐，可使社交活动愉悦轻松，给他人留下良好的印象。

（2）优雅的举止，诚恳的待人态度

少女的行为举止，是体现风度的重要因素。举止优雅大方，为个人社交添彩，被视为成熟、有风度，受大家欢迎；而举止不雅、小动作多、“不拘小节”，则会给别人留下没教养的感觉，严重损害个人形象，无风度可言。因为，人的神态和表情，是沟通人的思想感情的非言语交往工具，是社交风度的具体表现方式。不管对谁，都应平等相待，显得诚恳坦率，切忌支吾其词，或言语与表情动作自相矛盾。少女应端庄而不矜持冷漠，谦逊而不矫揉造作。

（3）洒脱的仪表礼节

仪表指人的外表仪态。社交活动中，少女如果拥有动人仪表，肯定会比一个不修边幅的人有风度。一个人仪表秀美、俊逸潇洒，就能产生使人乐于亲近的魅力，这种魅力不只取决于长相和衣着，更在于人的气质和仪态，这是人内在品格的自然流露。得体的礼仪则能使“顽梗”变柔顺，使人们的气质变温和，使别人敬重你。

（4）向上的精神

风度是人后天形成的一种稳定性较强的行为形态，与气质紧密相连，是气质的直接外化形式。古人云：“腹有诗书气自华。”而风度与人的精神状态、思想情操也有很大的关系。一个精神萎靡不振，情趣低下的少女，根本无风度可言，而只有积极向上、追求进步、不断完善自我的少女，才能够拥有潇洒大方的风度，才能在社交场合具有一定的风度美。

少女的风度美除了以上四方面共同的、主要的因素之外，青春、朝气也应是重要的构成因素。而少女的相貌、言谈、姿态、衣着等综合因素，则是青春与朝气的闪现。

如前所述，魅力是一种发自内在的吸引力，是教养、举止及气质的糅合体。它是可以经过后天的努力去加以培养营造的。下面提供几种培养少女魅力的方法：

注意礼貌仪态。在任何场合中，谨记以礼待人，举止温文娴雅。

态度开朗，和蔼可亲，特别是应该具有幽默感，有接受批评的雅量，具有自嘲的勇气。

与别人交谈时，要经常和他的目光接触，这是最佳的沟通方法。让对方感觉到你对他说的一切非常留意，令对方产生知己之感。

要不断吸收知识，博览群书，这样，在社交场合中，你可以随时投入，成为交谈的“主导者”而不致言而无味。

对别人的一切显示浓厚的兴趣及关心。在与人交际时，应该懂得如何引发对方表露“自我”。以亲切关心的态度，表示自己对他的一切都感兴趣。

男孩的仪表注意什么呢？好的仪表风度是每个男孩都想拥有的，英俊、潇洒的男子汉形象也是不少男孩所追求的。那么，男孩子良好的仪表风度具体应表现在哪些方面呢？

（1）应该兴趣广泛、性格开朗，特别要爱读书看报，因为这有助于扩大自己的知识面，提高自身的语言表达能力。语言是一个人风度的窗户，风度美往往通过幽默风趣的谈吐，得到充分的体现。

（2）应该始终保持一种积极向上、充满“阳光”的进取精神。因为人的风度与精神状态、思想情操也有很大关系。那种仅仅依靠外貌长相和服饰装扮起来的“风度”，掩盖不了萎靡不振的精神状态。

（3）求学阶段的仪容和服饰应该朴素大方、活泼整洁，体现纯真的青春美。男孩的发式最好是学生头，显得整洁、干净，富有朝气，显示出一种阳刚之美。如果男孩留长发和蓄小胡子，则显得疲沓、萎靡不振，甚至还会给人一种流里流气的印象。

与人交往，不管对谁，都应平等相待、诚恳而坦率，切忌支吾其词、吞吞吐吐、自相矛盾。如去朋友家拜访时，应受到邀请后再就座，身体姿势应该体现出自尊和自信。此外，应主动与朋友的父母交谈。

大点的男孩如穿西装时，要打领带，在打领带时，衣领的扣子要系好；打好领带后，不可将领带末端塞入裤腰带，这是极不雅观的做法，同时也使领带丧失了原有的魅力。不要将领带结拉得太低，否则显得太轻浮，又不雅观，破坏领带的品味。

在正式社交场合，男孩应穿皮鞋。在选择袜子时，应以透气性能好的为宜。袜长以坐下后不露出腿部或衬裤为标准。在社交场合中如被介绍给他人或与人道别时，男孩都要起立致意。

让孩子走出风度和气质

良好的走姿不仅可以塑造自身形象，展示个人风采，也是交往活动中联络感情，增进了解，赢得尊重的好方式。

只要是正常的孩子，都会走路。然而，我们这里所指的不仅仅是简单地走，而是要走出风度来，走出气质来。这就不是一件容易的事了。首先，走路的姿势要做到轻、灵、巧，要能给人美感。

走路动作的口诀是：以胸领动肩轴摆，提髋提膝小腿迈，跟落掌接趾推送，双眼平视臂放松。

但可惜的是，不少孩子走起路来横七竖八，姿势不雅，尤其是有些女孩子走起路来跷起臀部，两肩前倾；或微耸双肩，把腰部挺得发僵；或弓腰驼背，左右摇摆，显得身体沉重不堪。这些都极大地损害着女性的整体美。

其次，人的“行”相千姿百态，没有一成不变的固定模式，每个人都有表现自己个性的步态，所以，对走姿不像军队上那样有严格的规范。例如，矮胖子和瘦高个的走路姿态不可能呈现同一个模式；同一个孩子脚穿皮鞋、身穿裙子，与他穿着运动鞋、身着运动衣的步态也不会相同。这说明人的行走姿态要受诸多客观原因的影响和制约。但是，从社交的角度来说，孩子行走时步伐稳健、步履自然，就能逐步形成良好的气质和风度，而不会给人留下有气无力、松松垮垮的坏印象。

再次，交往是人类社会活动的基本形式之一，因为每个人都有与他人交往的需要，不能脱离社会群体而独立生活。正如马克思所强调的，交往是人类历史发展的必然伴侣，同时也是人们日常生活和日常接触的必然伴侣。交往靠什么？一是言语手段；二是非言语手段，即态势语、肢体语言。而人的走姿就是非言语手段的内容之一。因此，从交往的角度来说，孩子如何走路不仅对于自身塑造形象、展示风采具有举足轻重的作用，而且也是交往活动中联络感情、增进了解、发出尊重信息的好机会。

那么，孩子究竟怎样才算是会“走路”呢？这需要从两方面来要求：

（1）个人如何正确“走路”

正确的走路姿势是：男孩子应两眼平视前方，上身自然挺直，两肩不摇，步态稳健；女孩子应头部端正，目光平和，直视前方，挺胸收腹直腰，两臂摆动幅度不宜过大，步态自如，匀称、轻柔，充分显示出端庄、文静、温柔典雅的女性美。

走路的时候，不要把手插在衣服口袋里，尤其不能插在裤袋里。要打起精神，不能让人感到有气无力，抬不起脚，因为脚步的鲜明节奏感，可以反映出人学习和做事的效率。

几个同学一起走路，要使自己的步伐与他人一致，既不要过快，遥遥领先，也不要过慢，落后于大家。

上学最好背双肩背的书包，防止脊柱侧屈。要注意身体的平衡，两侧轮流负重，防止局部身体过分疲劳。

走路时，重心随着移动的脚步，不要让重心停留在后脚。后脚跟要很快提起，让脚掌前压，把重心推向前。肩部放松，自然下垂。整个胸部——包括全副肋骨自然舒展挺起，把头部伸直——从后颈部着力往上伸，腹部要向内收缩，臀部适当收缩。

比平时散步略快的行走，是一种锻炼身体的好方法，但也同样需要注意正确的姿势。中国古语说：“立如松，坐如钟，行如风。”

（2）交往中如何“走”

在日常生活和交往中，学会“走路”尤为重要，因为它直接反映出个人的道德修养、社会公德以及对他人的尊重与否。

孩子在这方面需要注意的是：

应有“礼”行走。尽管现代生活节奏加快，但要自觉遵守交通规则，外出走路应靠边走、靠右走，过马路要走斑马线、地下道、人行天桥。如遇熟识的人迎面走来，要微笑致意，并行侧身礼让对方先走。

替他人着想。乘坐电梯人多时，应依次进出，不要抢占出口；先进入电梯者应该等待即将快步到达者；有行动不便者使用电梯时，应主动帮助其按键。如乘自动扶梯，应右侧站立，把左边通道让给急着赶路的人。

保证客人安全。家中来人到访，为了保证年长的客人安全，上楼梯时应走在后面，而下楼时则相反，以便随时处理可能出现的问题。但送客人下楼后要有意地走在客人后面，不能抢道穿行。

要“女士优先”。对男孩子来说，从小应懂得“女士优先”的礼仪原则。表现在“走路”上，不与女士抢道；上下楼梯和车辆、进出电梯让女士先行，主动予以照顾；若与女士同行，男士应走靠外的一侧。

微笑是一种特殊的语言

微笑，它同眼神一样是无声的语言，是人际交往中的“润滑剂”，是一种广交朋友的有力手段。

当你第一次登上讲台，在大会上发言；当你第一次参加晚会，在许多人面前表演节目；当你第一次单独和陌生人谈话——尽管你准备得很充分，尽管你鼓足了勇气，你仍然难免会脸红心跳，甚至紧张得嘴唇发抖。

有一个最简单的方法，可以使你变得轻松一些，可以使你不会那么紧张和害怕；当你登上讲台发言、在晚会上演出、和陌生人谈话——只要你学会面带笑容，你就一定会感觉自由许多。学会面带笑容，你放松了，别人也会感觉轻松和愉快。学会面带笑容，你的发言、你的表现、你的谈话，就会获得意想不到的成功！

微笑是一种特殊的“情绪语言”。人的感情是复杂的，每个人都会经历生活的“喜、怒、哀、乐”，这些感情可以通过一个人的眼睛、眉毛、嘴巴和面部肌肉的变化来表达。在人际交往中，笑具有非同寻常的意义。微笑，它同眼神一样是无声的语言，是人际交往中的“润滑剂”，是一种广交朋友的有力手段。一种有分寸的微笑，再配上优雅的举止，对于表达自己的主张，争取他人的合作，会起到不可估量的积极作用。

在社会交往中，微笑不但能够强化有声语言沟通的功能，增强交际效果，而且还能与其他肢体语言配合，代替有声语言的沟通。如微笑着向别人道歉，会消除对方的不满情绪；微笑着接受批评，能显示你承认错误但又不诚惶诚恐；即使微笑着委婉拒绝别人，也代表你的大度，不会使人感到难堪。微笑作为一种表情，它不仅仅是形象的外化表现，而且也往往反映着人的内在精神状态；一个奋发进取、乐观向上的人，一个对本职工作充满热情的人，总是微笑着走向生活、走向社会。

微笑是一种魅力。在社会交往中，亲切、温馨的微笑，可以有效地缩短双方的距离，创造良好的心理气氛；使“强硬的”变得温柔了，“困难的”变得容易了，甚至有时还会反败为胜。然而，要笑得好，笑得自然，并不容易。笑得过火，会显得不稳重；硬挤出的淡淡的笑，则给人一种虚伪的感觉。微笑要发自内心，亲切自然，重要的是自身的心理调适。如果人与人之间都像兄弟姐妹般相处，那么，就不难保持发自内心的微笑。

可以肯定地说，不善微笑便不善于社交，善意的、恰到好处的微笑，可使自己轻松自如，使别人心旷神怡。可见，微笑是一门学问，又是一门艺术，随着人际交往的频繁，微笑越来越少不了。微笑是一种礼节，是对人的尊重、理解和奉献，是礼貌的象征，微笑是自信的标志。

然而，在我们的日常生活中，常常发现有些孩子不善微笑、不会微笑、不愿微笑。他们有的自命清高，见人爱理不理；有的整天板着个脸，一脸的不高兴；有的与人讲话总是冷冰冰的，极不礼貌；有的见到父母、好朋友笑，见到其他人就“阴”；有的心情好时笑，心情不好时难见笑；有的即使对人笑，也很不自然……所有这一切都说明：我们有不少孩子并不懂得微笑的含义，也不了解微笑在现代社会交往中的地位和作用。

有人说得好：等你微笑了，你便成熟了。为了使我们的孩子健康、快乐地成长，我们应该教会孩子微笑待人。

首先，应让孩子懂得：

◆ 微笑是自信的象征。孩子有了自信心，就会看到自身的价值，注意自己在伙伴中的形象，更具亲和力。

◆ 微笑是礼貌修养的表现。因为一个有文化、懂礼貌、重修养的人，必然也会十分尊重别人，不会吝惜微笑。

◆ 微笑是和睦相处的反映。现实生活丰富多彩，有坦途也有坎坷矛盾，但善于微笑的人好比“磁力”、“电波”，很快会化解矛盾，别人也愿意与他交往。

◆ 微笑是个人魅力的显示。吸引别人的力量靠什么？一靠气质，二靠风度。这两方面哪个离得开微笑？

◆ 微笑是心理健康的标志，因为心理健康的人对他人、对自己，必然会心地善良、心境愉快、情操高尚、善解人意。

其次，家长应教孩子如何微笑：

◆ 微笑要发自内心，才能发挥情感沟通的“桥梁”作用。告诉孩子不要装笑、傻笑、媚笑。特别是女孩子，最忌媚笑。

◆ 微笑要自然适度，指向明确，有时要与口语相结合，如在微笑的同时，说“您好”“行”“对”等。

◆ 微笑要注意场合，掌握分寸。孩子天真不懂事，有时会在一些不该笑的地方笑（如殡仪馆等处），甚至笑出声来，家长应及时提醒。

◆ 别把讥笑、嘲笑当微笑。小朋友们在一起，难免发生一些不愉快或者引人发笑的事情，无论如何都不该去讥笑或嘲笑他人，因为这是不尊重别人的行为。

如何引导孩子追求美

在现实生活中，人们能不能“发现”美，从而与之构成审美关系，对美的事物产生真挚的感情，这与人们对美的感知能力有直接关系。

一段优美的乐曲，一幅绝妙的图画，有的人敏锐地感受到它的美，为之如痴如醉，而有的人却无动于衷，甚至有意无意地破坏它。这其中的原因在于审美感受能力不同。缺乏审美感受能力的人，正如马克思所说的“没有音乐的耳朵”和“感受形式美的眼睛”的人，对于这些人再美的音乐图画也毫无意义。当然人们对美的感受能力不是天生的，主要靠后天的培养。通过审美教育，特别是通过对大量艺术美的欣赏，锻炼“听”音乐的耳朵，“看”形式美的眼睛，逐步提高对美的感受能力。爱迪生说：“最能直接打动心灵的还是美。”要使孩子有美好的心灵，那就必须用美去打动他。世界上，存在着许多能打动孩子心灵的美，有自然美、社会美、艺术美等，家长要让孩子经常感受这些美，以净化他们的心灵。

自然美，广泛地呈现于大自然之中。让孩子领略黄河之水天上来那种汹涌澎湃的壮丽美，观赏拥有奇松、怪石、云海——黄山的奇美，徜徉于秀美的西子湖畔，漫步于柔美的桂林山水，他们怎能不升腾起崇拜自然、热爱祖国的衷情？让孩子来到春风吹绿的江南农村，清清的河水，岸上麦苗波浪起伏，他们能不赏心悦目？让孩子面对千里冰封、万里雪飘的北国风光，银装素裹之景，他们能不心旷神怡、豪情满怀吗？

社会美，含蓄地蕴藏于人们的言行之中。奥运会上，中华健儿奋力拼搏，不管是登上领奖台的还是空手而归的，洒流的汗水难道不显露出殷殷的赤子之心吗？一位孩子身患绝症，数以千计的孩子纷纷募捐，难道只是轻抛一掬同情吗？罗丹说得好：“美是到处都有的。对于我们的眼睛，不是缺少美而是缺少发现。”

艺术美，生动地洋溢于千姿百态的作品之中。轻松的寓言、精美的诗句、气势磅礴的小说，无一不给孩子留下深深的印象。几乎人人读过的《龟兔赛跑》，用拟人化的修辞手法，阐明奋发图强胜过恃才骄傲的道理。爱因斯坦说：“照亮我的道路，并且不断给我新的勇气去愉快地正视生活的理想，是善、美和真。”艺术作品中的真善美，不也能照亮孩子健康成长的道路吗？

应该说，孩子长大了，逐步有了美的意识和追求，这是十分自然的。家长要从心灵美入手来加以引导，使孩子懂得不仅要有美的外表，而且更要有美的心灵，引导他们追求心灵内在的美。如果一个外表很美的孩子，却很自私、懒惰、不懂得尊重别人，这种美是毫无意义的。只有外在美与心灵美结合起来，美才能达到真正的和谐。

此外，交际文明在许多时候取决于语言文明，因为语言在大多数情况下能调节人们的行为，激发美的情绪。家长要告诉孩子，语言美很重要，每个人都可以在这方面获得熟练掌握的艺术。语言是内在文明的一种最有说服力的标志，往往同样的意思，同样的词，可以有不同的说法，达到不同的效果。

再说，一个人的一举一动、一言一行都是表现给人看的，姿态、举止的行为美是透过心灵辉映在外衣上的一集光束，非常重要。有的人衣冠楚楚却出言不逊，听别人讲话时漫不经心或随便打断对方的谈话，这些言行都是不尊重他人，缺乏教养的表现。

爱美之心，人皆有之。尤其是现代社会，追求个人美不仅关系到自身的形象，能够提高个人的品位，也是对交往者的一种尊重。契诃夫说过：“人应该什么都美，容貌、衣服、心灵、思想……”我们的孩子，特别是中学生，身心两方面都处于一种脱胎换骨的关键时刻，对美的事物十分敏感。因此，家长应正确地引导孩子追求美。在此过程中，家长要注意：

（1）引导孩子正确地对待相貌。孩子长得漂亮，是一种天然美，不仅家长和孩子高兴，也是引起别人美感的因素。但家长应让孩子懂得，相貌美只是一个人外在的、浅层的美，不应该成为骄傲的资本，更不应该以此去歧视长相平平的孩子。

（2）关心孩子平时的穿着打扮。俗话说："佛要金装，人要衣装。"衣着是一种装束，也体现着审美的观点。一般来说，孩子的穿着打扮要整洁、朴素、自然大方，符合孩子的年龄特点，不能只讲究服饰的式样和质地，而忽视了健康发育的需要。

（3）注意孩子日常的交际语言。言为心声，孩子的口语不仅反映他的表达能力，而且能表现出孩子的思想品质。因而，家长要时时教育孩子，多讲文明用语，不讲粗话、脏话，不要当众揭别人短处，或讲伤害小伙伴自尊心的事。

（4）培养孩子良好的行为举止。日常生活中，孩子的一举一动、一颦一笑，往往是心灵的显露，情感的外化。家长应从小培养孩子文明适度的举止，如在客人面前修指甲、抠鼻孔、挖耳朵、大声打哈欠、脱鞋等，都是不雅观的行为，应该随时纠正。

（5）教育孩子善待他人的缺陷。每个人都有自尊心，而且，越是有缺陷的人，自尊心越是强烈。家长应让孩子懂得，盯住别人的缺陷，甚至当面嘲笑或刻意地模仿别人的缺陷，是违背社会公德、缺乏个人修养的丑陋行为，应该受到谴责。

第七章

影响孩子一生的品德和心态

心态是人们对世界和社会的一种看法，有怎样的心态，就会产生怎样的行动。一个具有好心态的人，他会把失败看做是命运对他的考验，把成功看做是一场游戏中的小小奖赏，把给予看做是一种收获，而把荣华富贵看做是过眼烟云。具有好心态的人，永远有积极向上的目标和宽容友善的心胸。

成由勤俭败由奢

一粥一饭，当思来之不易；半丝半缕，恒念物力维艰。

——明·朱伯庐

我国古代诗人李商隐说：“历览前贤国与家，成由勤俭败由奢。”如何引导孩子树立正确的价值观、消费观，从小培养孩子艰苦朴素、勤俭节约的良好品德，是每一位家长的首要责任。

(1) 营造勤俭节约型家庭氛围

家庭是孩子接触的第一个环境，家长是孩子的第一任老师，培养孩子艰苦朴素、勤俭节约的良好习惯，父母要注意自己一言一行，只有家长在生活中保持节俭，即使孩子有了不节俭的意识，家长也能够进行说服教育。正如孔子所说：“其身正，不令而行；其身不正，虽令不从”。在毛泽东纪念堂至今还保存着毛泽东生前缝了又缝，补了再补的被褥和睡衣。他不但严格要求自己，对子女的要求也非常严格，当他和儿女们在一起吃饭时，如果谁的饭粒撒在了桌子上，他就让孩子将饭粒吃掉，并背诵“锄禾日当午，汗滴禾下土。谁知盘中餐，粒粒皆辛苦”的诗句。世界首富比尔·盖茨给自己的几个孩子每人每月的零花钱只有 3 美元，而且立下规矩，如果每人的零花钱一个月有结余，那么可适当在下个月多给，这些做法激励了孩子们勤俭节约的好习惯。

（2）克服孩子乱花钱的习惯

许多父母特别是一些老人对孩子宠爱有加，有求必应，有的甚至不用孩子开口就送上前去。由于长期不劳而获，没有计划性，逐渐使他们养成了花起钱来不心疼，养成一种乱花钱的习惯，造成浪费。这些孩子大多根本不知道什么叫节俭 、为什么要节俭。在教育孩子时，家长要针对孩子的年龄特点，联系实际生活多给孩子讲解，从身边的小事做起。有一个刚上小学的孩子整天花钱大手大脚，一天父母带着他去逛街，在一个繁华的路口，看到一个老爷爷在卖报纸，父亲从口袋里取出 4 元钱给孩子，让他去买 10 份报纸。报纸买回来后父母一起和他商量：按原价把报纸卖出去，看看我们能不能卖完。孩子在父母的帮助下，费了不少时间才把 10 份报纸卖完，然后，父母让孩子去问卖报纸的老爷爷，一份报纸能赚多少钱。孩子从老爷爷那里得知，卖一份报纸只赚几分钱，他算了一下账，花了这么长时间才能赚几角钱。经过这件事孩子终于明白挣钱真的是太不容易了，以后改掉了随便花钱的坏习惯。

（3）克服孩子讲排场、摆阔气心理

一位家庭心理学家这样说：“给孩子太多会令他们误以为追求物质就是快乐之源。”

（4）克服孩子攀比心理

要让孩子明白应该攀比什么和不应该攀比什么。在知识方面上你追我赶，学习成绩上的攀比，才是有意义的攀比；花钱与衣着上的攀比，是华而不实的；引导孩子比学习 、比劳动 、比品德。同时，我们要尽可能地让孩子了解成人的工作，使他们明白劳动的辛苦，时间长了，孩子一定会改掉攀比虚荣的坏毛病。

（5）培养孩子劳动意识

家长应该让孩子从小参加力所能及的劳动，教会孩子做家务，放手让孩子承担适当的家务劳动，让孩子体会到劳动的辛苦，品尝到劳动成果的喜悦。不要因为孩子学习负担重，就不让孩子做家务，久而久之孩子劳动观念淡薄，就会“四体不勤，五谷不分”。

总之，要注意培养孩子勤俭节约的意识和习惯，利用各种机会，向孩子讲述中华民族勤俭节约的光荣传统，让孩子从小受到启发和教育，使他们明白“细水可以长流，节俭也是财富”这个浅显而又深刻的道理，从而树立正确的消费观和价值观。

热爱劳动

从小强化孩子的劳动意识，培养孩子热爱劳动的良好习惯，也是当前实施素质教育的一项重要内容，还是孩子将来立足社会、终生受益的人生必修课。

上好“劳动”这一课，孩子们才能懂得：正是前辈生生不息、勤劳不辍的劳动创造了财富，世界才变得如此美好，人生才变得充实而富有意义。因此，父母要少一些包办代替，让孩子多一些动手锻炼，从中体验劳动的辛苦与价值。

“一屋不扫，何以扫天下？”一点小事都不愿意做，又何以去做大事？要想孩子将来能成就一番伟业，父母必须培养孩子热爱劳动的好习惯。

根据有关调查，现在的中小学生中，有将近三分之二的学生不爱劳动或不太爱劳动。缺乏劳动意识的孩子会养成依赖成人的习惯，而且，由于很多孩子没有经过劳动的磨炼，当他们长大之后，会难以胜任其社会责任。

随着孩子年龄的增长，独立性逐渐增强，看到大人劳动，也产生了自己动手跟着干的愿望和要求。做父母的要抓住孩子的这一特点，鼓励、放手让孩子也跟着自己一起干，使他们增强独立劳动的能力，以养成热爱劳动的品德和习惯。当然，孩子有时会显得笨手笨脚，甚至把事情弄糟，这是不奇怪的。只要父母热心又耐心地教给他有关的知识与技能，鼓励他去做，他最终是能学会并做好的。

孩子的劳动，通常是指家务劳动。不做家务劳动的孩子，往往不知道去珍惜劳动成果。如果孩子没有经过最基本的劳动锻炼，就不会懂得劳动成果得来的是多么不容易。如果一个孩子没有亲手洗过衣服，他就不会知道大人洗衣服的辛苦，也就不会注意保持衣服的清洁。即便是父母告诉他几百次、几千次，他仍然不会注意。如果让他亲手去洗一次衣服，他就能够体会到父母洗衣服的辛苦，对于父母的劳动成果也就会知道爱惜了。

对于孩子来说，劳动实践是学习知识、了解认识社会的重要途径，孩子日常的家务劳动锻炼，正是一次难得的学习机会。如果一个孩子的记忆中只有书本知识，而没有运用这些知识指导实践的体会，也很难激发孩子进一步的求知欲望和热情。不做家务劳动的孩子，往往动手能力差，眼高手低，依赖性强，缺乏自立性，缺乏同情心。

有关分析表明，家务劳动时间与孩子的独立性有显著关系，孩子的劳动时间越长，其独立性就越强。一个没有任何劳动机会、在家里什么活儿都不会干的孩子，当他离开父母的时候，对复杂的社会适应能力差，也会影响其在社会中的发展，更体会不到父母劳动的艰辛，父母为家庭、为孩子的付出，他会认为是理所当然的。孩子这样的思想就会在无形之中为亲子间的体谅和沟通设置障碍，使得父母终日辛劳而不得解脱，难以得到孩子应有的情感回报。

培养孩子爱劳动的习惯主要应从以下几方面着手。

（1）让孩子了解劳动的意义和价值

父母可以引导孩子观察周围人们劳动的情景，城市街道的变化，科学技术的发展，让他们知道这一切都与劳动分不开。父母还可以在节假日的时候，带着孩子观察工人早早地来到工厂生产，农民在田野里劳作，让孩子体验劳动的光荣、美好。

（2）让孩子从事适合其年龄特点的劳动

有时候，孩子会突然想做某件事情，但是这件事情却不适合孩子做。这个时候父母既要孩子劳动的机会，又不能因此让孩子对劳动失去兴趣。比如一个3岁的孩子想要洗衣服，这根本就是一件孩子做不到的事情，如果真的给一件衣服让他洗，可能到最后一定会因为有难度而放弃，从此就对劳动丧失了兴趣。这个时候父母可以给他一条小手绢让他洗，这样既没有给孩子造成难度，又满足了孩子的兴趣。而如果孩子想用水果刀削水果，或是提开水壶，这些都是很危险的事情。这个时候，父母要告诉孩子，这样的事情要等他长大一点再学着干。

(3) 教给孩子一些劳动的方法

孩子有着超强的模仿能力，因此，父母可以让孩子在游戏中仿效成人劳动，学习一些实际的劳动方法。比如，父母可以让孩子给布娃娃洗澡、洗衣服、铺床、收拾自己的玩具等。这样既符合孩子的兴趣，又让孩子从中学到了东西。对于一些难以掌握的劳动技能，父母要耐心地讲清方法并给以示范，比如稍大一些的孩子想学着自己炒菜，缝布口袋；或者是小一些的孩子系鞋带只会打死结……这个时候，父母需要用正确的方法对孩子进行指导和示范，并创造条件让孩子反复练习。另外，在教孩子做一些事情的时候，父母不要急于示范，更不要代劳，而是让孩子先动脑筋，看他能否独立地想出办法来。

(4) 增强劳动的趣味性

增强劳动的趣味性，是调动孩子劳动积极性的一大法宝。比如采取竞赛的形式，既可以满足孩子争强好胜的心理，又可以使劳动富有情趣。父母还要通过劳动来发展孩子的观察力、注意力、记忆力、表现力和思维能力，因为孩子的劳动离不开这几种能力。正确地组织孩子参加劳动的过程，也就是发展其智力的过程。例如，孩子试着洗衣服，就可以让他观察肥皂在水中会溶解、起泡，能够洗净东西等，以此来发展孩子的观察力。

(5) 和孩子一起做家务

在一起做家务能够促进父母和孩子之间进一步加深了解，让孩子学习如何与人合作，并且能够建立亲子间更加牢固的情感纽带。父母给孩子安排家务，应该安排一些孩子可以独立完成的，但是其中要有一两件需要父母和孩子一起完成。父母可以先让孩子做一些简单的家务，慢慢地，再让孩子做一些复杂的工作。当孩子无法独自完成这些工作的时候，父母就可以参加进来了。在这种情况下，父母要对孩子特别有耐心。要知道，让孩子做这些事情的目的不仅仅是成功地完成这些任务，而是培养和孩子之间良好、长期的伙伴关系。

让孩子参与劳动，从心理学上讲，对孩子的成长也大有帮助。通过做一些家务而受到大人赞扬的过程，是孩子在心中找到自我存在价值的契机。

总之，一个人有无劳动的兴趣和习惯，将影响他的一生。大量事实表明，不论知识水平、家庭背景、经济收入、种族肤色如何，凡是从小爱做家务、热爱劳动的孩子长大以后往往工作能力强，事业成就大，生活也很美满。凡是从小就好吃懒做、不爱劳动的人，长大了多不能吃苦，独立谋生能力差，工作成绩平平。

与孩子一起劳动。劳动是一件辛苦的事情，再加上孩子自制能力差，很快便会厌烦。但孩子是很喜欢和成人一起劳动的。因此，父母要和孩子一起劳动，可以提高孩子劳动的兴趣，融洽家庭气氛，增进亲子感情，还能培养孩子的协作精神。对孩子的劳动给予肯定和表扬，对他们的劳动成果予以充分的肯定，保护孩子劳动的积极性。由于孩子能力有限，有时劳动质量可能不高，父母不要嘲笑、责备、呵斥孩子，而应耐心地指导和帮助，在对其肯定的基础上提出改进的要求，这样才能培养出爱劳动、会劳动的孩子。

自信，孩子成功的风帆

我们的孩子将来要面对的是充满竞争和挑战的社会，父母要重视培养孩子的信心，使孩子成为有足够活力、足够勇气和乐观自信的人，使他们昂首阔步地走向社会，去克服人生道路上的种种艰难险阻，迎接21世纪的挑战。

孩子在一种良好的期望中生活，经常听到的是期望的语言，就会变得非常自信，这时候心理、生理上会调整到一个最积极、最活跃的状态，真的能如自己所期望的那样达到一个目标。

每一个人都可能成为非凡的天才，一个人能不能成为天才，取决于父母和老师能不能像对待天才一样爱他、期望他、教育他。比如说破世界纪录的运动员们，在开始比赛前，几乎都有一种预感，觉得自己的状态很好，能出好成绩，而且现场的热烈气氛对他们的情绪高涨也起了很重要的作用。通过这些激励和心理暗示，运动员的自信心得到增强，最大限度地发挥了自己的潜能。这种精神对物质的作用，成为一个人成就大小的重要决定因素之一，对于孩子尤其是这样。

孩子犹如一朵娇嫩的小花，经不起风吹雨打。孩子幼小的心灵，如果父母不慎给它溅上了污点就会深深地烙在上面，很可能一辈子也抹不掉，这对孩子的学习以及终身幸福都是一种极大的伤害。孩子这株幼苗只宜给予温润的浇灌才能茁壮成长，成为有用之材。因此，在孩子的生活上、学习上，父母应该给孩子多一些鼓励和褒扬，少一些责骂和贬低。

大家都知道爱迪生的母亲教育孩子的故事，当学校老师认为爱迪生笨，不想让他上学时，他母亲则不这样认为，她把爱迪生接回家中自己教育，结果造就了一位伟大的发明家。

作为父母，要想方设法让孩子抛弃“我什么都不行”的念头，树立孩子的自信心。父母应在发现孩子对学习之外的事情擅长时，及时予以褒扬。在世上称得上伟人的人，大凡在孩提时代就有反复聆听父母说自己“你真聪明!”“你将来一定有出息!”的经历。这是心理学上所说的“暗示效果”，给孩子以正面的暗示，对孩子产生自信是极其重要的。

(1) 给孩子冠以“××博士”称号

父母们往往错误地把孩子厌学归咎于席卷世界的家用电脑热。电脑确实有其不好的一面，然而通过操纵电脑去拿高分并不是“笨蛋”和“懒虫”所能做到的。所以，抱怨孩子没有把对电脑着迷的一半热情用于学习时，不如对孩子玩电脑表示佩服。例如，送给孩子“电脑博士”的称号，以促使孩子进一步关心他的电脑。如果孩子关心昆虫，并炫耀他昆虫方面的知识时，无妨送给他“昆虫博士”的称号……这样的“桂冠”并不需要父母花费一分钱，但是都能促使孩子成为这方面的行家里手。从这些细微的地方入手，不仅可以逐渐让孩子恢复自信，说不定孩子将来还真能成为这方面的专家。

(2) 发现并培养孩子与学习有关的擅长技能

我们知道孩子都是一受到夸奖就来劲儿，可是有的母亲却说，自己的孩子讨厌学习，没有什么值得表扬的。这其实是父母们没有留心孩子的专长。

曾有一位母亲惊奇地发现自己孩子的字写得很漂亮，时不时拿他的字进行夸奖。孩子从那以后开始把写字作为一种乐趣，并增加了练习的时间，后来果真在北京市举办的书法大赛上拿到了第二名。

(3) 抓住时机鼓励孩子能考好

即便是一提到学习就心事沉重的孩子，在玩他喜欢的游戏时也会忘掉烦恼而变得生龙活虎，有一种无所不能的气概，在这点上大人和小孩是共通的。

父母可以利用这样的时机，最好在话里话外暗示孩子："你这次考试一定能取得好成绩!""你算术也会学得很好。"孩子原本就容易受暗示，再加上玩得高兴，身心放松，所以能够接受这一鼓励，自然而然，正面的鼓劲儿就会使孩子对学习产生兴趣，使孩子消除厌学情绪。

(4) 称赞孩子与学习无关的性格或爱好

我想有许多母亲总是从学习相关联之处寻找孩子的"长处"。前面所说到的字写得好和爱好昆虫等等就是最理想的"长处"，能和学习直接联系到一起。然而，在孩子当中出现了这样一种倾向，他们比较厌学，对和学习有关的东西十分敏感，讨厌与学习有关的东西。甚至还会出现这样一种情况，孩子因为父母指手画脚，硬要把孩子的爱好与学习扯到一起，结果孩子反而把自己的爱好也放弃了。在这种情况下，最好的办法是与学习拉开一定距离，尽量在与学习无关的地方寻找孩子的"长处"。只要与学习无关，什么都可以，如：孩子性格柔和、脾气好，有一张可人的笑脸等，从而给予表扬。

(5) 给孩子树立合理的奋斗目标

树立合理的奋斗目标，是每一个成功者必备的素质。但是，孩子由于年龄、阅历等方面的原因，在制定奋斗目标的时候，往往会出现目标过高的情况，导致目标难以实现，这很容易使他产生挫败感，不利于自信心的建立。父母应帮助孩子清醒地评价自己的能力，制定合理的奋斗目标；或者将总目标进行恰当地分解，使孩子相对较容易地达到每一个小目标，增加成功的机会。总之，自信心是每一次成功体验的累积，父母可以有意识安排一些机会，让孩子品尝成功的喜悦，帮助他积累胜利的体验，树立较强的自信心。

(6) 加强自身能力的提高

自信来源于对自己能力水平的认识。所以，提高能力是增强自信心的必由之路。但是，在帮助孩子提高自身能力的时候，应该注意能力的均衡发展。不要只注重知识技能或者某一种艺术才能的培养，而忽视对孩子社会能力和生活能力的培养。否则，就会造成孩子社会适应能力差，在日常生活中面对困境手足无措，缺乏自信。同时，父母在帮助孩子提高自身能力的时候，还应该充分信任孩子，给他自由发挥的空间。目前，有许多父母，唯恐孩子受到伤害，或者出现偏差，总喜欢包办代替，使孩子丧失了许多经受磨炼的机会。殊不知，越是事事代办，孩子就越依赖，对自己也就越缺乏信心，如此循环下去，很不利于孩子能力的培养。所以，父母要充分信任孩子，凡是他可以做的事情，就要放手让他去做。这样，孩子感受到了父母对他的信任，才会对自己产生信心。

总之，我们要尽可能让孩子在做每一件事时，都能充满自信地说“我试试，我能行”。

做诚实守信之人

诚信是中华民族的传统美德。对于一个国家、一个民族来说，诚信是其文明程度的象征；对于一个企业、一个单位来说，诚信是其信誉和形象的体现；对于一个公民来说，诚信是其人生观、价值观和社会公德水准的反映。

孔子说："人无信不立。"这条箴言流传千古。这说明，我们的祖先是有重视信用的传统的。清代顾炎武曾赋诗言志："生来一诺比黄金，哪肯风尘负此心。"表达了他坚守信用的处世态度和内在品格。

诚信是人性中一切优点的基础，是一个人最宝贵的财富，它能让孩子保持正直，挺直脊梁、光明磊落地做人，还能给孩子以力量和耐力。

每个父母都希望自己的孩子诚实守信，不喜欢撒谎的孩子。但是，许多孩子却表现得不尽如人意。究其原因，大多是由于后天的某种需要引起的，比如为了满足吃的需要、玩的需要，甚至是为了逃避受批评、受惩罚，这些都助长了孩子撒谎的恶习。从心理学来看，儿童的道德意识和道德行为的发展是紧密相连的。首先意识决定着道德行为，道德行为又反过来体现着道德意识。但是，由于儿童认识跟不上道德行为，常常会造成认识和行为的脱节。许多孩子明知自己的行为是不对的，但由于意志力薄弱、自制力不强而无法控制自己的行为，造成他们说话不算数，答应人家的事却又做不到。因此，家长应很好地培养孩子讲诚信的习惯。

(1) 抓住诚信教育的起步期

3至6岁是孩子诚信美德教育的起步期，因为这个时期是个性品德形成的最初阶段。这个阶段的诚信美德教育应以“品德教育、习惯形成、个性培养”为核心。这个时期的孩子可塑性大，爱模仿、易接受外界的各种信息，是了解社会、学习各种行为要求、习惯养成的最佳时期，如果成人重视对孩子进行适时适宜的品德教育，就能起到事半功倍的效果。著名儿童教育家陈鹤琴指出：“幼稚期（0至7岁）是人生最重要的一个时期，什么习惯、言语、技能、思想、态度、情绪都要在此时期打下一个基础，若基础打得不稳固，那健全的人格就不容易建立了。”

(2) 注意孩子的第一次说谎

对孩子进行诚信教育的时候，一定要注意孩子的第一次说谎。当家长觉察到孩子第一次说谎时，要正确对待，千万不要打骂、呵斥，否则会适得其反。较稳妥的方法是仔细分析孩子说谎的动机，采取正面的教育方法，把孩子的第一次说谎消灭于无形之中，让孩子明白说谎的后果。这样，孩子以后说谎的几率就少了。

(3) 给孩子树立诚信的榜样

找一个很有诚信的孩子（不论是不是生活中的）作为榜样，让孩子学习这种品质，强化孩子诚信的品质；另外，孩子会自然地把身边的成人当作榜样来模仿，这样就要求家长要以身作则。一位外国教育家曾说过：“父亲们所关注的最重要的事情是，他们本身应成为孩子们的榜样，只做一切应当做的事，避免邪恶的习惯。他们的生活本身如同一面镜子，通过这面镜子，就培养了孩子对恶言恶行的厌恶。”因此，在这方面家长应成为一面诚信的“镜子”。

为了培养孩子的诚信习惯，平时家长对待孩子一定要讲诚信，做到言行一致。孩子的模仿能力很强，很容易受到某种行为的暗示。如果父母言行不一致，不履行承诺，孩子就会受到暗示，跟着模仿。例如，父母如果答应了孩子假日带他到商场去买玩具，就一定要去。如果到时忙，脱不开身，也一定要向孩子说明情况，并争取以后补上。而且，这样推迟或失约的事情，今后一定要注意避免发生，这样才能取信于孩子。

许多父母为了诱导孩子做某件事，总是轻易地许诺孩子某些条件，但是事后却没有兑现。孩子的希望落空后，就会发现父母在欺骗自己，他就会从父母身上得到一些经验，那就是“不守信的许诺是允许的”，“大人的言行也经常是不一致的”，“说谎是被允许的”，等等。一旦这些经验转化为孩子说谎的行为时，父母恐怕要后悔莫及了。

（4）对孩子进行诚信品质的教育

诚实守信，立身之本。家长应该加强对孩子进行诚信品质的教育，从小就教育孩子守信用、负责任。告诉孩子，一个言而无信的人，是没有人愿意和他合作的。

教育孩子从小就做一个诚信的人，要始终如一地要求孩子，告诉孩子出现缺点和错误时要勇敢承认，接受批评，绝不能隐瞒。可以在家里和孩子一起多讨论诚信的重要性，为保证使诚信成为孩子的一种优良习惯，可以读一些强调诚信重要性的书籍，给孩子讲一些名人诚信正直的故事。针对社会上那种坑蒙拐骗的行为，父母要态度鲜明地进行批判，要让孩子坚信，这种弄虚作假的行为是必将受到惩罚的。这样的教育，会使孩子长大以后做一个光明磊落的人。

帮助孩子树立乐观的心态

我们要做个乐观的父母，为孩子营造一个快乐的家庭氛围，用实际行动鼓励孩子树立乐观的心态。因为，心态决定一切。

心理学家马丁·塞利格曼认为，乐观不仅是迷人的性格特征，它还能使人对生活中的许多困难产生心理免疫力。然而生活中我们却经常发现，有的孩子小小年纪，便神情忧郁。在学校，热闹的地方找不到他的身影；在家里，很少与家人说话，喜欢缩在自己的小房间里。这类孩子长大之后极有可能成为悲观主义者，甚至引发精神疾病。心理学专家也认为："一个人的心理状态常常直接影响他的人生观、价值观，直接影响到他的某个具体行为。"因而，从某种意义上说，心理卫生比生理卫生显得更为重要。身为父母，应该通过行动来激励孩子树立乐观的心态。

（1）做父母的要以身作则

父母对人生、生活、挫折等要有正确的观念、心理承受能力及应对良策。即使面临再大的困难，也不要在孩子面前表现出一副唉声叹气、无能为力的样子。而家长乐观的面对，则会为孩子树立可模仿的榜样，为孩子养成乐观的性格发挥主导的影响。这样，即使孩子碰到困难或挫折，他也能始终保持健康的心态，具备心理承受力，克服困难，实现既定的目标。因为父母已使他相信一切美好的东西，并给予了他一颗乐观向上的心。

（2）引导孩子体验成功的欢乐

乐观重要的来源是成就或创造的成果以及完成了有意义的活动。因此，父母不妨给孩子设定一个可行的目标，让孩子通过自己的努力，获得成功。例如，孩子蹒跚着从远处走到母亲面前，他体验着的是真正的快乐，因为他做完了一件事情，他得到了成功。只要孩子不断看到努力的成果，乐观、自信自然就会充溢孩子的心。

（3）不要压抑孩子的快乐

许多家长总以为孩子安安静静，守规矩，听话才是好孩子的标准，生怕孩子过于快乐，会“把心玩野了”，不服管教，不好好学习；或者对孩子的玩乐打扰了自己的工作、睡眠而感到极度厌烦。于是就有下列情景的发生：孩子们正在无比开心地打闹，或者正专心地看动画片，突然绷着脸大声训斥：“玩、玩、玩，就知道玩”；或者说：“看、看、看，怎么不见你学习这么认真！”家长也许不知道，正是他对孩子过于严厉的控制，在无意中造成了孩子忧郁的性格。家长应切记少用或不用否定性的会伤害孩子积极性、自尊心的批评。即使孩子真的犯了错误，在客观分析、指正之后，教他正确的方法，而不应过多地替他惋惜、后悔，如“你要是那么做，一切都好办了”等。这样会让孩子沉湎于回忆，懊悔多一分，他的乐观精神便会少一分。

（4）鼓励孩子多交朋友

不善于交际的孩子大多性格抑郁，因此随时可能遭受孤独的煎熬，享受不到友情的温暖。不妨鼓励孩子多交朋友，特别是同龄朋友。本身性格内向、抑郁的孩子更宜多交一些开朗乐观的朋友。对孩子来说，善于交朋友并与朋友共同玩乐不仅能心情好，感到满足、充实和幸福，还会在与伙伴们的群体游戏中学会怎样理解、观察，怎么模仿、发挥，如何调整自己的行为，成为群体生活中一个不可缺少的角色。

（5）培养孩子广泛的兴趣

如果一个孩子仅有一种爱好，就很难保持长久的快乐感觉。试想：只爱看电视的孩子一旦晚上没有合适的节目，必将抑郁寡欢；相反，如果孩子兴趣爱好广泛，即使没有好看的电视节目，如果孩子还喜欢下棋、看报、读书、做游戏不也照样乐在其中吗？所以，在家庭生活中，应该经常有孩子喜爱的琴、棋、书、画等各种文娱体育活动。开始时，可以暗示孩子主动培养各种兴趣，当孩子主动行动了，父母要用表扬、奖励等方法强化孩子的兴趣。只要孩子积极接触各类事物，接触的事情多了，见多识广，心胸自然就开阔，悲观思想便不容易产生了。

（6）帮助孩子摆脱困境

即便是天性乐观的人也不可能事事称心如意，也不可能“永远快乐”。孩子一旦有了不愉快的事情，家长要设法尽快消除其不良情绪。倘若孩子长期情绪不佳，就很可能引起某种神经性病变。

所以，家长一定要设法使孩子经常保持良好的精神状态，引导孩子摆脱困境。父母最好在孩子很小时就着意培养他们应付困境、逆境的能力。当孩子受到委屈而不高兴时，家长应设法转移孩子的情绪，使孩子转忧为喜，恢复良好的情绪状态。要是孩子一时还无法摆脱困境，还应教育孩子学会忍耐，或在逆境降临之时寻求另外的精神寄托，如参加运动、游戏、聊天等。

（7）营造快乐的家庭气氛

家庭的气氛、家庭成员之间的关系，在很大程度上会影响孩子性格的形成。研究表明，融洽的家庭关系，特别是夫妻关系是形成孩子乐观性格的重要因素，它可以使孩子在宽松、愉悦的心理环境中健康地成长，充分享受快乐，学会乐观向上。而一个充满了敌意甚至暴力的家庭，是绝对培养不出开朗乐观的孩子的。

所以，父母的职责之一就是营造快乐的家庭气氛。父母对孩子谈话时，要和颜悦色，使孩子感到可亲可敬，心情舒畅；不要经常厉声厉色地斥责孩子，以免孩子对父母望而生畏。这就要求父母在教育孩子时，必须尊重孩子的愿望，让他们自然滋生出积极的情绪。此外，你还不妨在吃饭时或睡觉前，让全家人一起听听轻音乐；茶余饭后，与孩子一起散散步，或给孩子讲讲故事，一起唱唱歌；节假日则可带孩子搞一些手工制作，参加一些球类、下棋、书法等陶冶性情的娱乐活动。只要家庭生活中时时处处都充满着欢乐愉快的情趣，孩子自然就能拥有积极健康的情绪和心态。

总之，父母的激励对孩子树立乐观的心态至关重要，随着孩子的成长和进步，他们会受父母的影响而积极变化。

具备不可动摇的意志

生活中的经历告诉我们：一个人仅仅具备天资、勤勉、进取心是不够的。当我们在生活、学习和工作中遇到困难和障碍时，如果想要成功，想要有所作为，我们就不能知难而退，要有经受挫折和磨难的意志。

新世纪，只有培养、锻炼出坚强的意志品质，我们才能适应竞争性越来越强的社会环境，才能抓住机遇、发挥自身潜力，才能品味成功的喜悦。

意志是指为了实现某种理想或达到某种目的而自觉地为之努力的心理活动。意志的强弱直接影响到孩子能否顺利成长，能否经受住挫折和困难的考验，学习和事业能否成功，最终能否成才。关于一个人的意志水平和成才之间的关系，美国心理学家曾做过一个研究。他们对1000多位高智商的儿童进行了长达50年的跟踪调查，发现其中有些人获得巨大成功，而另外一些人则平平庸庸。造成他们成就上巨大差异的原因就在于他们的意志品质。虽然这两类人的智力水平相当，但那些成功人士意志顽强、坚韧不拔，对认定的目标执著追求；那些无成就的人则意志薄弱、见难就退、经不起失败，生活态度极为消极。

一个人意志是否坚强，是他一生成功与否的关键因素。因为，坚强的意志品质是良好道德的重要成分，也是一个人良好个性的重要内容。一个人良好的意志品质不是天生的，而是需要在后天的生活实践中慢慢锻炼，逐步培养起来的。也正是因为如此，培养孩子坚强的意志品质，就成了父母教养孩子的重要内容，是父母的重要责任。

良好的意志品质包括意志行动的自觉性、独立性、自制力和坚韧性几个方面都得到较好的发展。在意志品质方面，每个人的特点和水平是不一样的，不同的年龄阶段发展水平也不同。培养孩子坚强的意志，应当针对孩子的特点进行，主要加强四个方面的教育引导：

（1）加强动机教育，培养正确观念

人的一切行动都是受一定动机和目的调节支配的，也就是行动总有个促使他去做或不做的原因和意图，这就是动机；凡做事要达到某个结果，这就是行为的目的。对学生来说，主要是明确学习目的，提高动机水平，让他以高尚的动机支配学习。可以经常和孩子一起憧憬美好的未来，激励他为将来的美好生活而努力学习；在学习上提出较高的要求，不要放任，帮助孩子形成认真负责的学习态度；支持孩子参加科技活动和社会实践活动，培养广泛的兴趣爱好，在活动中形成正确的是非观念；在孩子取得成绩的时候及时表扬鼓励，让他在表扬和鼓励中体会成功的喜悦，激发学习动机；在孩子有了比较稳定的学习动机后，逐步提出更高的要求，帮他克服利己主义动机，一步步把自己的学习成才同国家发展、社会进步联系起来，放远目光。

（2）严格要求，养成自觉遵守纪律的习惯

一个放纵自己的人是成不了大气候的，一个学生要想顺利地进行学习和其他活动，必须能够自觉遵守纪律。学生要遵守“中（小）学生守则”、“校规校纪”、“课堂常规”，要养成讲文明、懂礼貌、守纪律、执行准则的好习惯。在这些方面，父母要配合学校，要求孩子严格遵守。做得好要表扬、鼓励；做得不好要弄清事实批评教育，直至根除那些不良习惯，形成自觉遵守纪律的好习惯。这对于孩子将来在社会上生活是很重要的，一定不要忽视。

（3）在行动中锻炼，增强克服困难的毅力

一个人是否具有坚强的意志品质要看他与困难作斗争时的表现，同时，也只有经常与困难作斗争，才能锻炼孩子的坚强意志。应该要求孩子去做他该做而且能做的一切。学生锻炼意志的途径有很多，如上课专心听讲，按时完成作业，在干扰和困境中坚持学习，担任社会工作，参加家务劳动或生产劳动，坚持体育锻炼，遵守生活制度等，都是锻炼孩子意志的好方式。这里要提醒父母注意的是：锻炼孩子的意志不是一朝一夕的事，要坚持在任何情况下都不放松要求，持之以恒。其实，越是在看上去难以坚持的时候，锻炼意志的作用越大。只要没有什么危险，父母就要克制自己的心疼，坚持让孩子做，不要半途而废。不然的话，到头来孩子吃了一些苦，却又没收到预期的效果，不是更加令人遗憾吗？

（4）针对自身特点，培养优良的意志品质

首先要观察、分析孩子在意志品质方面有哪些缺点，根据他的缺点有针对性地锻炼效果会更好。如，对行动盲目和容易受暗示的孩子，要注重培养目的性、自觉性、责任心；对优柔寡断、喜欢冒险、轻率的孩子，注重培养大胆果断、沉着耐心的品质；对缺乏耐心、萎靡不振和自卑感强的孩子，要多正面引导，调动他的积极性，增强他的自信心，提高他的自我控制能力；对软弱和胆怯的孩子，要着重培养胆量、勇气和献身精神；对缺乏毅力、缺乏恒心的孩子，要注意多激励他，培养奋发向上和坚韧顽强的精神。

孩子有良好的意志品质，是他一辈子受用的财富，所以这是孩子教育中不可忽视的内容。但不管用什么方法培养孩子良好的意志品质，有一点是特别要强调的，那就是要重视孩子的自我教育，加强自我锻炼。孩子有了自我教育的能力，就会自觉地进行意志锻炼。在这方面，父母可以经常为孩子介绍一些伟大人物的艰苦成长历程；帮孩子制订切实可行的自我锻炼计划；在执行计划中协助监督、评价、鼓励，使他能持之以恒，巩固优点，克服缺点；引导孩子收集一些激励人进行意志锻炼的格言警句。如“自古英才多磨难，从来纨绔少伟男”、“宝剑锋从磨砺出，梅花香自苦寒来”、“磨杵成针”、“卧薪尝胆”、“百炼成钢”……这些格言警句一方面可以警示孩子自觉进行意志锻炼，另外也有利于他的语言知识修养。

第八章

挖掘孩子潜在的能力

现代心理学研究表明，每个正常的孩子都具有一定的“潜能”。由于遗传、环境和教育以及个人努力程度等因素的不同，孩子间的“潜能”存在着差异，发展也不均衡。如果说社会上有“三百六十行”，那么，孩子“潜能”、优势、特长的差异恐怕也不少于三百六十种。正如有的教育专家说的，每个孩子都具有某种“潜能”，都有可能成为三百六十行中某一行“状元”的苗子。不仅如此，孩子的发展也不均衡，体现在：有的早慧，称为“神童”，有的小时“愚笨”，却大器晚成。

增强孩子的记忆力

记忆，是大脑的重要功能，它是大脑对已感知或已经历事物的反映的过程。记忆力在心理学上属于智力的重要组成部分。

记忆包括两个方面的内容：一是“记”，在心理学上称为“识记”；一是“忆”，包括再认和再现两种。这样，记忆力就成为人识记、保持和恢复过去经验的一种能力。一个人记忆力强，会为他的智力活动提供更多更好的“储备”；反之，“巧妇难为无米之炊”，在遇到问题时，就无经验可供参考。为了提高孩子的记忆力，父母应该先了解有关记忆力的一些基础知识。

记忆是信息的摄入、编码、储存、提取的过程。从心理学角度说，记忆包含识记、保持、再认和重现等基本过程。其形式有形象记忆、概念记忆、逻辑记忆、情绪记忆、运动记忆等。记忆不是死记硬背的“背”，而是在理解的基础上进行的记忆。

由于遗传、环境、教育等因素的不同，人的记忆力会有差异。因此，许多家长经常抱怨，自己的孩子记性不好，学过的东西记不住，或者平时记得好好的，一到考试就忘了。许多人认为，记忆力是天生的，是父母给的。其实，记忆力的好与差不完全是天生的，是可以训练的。父母在早期对孩子进行记忆训练，就可以使孩子的记忆力得到明显的提高。

今年49岁的比尔·盖茨以其传奇的业绩和无比的富有，成为当今世界的首富。那么，盖茨是如何成就今天的辉煌，又是如何诠释自己在微软整整29年不同寻常的经历呢？这一切的奥秘就是——盖茨7岁熟背《圣经》，为自身的文化修养奠定了基础。

比尔·盖茨生长在一个富裕的家庭里，从小受到良好的教育。在7岁的时候他就能对《圣经》里面的马太福音倒背如流。马太福音是《新约》里面最长的一章，大约有3万字，差不多相当于6本有5000字的中国道家经典《道德经》。比尔·盖茨的记忆力得到了空前的开发，他也因此而成为众人眼里的天才。特别是在他自己感兴趣的事情上，表现得极为明显。在盖茨11岁的时候，他的数学和自然科学这两门功课在学校中已是名列前茅，无人能及。

由此可见，没有记忆，就没有知识的积累，没有知识的积累，就没有辉煌的事业。从小训练孩子的记忆力，对孩子的一生有很大的帮助，甚至使孩子受益无穷。然而，遗忘是记忆的“大敌”，德国著名心理学家艾滨浩斯的“遗忘规律”告诉我们，人们对所学知识的遗忘进程是先快后慢，先多后少。遗忘最严重的时刻是在识记后的头一天，甚至发生在最初的几小时、几分钟（头一天有可能遗忘所记材料的一半），以后速度逐渐减慢。

根据遗忘规律，为了防止遗忘，提高记忆效果，父母就要使用正确的方法提高孩子的记忆力——及时复习。人的记忆力就像是人体的肌肉，越锻炼就会越发达。而且，记忆也是一种技巧，只要掌握了记忆的技巧，孩子记忆的效率就可以得到显著提高。

父母重视培养和提高孩子的记忆力，对于促进孩子智力的发展，具有重要的意义。父母可以从如下几个方面入手，培养和提高孩子的记忆力。

(1) 根据最佳记忆时间训练记忆力

大脑一般有四个记忆高潮。一是清晨起床后。大脑经过一夜休息，消除了疲劳，没有新的记忆干扰，是学习和记忆的高效期。二是上午8:00～10:00。大脑极易兴奋，适宜学习需要周密思考和分析判断的内容，也是攻克难题的好时光。三是下午6:00～8:00。大脑神经活跃，是回顾复习全天学习内容、知识归纳分类和整理笔记的黄金时间。四是晚上临睡前1小时。利用这段时间，复习难以记忆的内容则不易遗忘。父母根据这一规律训练孩子的记忆力，会收到很好的效果。

（2）培养孩子学习的兴趣

成人对自己感兴趣的东西往往很快记住，对自己不感兴趣的东西，就要强迫自己去记住。而孩子往往做不到这一点，对不感兴趣的东西很难记住。因此要孩子学习知识或技能，不能强迫其记忆，而是要激发其学习兴趣。

（3）把理解和记忆结合起来

只有理解了的东西，才能更深刻地感知它和记牢它。在心理学上，这是指机械识记与意义识记的结合。背诵一篇课文，如果懂得了文章的意思以后再背诵，比单纯的死记硬背效果要好。因此，父母要教孩子学会理解后记忆。

（4）丰富孩子的生活环境

有生活经历才有记忆，有的孩子年龄很小，却因为“见多识广”，能记住和讲述很多见闻。父母从小给孩子提供丰富多彩的生活环境，给孩子玩各种颜色、有声的、能活动的玩具，听音乐，多与孩子讲话，给孩子念儿歌、诗歌，讲故事。带孩子去公园、商场，等等，这些都会在耳濡目染中给孩子留下深刻印象，并能在长时间内保持记忆力。

凯文·都迪说过：“任何人的大脑都是一台高性能的电脑，都是有照相机般的记忆潜能，只要活化这种能力，你完全可以记住你想记住的一切，快速记忆训练是活化你记忆潜能的最好办法。”

是的，人生因记忆而充实。背着生命的行囊趋行在人生亘古的路上，时常停歇，整理一下行囊，卸下一些浮躁与尘杂，装进一些快乐和成长，再翻翻记忆的相册，生命中一片盎然的情趣。这难道不是一件非常惬意的事情吗？

培养孩子的创造能力

创造力是一个人在传统知识和习惯的包围中，发现、探索、掌握新生事物的能力。换句话说，创造是在原有知识的基础上进行再加工和再创造的过程。事实上，每个孩子都有着他独特的创造力，只是父母没有发现而已。

在日常生活中，很多父母对待孩子提出的问题，一味满足于给孩子提供现成的答案，使孩子逐渐变得不长于思考，不善于发现；还有的父母对孩子提出的问题置之不理，甚至让孩子去问其他的人。也有些好奇心强的孩子喜欢把玩具拆开作一番研究，而父母便认为孩子是“败家子”，当然少不了一顿责骂。久而久之，孩子的创造欲望被遏制了，创造天赋也消失了。发明家爱迪生曾经说过：善于创造的人，往往具有一个奔驰的脑筋。给孩子一片“破坏”的天空，孩子“破坏”造成的损失是可估量的，而得到的却是孩子一生受用不尽的财富。

一天，母亲刚刚买回来一块特别漂亮的金表。孩子想看看那块金表，母亲允许了，可是没多久孩子就把金表给摆弄坏了。于是母亲狠狠地打了孩子一顿，并把这件事告诉了孩子的老师。谁知，老师却幽默地对母亲说：“恐怕一个中国的‘爱迪生’被你枪毙了”。母亲不明白是什么意思，老师说：“孩子拆卸金表是创造力的一种表现，你不该打孩子，要让孩子从小就有动手的机会。你可以让孩子和你一起去修表的地方，让孩子在一旁观看金表是如何被修理的。这样，修理费就成了学费，你孩子的好奇心也得到了充分的满足。也许，他还从那里学会了修理钟表!”

这个故事告诉我们，一个人的创造力是在生活环境中逐渐培养出来的。研究表明，创造力强的人，小时候一般比较顽皮，敢于大胆想象和质疑，富有首创性。而过分的威严和强制，太多的干涉和禁止，则会抑制孩子的独特性和创造性，妨碍孩子创造力的发展。因此，作为父母，应该从小保护孩子的创造性，让孩子在好奇心的驱使下学会创造。在此，还有一个事例也值得家长们借鉴。

家里的小男孩正高兴地在洁白的室内墙壁上绘画，保姆看到后，死拉硬拽、百般阻挠。而孩子不依不饶非要在墙上画画。保姆和孩子争执不下的时候，孩子的妈妈回到了家。保姆和孩子同时向这位主妇诉说事情的经过。这位孩子的母亲听了事情的缘由后，蹲下身来，拥抱着孩子，指着他在墙上画的画说：“宝贝！你想成为一名画家是吗？你想让我们看到你的画是吗?”孩子非常认真地点点头。孩子的妈妈继续说：“宝宝，你想过吗？如果你把画画在我们家的墙壁上，只有家里的几个人看到你的画。如果你把画画到纸上，拿给更多的人看，那么就会有很多的人知道你是个聪明的孩子。如果再有人指导你，你的绘画水平还会提高的更快。你说，是画在墙上好呢？还是画在纸上好呢?”孩子欣然接受了妈妈的建议，表示要在纸上画画，彻底改掉了乱涂乱画的毛病。

这位女士教育孩子的方法是多么值得中国的家长们学习呀！循循善诱的教育，既保护了孩子的创造能力，又让孩子明白道理，自觉改掉自身的缺点。那么，回过头来再说这件事，如果让中国的家长们去处理，会是一个什么样的结局呢？很有可能的结局就是，看到孩子在洁白的墙壁上涂得乱七八糟，定会非常生气，接着会对孩子训斥和暴打。结果呢？也许一位未来的伟大的画家真的就被这顿训斥和打骂扼杀掉了。对此，中国的家长们难道真的不需要反思吗?

创造力是一个孩子智力和能力的体现，是能否成才的重要因素。它取决于后天的培养。有的家长认为孩子聪明、智商高就一定会有所发明创造，其实不然。有的人智商很高，却创造不出任何东西来，终生平庸无为。这是因为创造力的发挥除要求有正常的智力水平外，还必须具有良好的非智力因素，如兴趣、意志、性格、动作、情感等。因此，作为父母，如果想让你的孩子成才，那么就用心培养孩子的创造力吧。

因为，创造力是决定孩子能否成才的重要因素。父母不要因为孩子的一个破坏行为就打骂孩子，要知道一个不小心，就抹杀了孩子的创造天赋，那么你的孩子永远都将是一个平凡的孩子。那么，究竟该怎样做呢？

首先，珍惜孩子的好奇心。好奇心是每个孩子都有的，它是探索知识奥秘的动力。好奇心愈强的孩子想象力也愈丰富，创造性就愈高。孩子由于懂得少，所以对许多事情都感到十分好奇，凡事都想弄个明白。于是他可能做出一些探索性的举动，作为父母不要阻止孩子，也不要责骂孩子，而是要引导孩子大胆去想，允许他们创造性地尝试。其次，要鼓励孩子提问。父母一定不能对孩子的问题置之不理或敷衍了事。有时孩子的问题可能很“可笑”、“很幼稚”，但再幼稚、再可笑的问题都是出自一颗思考的小脑袋，是孩子独立思考的萌芽。家长千万不要漠视孩子提出的问题。

再次，加强孩子的发散性思维训练。发散性思维是一种不以常规，寻求变异，从多方面寻求答案的思维方式。它不受现有知识的局限，不受传统传授方式的束缚，其结果可能由已知导向未知，发现新事物、新理论。发散性思维是创造性思维的中心，是测定创造力的重要指标之一。比如做数学题时可以让孩子尝试“一题多解”，在思考问题时让孩子尽可能从各角度都去考虑，等等，这都属于创造能力的培养。

培养孩子的想象能力

想象是指人脑中对已有的记忆表象进行加工改造而创造新形象的过程。我们每个人能够亲身经历的事情毕竟是有限的，借助于合理的想象就可以理解世界上的许多事情，了解古今中外的丰富知识，并进行创造性活动。所以，在现实的生活中，父母就要注意对孩子进行想象力的培养。

我们都知道的大诗人歌德，他的想象力就是在他母亲的启发下发展起来的。歌德的母亲经常给儿子讲故事，可每讲到高潮的地方就突然停下来，剩下那部分最精彩的故事情节，母亲就让小歌德自己往下猜想，从而训练歌德想象的能力，使歌德形成了有目的、自觉想象的习惯。而且到下一次继续讲故事的时候，母亲就先让歌德把自己的猜想说出来，想象得精彩就表扬，想象得不精彩就启发再想，最后才由母亲补充。由此，歌德丰富的想象力，就是这样发展起来的，使歌德在其一生中创作了很多不朽诗篇。

有的父母认为，小孩子的想象没有任何意义，只不过是“瞎想”、“胡思乱想”，有时让人听着都好笑。其实，这种认识是不正确的。鲁迅说过：“孩子可以想象的，他们常常想到星月上的境界，想到地面下的情形，想到花卉用处，想到昆虫的言语，他们想飞上太空，他们想潜入蚁穴……”孩子们的想象有时在大人看来是天真的、幼稚的、不切实际的，但有些时候孩子的想象却是大人所不及的。

一位六岁的小女孩畅想2010年到月亮上植树造林的美术作品，就荣获了全国儿童绘画比赛一等奖。人们看到那奇特而自由的想象，不得不发出感叹。所以，父母一定不要轻视孩子的想象，即便是看来确实带点“胡思乱想”的意味，但这对发展孩子的想象力也是很有意义的。

想象力作为人的一种思维能力，还受到热情的影响。强烈的热情可以有力地促进想象力的发展，而情绪低落则会抑制想象力的发展。爱迪生一生都在发明创造，正是他充沛的热情使他即使到了晚年依旧具有创造力，他的许多世界级发明不仅推进了人类历史的进程，而且也给人们的生活带来了非常多的方便。而应试教育下的中国孩子，每天不得不日复一日地背书做题，烦闷压抑的生活极大地束缚了想象力的发展，这使得许多学了十几年的学生想象力贫乏，以至于在从事设计、策划及制订方案等技术含量非常高的工作时显得力不从心。

心理学家的许多调查都表明，成功的人在儿童时期都具有超凡的想象力，孩子想象力越丰富，将来成功的可能性越大。因此，父母要从孩子幼年开始培养他们丰富的想象力。只要孩子有了丰富的想象能力，就能积极地学习科学文化知识，并勇于探索大自然和宇宙的奥秘。既然想象力对孩子如此重要，作为父母，就应该从以下几个方面培养孩子的想象力。

（1）多让孩子编故事、猜谜语

从科学的角度来说，编故事、猜谜语不仅有利于发展孩子的形象思维和逻辑思维的能力，而且还能让孩子体验到一种积极的情感。故事作为一种形象的语言艺术，深受孩子喜爱，孩子在听故事的过程中，通过词语的描绘，联想到相应的形象与活动。为发展孩子的想象力，讲故事时，要注意训练孩子续编故事结尾，问后来又发生了什么事？他怎么样了？……引导孩子展开想象，从多角度续编。

（2）让孩子大量阅读

如果孩子能够自己看书，这对他想象能力的发展就更有利了。因为靠大人讲故事，难免有局限，如果孩子自己通过视觉来阅读，就可以经常主动地进行再造想象，对孩子想象力的发展具有很重要的意义。所以，只要孩子达到一定的识字量，父母就要及早指导孩子阅读，而且还要多给孩子买些书，为孩子大量阅读提供条件。

（3）对孩子的想象给予赞扬

发展想象力的前提是，要有想象的积极性。所以，当孩子有想象的表现时，父母要及时对孩子表示赞扬，让孩子感到愉快，这样，孩子就会更加喜欢想象。此外，孩子是天真的，他们的想象也是天真的，大人绝不要因此而嘲笑孩子，不能用大人的“合理性”来衡量孩子的想象，孩子的想象不管何等离奇，都是正常的、可贵的。

（4）让孩子多角度想象

父母在引导孩子想象的时候不能局限于一点，而是多角度、多方位地展开。例如，孩子说月亮像小船，大人就要继续激发孩子去想月亮还像什么，比如像镰刀、像眉毛，等等。

总之，我们需要想象，想象是我们心灵中最美好的一部分。失去它，就像彩虹失去颜色，变得暗淡无光。任何人的心中，都有一个属于自己的世界，能让自己自由翱翔。没有一点天真的情感以及幻想的人是不会有太大成就的，对孩子来说更是如此。

挖掘孩子的思维能力

人的思维活动不是凭空产生的，它是通过实践，在积累大量感知材料的基础上加工而成的。因此，对待孩子，最好采用一些直观法，如参观、浏览、接触各种实物，尽可能通过自己的亲身经历感知到更多的知识。孩子感知到的知识越多、越正确，他们的思维能力就越强。

孔子说过："学而不思则罔；思而不学则殆"。意思就是说，只学习而不思考，就会迷茫无知，得不出结果；只思考而不学习，就会疑惑不解，也得不出结论。这里讲的其实就是思维的意义所在。

在心理学上，一般把思维定义为：思维是人脑对客观事物间概括的认识过程，并且通过这种认识，可以把握事物的一般属性和本质属性。在新时代的社会发展中，知识就是力量，智慧更有力量。智慧已经成为一种重要的战略资源。人的智慧能不能更加丰富一些，人的思维能不能更加活跃一些？能！人的思维有着极大的潜力，可以更加充分地开发。

有一位父亲给孩子出了一道智力题：晚上，一个房间里点燃了 4 支蜡烛，后来吹灭了 2 支，问第二天早上还剩下几支蜡烛？孩子经过片刻思考，便立刻答出"2 支"，是被吹灭的那 2 支蜡烛。孩子的答案的确没有错，多数父母也都会对孩子这样的回答表示赞同。但事实上，这样的智力题，简单想来只有一个答案，如果经过多向思维，就知道还可以得出其他正确的答案。（如没被吹灭的 2 支未燃尽，那么答案就是 4 支）由此可见，这里存在着一个父母是否重视训练孩子思维的问题。

我们不妨再看下面的一则小故事。

劳拉是美国著名儿童文学家、作家，他在其自传体小说中描写了这样一个故事：有一天，父亲给我和姐姐讲笑话。他说："有一个人养了一只大猫和一只小猫，为此他在门旁边的墙上凿了一个大洞让大猫进出，凿了一个小洞让小猫进出……"我的姐姐立刻打断父亲的话说"小猫也可以从大洞进出呀！"我却说："因为大猫不让小猫走大洞，所以要凿两个洞。"于是父亲夸奖我和姐姐比那个养猫人更聪明。

劳拉父亲的夸奖是很对的，其对劳拉和姐姐的肯定实际上是对他们进行了思维能力的训练。这就告诉我们父母：有很多问题，我们不能仅让孩子知道一个标准答案。因为答案并不重要，重要的是使孩子能够积极思维，从各种角度去寻求答案，因为标准答案有时并非只有一个。还以上面的智力题为例，答案"2支"当然是正确的。但从另一个角度思考：如果燃着的那2支蜡烛后来都被风吹灭了呢？如果那2支当中有1支特别大，直到第二天早上还没有燃完呢？如果……那么答案显然就不只是"2支"了。

上述的"如果"都是极为有可能的，所以每个答案都可以称为标准答案。重要的是可以通过不同的"如果"，训练孩子的思维，拓展孩子思考问题的空间。因此，为了使孩子脑子更聪明，思维更活跃，父母一定要注重对孩子思维能力的培养。

睡眠、思考、游戏、学习都可以推动大脑思维的发展，所以父母应该从这几方面来训练孩子的思维。

（1）拥有良好的睡眠

大脑是人体的最高神经中枢，任务重、耗能大，只有充分休息好了大脑才能补充能量。孩子长期休息不好就会头昏脑涨，这种现象叫神经衰弱，不宜进行思维开发。父母不能及时纠正孩子的睡眠习惯，孩子的脑神经细胞就会受到损伤，甚至会引起失眠、精神错乱等严重疾病。

（2）引导孩子多思考

人的脑子越用越聪明，正如常言所说：用则进，不用则退。发展孩子的思维能力，就是要使孩子更加聪明，会动脑筋，会适应新的情况，会解决新问题。为达到这个要求，必须善于启发孩子积极思维，可以给孩子提出任务，不依靠成人，独立思考，尽自己最大的努力运用已有的感性知识独立地解决问题。即使遇到较大的困难，家长也不要急于直接给予解答，可用类比的方法去启发孩子找到正确的答案。

（3）教孩子多读书

父母可以多让孩子读书来开发思维。一个人的大脑通过开发而获得新思维、新情感，它储存在大脑中成为脑内信息，它也可以外化为语言文字、歌曲舞蹈、图画雕塑等，脑内信息越多，脑的价值越大。脑外信息的载体有石、木、绸布、书、唱片等，其中最方便、最经济的仍是书。

（4）用电脑训练孩子的思维

电脑是进行思维训练的一种有效的工具，电脑操作也是思维训练的一种手段。电脑操作过程，是分析和综合交替进行的过程，它对提高左右脑的协调有一定的作用。经过一个阶段的训练，孩子的思维能力就会有一定程度的提高。

培养孩子的观察能力

观察是人们认识事物的重要途径，它不是一般的看，而是一种有目的、有计划，比较持久的感知活动。观察力强的孩子往往能发现别人所未能发现的问题。观察力不是与生俱来的，需要在生活中不断培养。

从心理发展的角度说，观察是智力活动的基础，观察力就是人观察事物的能力，它是智力发展的必要条件，也是人们生活中所必需的能力。良好的观察力是孩子学习、工作解决日常问题的基础。在学习活动中，有70%的信息都通过视觉获得。如果孩子视觉能力发育不足或不平衡，在学习中就会出现各种困难，如写字出格、偏旁部首颠倒、分辨物体异常困难、从背景中找出指定图形困难、字母及数字混淆等。

观察能力是从事任何一项事业活动都必须具备的能力。许多人成为科学家、发明家都与他们非凡的观察能力分不开。巴甫洛夫把“观察、观察、再观察”作为座右铭，并告诫他的学生：“不学会观察，你就永远当不了科学家。”英国著名的生物学家达尔文曾说：“我既没有突出的理解力，也没有过人的机智，只是在观察那些稍纵即逝的事物并对其进行精细的观察的能力上，我可在众人之上。”正因为达尔文善于观察，他注意到了别人不注意的东西，因而成为伟大的生物学家。

在美国有一位博士叫斐塞司，他平时有一个习惯，总是喜欢在午后坐在窗前晒太阳。旁边一只小猫在金色的阳光下安详地打着盹儿。那种悠然自得的样子真是好玩极了。当太阳渐渐偏西，长长的树影挡住了小猫身上的阳光。于是它醒了，站了起来，伸了个懒腰，又走到另一块有阳光的地方，继续打盹。小猫就这样追随阳光地带，换了好几次地方。这一切在我们看来是再平常不过的了，可是斐塞司博士却对此产生了兴趣。

猫为什么喜欢被阳光照射？难道是因为光和热吗？

不错，就是光和热。

猫喜欢晒太阳，就说明光和热对它一定是有益的。那对人呢？光和热对人是否同样 有益呢？这个念头在斐塞司的脑子里闪了一下。可就是这个一闪而过的念头，成为闻名世界的“日光治疗法”的引发点。后来，日光治疗便在世界上诞生了。斐塞司博士，也因为一只睡懒觉的猫而获得了诺贝尔医学奖。

这个故事告诉我们，很多伟人成功的秘诀只有一个，即善于观察、善于发现。

观察是孩子认识世界的开始，也是以后改造世界的基础。一个人的观察能力虽有先天素质的影响，但更重要的是后天的锻炼与发展。因此，作为父母，从小就应该注重从各方面培养孩子的观察能力。

（1）培养孩子的观察兴趣

对于任何事物，只要孩子有兴趣，就会用心去做；反之，孩子不感兴趣，就会“走马观花”，必然只能得到肤浅的认识。所以，要培养孩子敏锐的观察力，首先要培养孩子观察的兴趣。父母平时多鼓励孩子发现问题、提出问题，并给予赞赏的评价，使孩子有成就感，也就增强了兴趣。

（2）教孩子全方位多角度地观察

因为事物的不同性质，往往是从不同的方面体现出来的，让孩子养成全方位、多角度的观察习惯是获取信息的一个重要方法，同样一件事物从不同角度或从整体或从局部进行观察往往会得到不同的信息和结论。“横看成岭侧成峰，远近高低各不同”，作者就是从横、侧、高、低、远、近等不同的方位观察描绘出庐山的壮美的。

（3）观察时要抓住事物的特征

在我们的生活中，很多事物之间总有着一定的联系或相近特征。所以，在观察事物时，父母就要适时引导孩子抓住事物的基本特征。找出不同事物之间的共性和个性。这样，孩子才能获得清晰的正确的认识，才能区别事物。

正像洛克在《人类理解论》中说："孩子们初临人世，即被充满新鲜事物的世界所围绕，这个世界不断刺激他们的感官，不停地吸引他们的注意力，于是他们对新鲜事物特别注意，特别乐意看到事物丰富多彩的变化。所以，孩子们的早年时光一般都是在观察外界中度过的"，观察是人认识世界的主要途径，大量的感性知识都是通过观察获得的。观察力在孩子智力发展中起着重要的奠基作用，如果观察力发展的好，其他能力才可能发展的更好。

培养孩子的注意力

不管做任何事，都要把注意力集中在注意对象或所从事的活动上。就像凸透镜把光线聚集在一点上，才能产生巨大的热量，甚至引起燃烧。没有高度的注意力，任何事情都不会做好。

要想成就一番事业，就必须有执著、专一、忘我的精神。常言道“努力做事只能把事做成，用心做事才能把事做好”，说白了也就是做事专注的问题，不管做任何事，都要把注意力集中在注意对象或所从事的活动上。就像凸透镜把光线聚集在一点上，才能产生巨大的热量，甚至引起燃烧。没有高度的注意力，任何事情都不会做好。

孟子在《奕秋》中讲过两个徒弟学下棋的故事：有两个青年人非常想学下棋，他们听说奕秋是全国上下最出名的棋手，于是就相约一起来到奕秋这里，拜师学棋。

由于这两个青年人学习时专心程度不一样，结果学习的成效也就不一样。其中一个青年人，学下棋时专心致志地听奕秋讲解下棋的招数和技艺。因为他听讲时注意力集中，学得快，记得扎实，下棋的技巧也掌握得十分熟练，后来他成了一名了不起的棋手。另一个学下棋的青年人就不一样了，每次当奕秋讲下棋的时候，他虽然也坐在那里听，可是却经常走神。他一心想着如果有一群天鹅从头顶飞过的时候，他该如何拿弓，如何搭箭，又要如何瞄准，然后再如何放箭，向最大的那只天鹅射去，等等。

这个青年人虽然和他的同伴一起学习下棋，但由于他总是注意力不集中，沉溺在遐想之中，结果学习的效果却远远不如那个全神贯注、专心致志学下棋的同伴。难道说是他的才智没有同伴高吗？当然不是！

这个故事告诉人们：学习必须专心。只有全神贯注、专心致志学习的人才会学好本领，在学习上一心二用、三心二意、极不专心的人是学而无成的。正像某位专家所说：注意力是学习的窗口，没有它，知识的阳光就照射不进来。而对孩子来说，注意力的好坏也是至关重要的。

有人做过这样的实验：被试者在注意力高度集中时背课文，只需要读9遍就能达到背诵的程度，而同样的课文，在注意力不集中时，竟然读了100遍才能记住。可见，它与人的学习效率和工作效率有着非常密切的关系。因此，有的专家说："哪里有注意，哪里才会有思考和记忆。"

学习成绩好的孩子，能集中注意力听讲阅读，独立思考问题，认真做作业。他们在学习时很少受外界干扰，即使有时老师的课讲得并不那么生动，但他们也能自我约束，有意识地组织注意力，不让自己的思想开小差。许多学习落后的孩子恰恰相反，他们注意力涣散，不能全神贯注地听讲，时而做小动作，抠耳朵，挖鼻孔，玩铅笔，抓抓头皮，时而与其他孩子交头接耳，逗闹一下。有时貌似听课，实则思想离开课堂，开了"小差"。读书时也一样定不下心来，做作业东抄西看。有的甚至在上课或复习课时没有精神，打起了瞌睡。对这些注意力不易集中的孩子，父母就要通过以下方法训练孩子集中注意力，以适应课堂生活，提高做事的效率。

（1）给孩子一个安静的学习环境

孩子的房间里尽量少布置一些图画或照片，以免给孩子太多与学习无关的刺激，因为孩子很容易被图画和照片所吸引，进而走神遐思。做作业时，父母应关上屋子的窗帘，不要开电视或收音机，以免影响孩子。在孩子学习时，父母之间不要说话，因为他们对大人的话都会记在心里，而对面前的作业却一点也记不住。

（2）培养孩子的运动能力

父母还应该培养孩子的运动能力，比如打乒乓球、羽毛球、篮球等。培养孩子的协调能力也很重要，父母可以适当让孩子跳蹦床、走平衡木等，以增加孩子的大脑兴奋性，因为孩子的注意力不集中，常常是由于大脑皮层兴奋不起来的缘故。

（3）从玩游戏中锻炼

父母随机说出一组数字，如5719487，让孩子来重复它，可以从五位数字开始。当父母感觉孩子容易对付了，便升到八位，再升到九位，当升到十二位，便不要再升了。每天只能升位一次。父母可以将这个游戏每天"玩"10分钟左右，共玩一个月左右。这样既增加了孩子玩中学的乐趣，又训练了孩子的注意力，还有助于孩子记忆力的提高。

（4）睡眠要充足

孩子有充足的睡眠，精力也就会充沛；如果睡眠不好，无论是上课听讲，还是下课做作业，孩子都容易精神涣散，打瞌睡。因此，父母要保证孩子每天9小时的睡眠。

第九章

和孩子一起快乐地成长

艺术是最能熏陶人的心灵，塑造人的性格的魔方。许多有远见的家长，他们对孩子教育的第一堂课，就是艺术课。孩子若能掌握一两项艺术技能，投入其中，必能享受到极高的精神满足感，这种体验对他一生受用。很多投入社会工作的人，在繁忙劳碌的生活中，兴趣成了他们消除疲劳、再次振作的动力。所以学习才艺，尽管不一定要视它为终身兴趣，它还是可以成为孩子终生的精神伴侣，让孩子体验充实丰盛的人生。

给孩子讲故事

故事是孩子成长过程中很重要的一部分，无论是书本里虚构的或者是生活中真实发生的，故事情节的发展与铺陈就是孩子最自然的学习方式。他们会从中接收各种信息，理解应有的常识，学习到重要的知识，体会不同的生活经验。因此，故事是孩子成长的养分。

在和孩子讲故事的时候，父母一定要充分利用自己情绪表现的外部形式，即表情来吸引孩子对故事的兴趣。人的表情有三种类型，即言语表情、面部表情和身段表情。父母可以利用故事中不同人物的声音变化、面部表情、身体动作及姿势等，让孩子获得一种多重的感官刺激，可以很快地吸引孩子的注意力，让孩子融入故事的情感之中，加深孩子对故事情节的印象。例如，爸爸给孩子讲《西游记》里面的故事时，如果爸爸能够像电视剧里面的孙悟空一样跳来跳去，还不时地做个鬼脸，这不仅能增强孩子倾听故事的兴趣，培养他的注意力，还有利于拉近与孩子间的距离，而且给良好、和谐的亲子关系创造条件。

对于年龄越小的孩子，讲故事的时候越不能照书念。因为，他们注意力维持的时间很短，一旦因为父母对故事情节的不熟悉稍有停顿，他们的注意力可能就因此而分散，同时，也有碍于他们对故事情节连贯性的把握。试想在故事说得正高兴的时候，父母因为忘记情节而停下来翻看书本，那可真是一件非常扫兴的事情！

所以，父母给孩子讲故事的时候，一定不要照书念，只要合乎逻辑，偶尔更动故事的情节和描述，其实并不要紧。毕竟，故事书不是教科书，在轻松的气氛下进行，孩子才会觉得新鲜有趣。

父母在给孩子讲故事时，还要掌握以下技巧：

（1）发掘教育性

美国故事家吉姆认为，听故事能够打开那些直接教育无法触及的区域，无论是成人还是孩子，都可以从故事的意义中找到解决自己问题的稳妥办法。这表明，故事的内涵不仅反映生活、揭示世界，而且故事对人的塑造有着积极影响和教育性。据此，给孩子说故事，要充分发掘故事的教育性。

首先，要照顾孩子的年龄，因势利导。孩子进入幼儿期，认识能力越来越强，这个时期可多选择一些童话故事，因为童话以孩子幻想为特征，从不同角度向孩子展示奇异美妙的现实生活，告诉他们真善美与假恶丑。孩子7岁以后，他们开始对人的故事和有关自然、社会等方面的知识性故事感兴趣。这类故事，重点应放在讲清“发生什么”，以拓宽视野，深挖故事主题。

其次，加强针对性。孩子生理、心理发展不成熟，情绪波动大，给孩子说故事应敏锐地捕捉孩子的兴奋点，以增强双方同步效应。尤其针对孩子可塑性的特点，发现某些毛病和不足，可选有利于矫治的故事，通过故事形象来启发诱导，达到自我鼓励和克服不足。

（2）创设情境

说故事过程实际是一个还原生活的过程，孩子年龄小，社会生活经验贫乏，往往对故事的内涵领悟较困难。因此，给孩子说故事，首先应创造一种故事氛围，达到借景生情、身临其境的效果。具体做法可以通过“解题”作铺垫，告诉孩子这是一个什么样的故事，要注意哪些情节和人物，等等。有这样一个开场，帮助孩子实现注意力转移——集中到听故事上来，并意识到这个故事的新奇，作好“听故事”的心理准备。

另外，要力求不断渲染故事环境，促使孩子神往于故事之中。情境渲染的途径很多，比如角度形象创设，讲故事者角色要到位，努力暂时摆脱或掩蔽自己的成分，按故事角色形象的个性及特点来寓情于境。

（3）运用悬念

悬念就是挂念，它是孩子听故事时持有的一种对故事发展和人物命运关切的心态反映。有人说故事是人类灵感的桥梁，悬念就是灵感集成的火花。悬念的引入，就是打破故事完整的格局，在关键处置疑，让孩子按故事的脉络去思考。故事悬念通常有开篇悬念、情节悬念和结果悬念等，应视具体的故事内容和听故事的对象择用或兼用。

父母需要在说故事前对故事的悬念设置和运用认真钻研，精心设计讲法，悬念分布既可从故事内容的教育性入手，分解为情感悬念、问题悬念、事件悬念等，也可以从故事的结构上设置，如层次悬念、连锁悬念等。当然，讲故事设置的悬念，是为了使故事跌宕起伏、曲直交错，增强故事的艺术感染力。不过，悬念设置频率、深度要因孩子而异，不能因设悬念而让孩子听故事的兴趣受损。一般情况下，讲故事过程中设置的悬念，随着故事的推进，都要揭破，不能悬而无解。

（4）巧施强化

目前，很多家庭都有一种普遍现象，孩子天天闹着要听故事，父母也天天给他说，但到头来孩子听得虽多，而会说的却寥寥无几。按父母的本意，给孩子说故事并不是培养故事迷，而是希望孩子成为说故事的“大王”，并借此让他得到全面协调的发展。

探究事与愿违的原因，一方面可能与听讲故事的质量有关，另一方面还与孩子听故事后得不到及时的强化反馈相关。孩子听故事多凭形象记忆，故事的情境消失，故事也就会遗忘。为此，要提高孩子听故事的质量，必须把“听”延伸到说完后的强化和反馈中。

强化孩子听记故事，就是要充分把握“讲”的主动，调动起孩子“听”的主体意识。例如，在讲新故事前要求他先复述前次所说故事的梗概，这就要求孩子要听新故事，首先必须好好听，也要学会自己讲。时间一长，既有利于培养孩子听故事的良好习惯，又有利于主体意识的养成，变被动听为主动参与讲。

特别提醒的是，幼儿期是孩子口头语言发展的重要时期，利用孩子讲故事的办法来训练他们的口头语言表达能力，意义更为深远。

和孩子一起做手工

"手巧"与"心灵"是相互联系的。孩子通过动手，促进动脑，有利于智力的发展。通过手工造型，还有助于发展儿童的想象力和创造力，也有助于培养孩子的审美能力。

(1) 让孩子自制小车

用1个小纸盒和1块泡沫塑料，穿上2根当轴用的细圆棍（牙签或细铁丝），再安上4个轮子，轮子可以是瓶盖、胶木塞或卡片纸剪成的，也可以是用一根胡萝卜切成的圆片。复杂一些的可以是2个盒子粘在一起做车厢，用泡沫塑料切割成各种车的形状，车轴套上管子等。也可以做成3个轮子的车或做成各种形状的车，要鼓励孩子自己创造。做成小车以后，还可以用文具、书本等摆放出一个十字路口，家长和孩子一起玩，各操纵1~3辆小车，模拟在公路上行车。要求孩子反复观察近处（近距离）的小车在自己的小车的什么位置和相对自己的小车的运动方向。家长要引导孩子用前、后、左、右来描述近处小车的位置，用向前、向后、向左、向右描述小车运动的方向。

训练目的：培养孩子的观察能力、发散思维能力和动手能力。

(2) 教孩子种蒜、种萝卜

①种蒜

利用花盆或能盛水的托盘，让孩子用土培或水培的方法种植一头或两头蒜。水培时可以把大蒜的皮剥掉。用细铁丝把一瓣瓣大蒜串起来固定。也可以让孩子尝试把大蒜平放、正放、倒放以后，观察对大蒜的发芽有什么影响。有兴趣的孩子，可以把大红袍萝卜切开，在长叶子的那一半，挖出萝卜的一部分肉后，种上蒜，再把萝卜穿上绳子吊起来，做成一个花篮。

训练目的：训练孩子正确地使用一种方法种植大蒜，并能经常观察，培养孩子在栽培方面的动手能力。

②种萝卜

利用花盆或能盛水的盘子，让孩子用土培或水培的方法种植萝卜。有兴趣的孩子，可以按照种蒜的办法，把白菜头和萝卜种在一块（一定要带根的种在萝卜里，等萝卜花和白菜花开的时候，黄的是白菜花，紫的是萝卜花，非常好看）。家长还可以带孩子做一些对比实验，例如把一个萝卜切成两半，都泡在盘子里，看哪部分长芽。或者种一个完整的萝卜，看它怎样生长。训练目的：训练孩子正确地用一种方法种植萝卜并经常观察，培养孩子在栽培方面的动手能力和探究意识。

（3）认识植物叶子

家长带孩子到野外游玩时，可以拣拾或采集一些植物的茎叶。一边采集一边观察，教孩子分辨植物的根、茎、叶、花、果实、种子，观察它们的特点。

回家以后，要立刻整理采集的标本（防止腐败、发霉），去掉枯叶、残枝、病叶，根上的土要用水冲洗一下，洗净、晾干，把它们展平，夹在旧书里，上面压上重物，隔一天要更换一次标本所在的位置，直到植物变干。找几张较硬的大白纸（32 开白板纸最好），用透明胶带（或纸条、棉线）把植物固定在纸上，然后在白纸的右下角写上采集日期、采集地点和采集人的姓名，如果知道是哪种植物，最好写上植物的名称。

如果收集的植物叶片数量多，可以引导孩子创作叶贴画。先设计图案，把压干的叶片摆放合适以后，再用左手拿牙签蘸上白乳胶，右手用镊子夹住叶片，在叶片的背面涂一层乳胶后，按原样放好粘贴在纸上。可以设计动物、建筑等，例如设计一个海底世界：用文竹叶做水草，用各种形状的叶子做小鱼，小虾……启发孩子给自己制作的叶贴画起名，制作的叶贴画也可以作为贺卡赠送给教师和同学。

训练目标：培养孩子对大自然中各种植物的热爱和制作植物标本的兴趣，培养创新意识。

（4）制作纸飞机

家长只要准备两张30厘米×20厘米的纸，就可以和孩子一起研究纸飞机的流线外形和它的飞行关系了。

先拿一张纸，把它抛出去，孩子会发现这张纸只能飞行一小段距离就掉到地上。然后把这张纸揉成一个球形，再抛出去。这次这张纸可以飞得相当远。不过由于它的形状，这张纸很快就会掉到地上，在空中停留的时间较短。接下来，家长拿出另外一张纸，折成纸飞机。

①在纸上比较短的那边量出中心点，然后画出一条中心线。在两边往下量9.5厘米，从9.5厘米处画斜线到顶端的中心点。

②沿着画好的斜线把两边折起来。然后再往下量14厘米，从14厘米处画斜线到纸张顶端的中心点。

③沿着第二条线折起来，在纸的底边两侧各量出6.5厘米，从6.5厘米处向上画垂直线。

④沿着中线向外对折，再沿着6.5厘米处画两条垂直线向自己的方向折，用胶带把机翼固定好。

做好纸飞机以后，家长就可以带着孩子去试飞了。如果有时间，还可以带领孩子做进一步的实验。试一试把纸飞机的机翼向上弯一个弧度，纸飞机是否可以在空中飞得久一些，启发孩子想想为什么。也可以尝试在机翼的尾端折出襟翼。飞机机翼上的襟翼可以使飞机在降落和转弯时更顺利。而在纸飞机尾端折出襟翼，可以使纸飞机在飞行时旋转。还可以让孩子尝试在飞机的机头上夹一个回形针加重机头的重量，看对飞机的飞行会造成什么影响。总之，家长可以放手让孩子去想象，和孩子进行飞行比赛，一定非常有意思。

训练目的：让孩子了解飞机的飞行和气流的关系。如果孩子对此感兴趣，可以建议他多参考一些书籍，了解科学家是如何使飞机飞上天的。

(5) 制作一个会爬行的玩具

家长需要准备一个缝纫用的线轴、一根较短的橡皮筋、火柴棒、一支蜡烛、胶带、剪刀或削铅笔刀。制作方法如下：

从蜡烛上切下1厘米左右的厚片，用一根削得很尖的铅笔在这个厚片的中心穿洞。

①用削铅笔刀在蜡烛厚片的一边挖一个凹槽。

②把橡皮筋穿过烛片中央的洞，然后拿一根火柴棒穿过橡皮筋。把橡皮筋拉紧，让火柴棒正好固定在凹槽上。

③把橡皮筋的另一端穿过线轴中间的洞。

④把半根火柴棒穿过线轴末端的橡皮筋，再把橡皮筋和火柴棒穿过线轴末端的橡皮筋。把橡皮筋和火柴棒用胶带紧贴在线轴的末端，让火柴棒和橡皮筋不能旋转。做好之后，旋转在蜡烛片那一端的长火柴棒，使橡皮筋缠绕起来。当放下玩具时，玩具就会开始爬行。如果把这个玩具放在报纸或餐巾纸下面，看起来就很有趣，好像有神奇的力量使它移动一样。

家长还可以带孩子再做一个类似的玩具，准备一根较长的细木棒来代替火柴棒，把一些绘有小动物（如小马、小飞机）的卡片用细棉线系到细木棒的末端。旋转木棒几次，使玩具上紧发条，然后把线轴直立放好。如果把线轴压进一块橡皮泥里，就可以轻易地使线轴不再晃动，旋转木马就做成了。

训练目的：使孩子明白弹力和运动的关系，了解一些发条玩具是怎样利用弹力的。

和孩子一起弹钢琴

在浩瀚的音乐世界里，乐器的种类数以千百，但人们却对钢琴情有独钟，那是因为钢琴本身所具有的独特性能和审美价值。钢琴的气势宏大，没有哪件乐器可以与之相比。它既有嘹亮辉煌的气势，又有绚丽多彩的丰富音色。其丰富的表现力可以与一个交响乐队媲美。

钢琴是世界上很多人学习的乐器之一，它即可以独奏，也可以只弹和弦伴奏。倘若是双手合奏的话，优美的旋律加上细致的和声，更加悦耳动听。所以很多著名的音乐家都专为钢琴写曲，例如贝多芬、莫扎特、李斯特、肖邦等等。钢琴既可以在家独自弹奏抒发情感，也可以配合其他乐器，例如与管弦乐同台演出。由于具备这种独当一面、灵活变化的特点，所以深受大众的欢迎。更主要的是，学习起来不是太困难。只要对音乐有兴趣，肯花点时间练习，如要求不高、不奢望成为伟大钢琴家的话，从自我娱乐、自我满足、陶冶性情的角度出发，很多人都能做到。

钢琴是以手指弹奏，以按键力度的强弱轻重加上节奏来表达出乐曲的情感，所以只要手指的肌肉发展成熟、可灵活按动琴键，就可以开始学习钢琴。孩子一般在五六岁以后便是学习的好时机，一些简单、节奏不太快的曲子，孩子已足以应付。从这时候开始可以系统地练习，若孩子有浓厚兴趣的话，可望将来有出色的表现。如果稍迟的话，手指的灵活度和学习能力都会略为逊色，要取得成就困难得多了。

不过，以享受音乐带来的乐趣为出发点，则哪一个时期开始学习都可以。不少父母在陪伴孩子练习时，自己也试着弹，结果成绩也不错，这是学习钢琴最大的优点。不像拉小提琴，年纪稍长再开始学习，几乎是徒劳无功。因此，如果孩子已过了“有望成为钢琴家”的年纪，只要孩子有兴趣，仍然是学习的时机。闲时弹弹琴可调剂生活；哀伤、烦闷时又可以钢琴来抒发情绪。那真是一种生活财富，使人身心平衡、享受生活的宝贵元素。

为孩子选择钢琴老师，当然是选一个既弹得一手好琴，又懂得教育的最理想。一些老师本身弹得出色，但对教授孩子没有热忱，也不懂得儿童心理。只管用教导成人的那一套运用在小朋友身上，孩子很难接收，学习进度也不会理想。但相反，如果钢琴教师只爱和孩子玩耍，对音乐却不太热衷的话，又未能达到以音乐感染孩子的目的。

所以选择一位好老师十分重要，若找到合适的人选，即使前去上课的路程远一点、交通不太方便也是值得的。一些父母因为各种原因，经常替孩子换钢琴老师，这样做对孩子一点好处都没有。每次面对一位新老师，都需要一段适应期，这样无疑阻碍孩子的学习进程；每位老师都可能有他自己独特的风格，专注于不同的系统，经常更换，孩子必定感到无所适从，弹出来的东西也杂乱无章，欠缺风格。

学习钢琴的初期需要花一点时间找一位好老师，一旦遇上合适的，便不要轻易更换，须知一位好老师是孩子能否愈弹愈好，愈弹愈找到乐趣的关键。

(1) 依照乐谱练习

弹琴是眼看乐谱手指按键的活动，所以要钢琴弹得好，必须练习看乐谱，以及勤修五指音阶练习。久而久之，只要瞥见音符在五线谱上的位置，便能迅速按键，成为自然反射动作，毫不费劲。

孩子初学钢琴时，可能不习惯看乐谱，倾向把简单的旋律记下，然后按自己的喜好，随意弹奏，手指位全然不合乎要求。如此慢慢养成坏习惯，最终会影响将来弹奏的表现。

在一首乐曲里，哪个音符用哪根手指弹是有规定的，初级的乐谱上都有标明，以阿拉伯数字 1、2、3、4、5 表示，1 代表拇指，5 是尾指，以此类推，左右手如是。要弹得快，没有多余的小动作，依指示的手指位弹奏很重要。当熟悉了，钢琴又弹至某个级别后，作为提示的手指位数字会渐渐减少，那时候学生也能根据过往练习，掌握手指活动的一般模式，自然地弹奏而不出错。

因此依照指示弹奏相当重要，并需按照老师的指导，切忌擅自更改手指位。父母陪同孩子练习时应加以督促。

（2）慢慢弹

练习时不可贪快，不要期望两三下把乐曲弹完，立即开始新的一课。应顾及音色是否清晰圆润，整首乐曲是否流畅完整。教导孩子练习最好从慢拍开始，摸清楚每个音的位置后以最慢的节奏开始练习，等到拍子、音符都正确无误后才慢慢加快弹奏速度。

要有节奏，避免“容易的弹快一点，难的找半天”的情况，拍子机的辅助不可少。开始时，孩子可能不习惯听着拍子机练习，父母可以陪着孩子一起数拍子，慢慢才加入拍子机。

练习时运用拍子机十分重要，它帮助孩子建立稳固的节奏基础，一首乐曲听来不徐不疾、速度平稳，十分依赖拍子的准绳度。孩子能够在演出和考试时，不受外在、内在的因素影响，心中按拍而毫不偏差，那就是平日勤用拍子机练习的成果。

不少学习钢琴日子不浅的人，也会有种愈弹愈不是味儿的感觉，琴键是按对了，但弹出来就不是那一回事，听来只是一堆叮叮咚咚嘈杂的琴音，毫不吸引人，连弹琴的人也渐渐失去了兴致。可是，同一篇乐章，为什么大师级的演奏却演绎得满有生趣、娓娓动听，音色圆润透澈，感染力强？这就是功力问题了。

（3）勤练基本功

要弹出如行云流水般的美妙乐音，不是单纯靠选择曲调优美的乐章就能如愿以偿的。相反，被视为简单枯燥的音阶练习，五指练习才是达到目标的窍门。

要手指在键盘上矫捷活泼地跳动，需由一个一个音符慢慢练起。大部分学生都容易忽略这一点，以为懂得弹，没按错琴键便可以，其实音色是否清澈，能否感动人、感动自己才最重要。所以严谨认真的老师，都应该严厉地督促学生勤练手指和音阶，不要因为其枯燥乏味而轻视这基本功。不然的话，即使乐曲本身的旋律多么优美，若弹琴者造诣不够，也不能表现乐曲原来的精髓。

（4）用心揣摸学习窍门

弹琴的动作虽是手指在键盘上游走，但并非手指用力按的功夫。如果单靠指力，拼死按键，弹出来的音色一定死板欠自然。其实力度应该来自双脚，脚踏实地、身子坐直，从头顶开始放松，整个身体往上提，由身体带动双臂，如雀鸟飞行一般，五指在键上游走，这样音色才会透澈。

孩子初开始练习时，以为大力按键便是弹琴，以至除按键的手指外，其余的手指往外翘起，筋骨突现，非常不雅观。父母在陪伴孩子练习时应提醒他们，不可大力按琴键，放松手指最要紧，即使声音小一点也没关系，因为练习多了，手势正确的话，力度自然会增加，那时候不论轻柔或强劲都可运用自如了。

（5）定时练习

练习时间最好每天固定。一开始时孩子未必懂得自律地练习，所以父母宜为孩子安排一个练琴的时间表，使孩子养成习惯，定时练习，便不会觉得辛苦，也可培养孩子的专注力。

至于时间的长短要视孩子所学的级别，如果是八级或以上，当然所花的时间必定较长，但以初学的小朋友来说，三十分钟已经足够。每天三十分钟，持之以恒，慢慢便会收到成效了。

和孩子一起绘画

让孩子绘画，能够陶冶孩子的性情，锻炼孩子的手部肌肉，培育孩子的空间感，对提高孩子的自信心，建立完整的人格也甚有助益。

孩子学习绘画，首先要训练他对物体的形状、大小比例和色彩的感受能力，并逐步传授一些美术的基本知识。要通过分析图画中色彩的配合，明暗的变化，线条和形式的节奏，启发孩子来体会图画中所表现出来的思想情绪和意境。其次，要提供各种机会让孩子到野外写生，或社会人物速写，或带他们参观艺术展览，评品名作名画，拜访艺术家，使孩子对美的鉴赏能力不断提高。

一个享受绘画的儿童，懂得在生活经验中取得题材，把观察所得的事物通过心智活动表现出来。从本质上看，绘画活动启发幼儿的思想，让幼儿享有更大的自由空间表现自我，有助孩子的心智成长，更可以塑造个性，彰显个人特质、增强自信心。拥有这些特质，即使处于瞬息万变的社会仍能从容应付，展现自我才华。

大部分幼儿在一两岁时已开始涂鸦，只要能握紧笔杆，随兴涂画，已达到宣泄情绪、自我满足的目的。虽然这阶段的儿童画没有什么艺术性可言，但曾经在幼儿时期享受过无拘无束的绘画经验的儿童，长大后对绘画仍会留有美好的印象，自然较容易发展绘画的爱好。

让孩子绘画，不一定要他成为画家、美术家，作为一种兴趣，能够陶冶性情已属不错，它能伴着孩子成长、丰富生活，使生命更充实。自小培养孩子的绘画兴趣，一方面可锻炼孩子的手部肌肉，训练手眼协调，同时也可以培育出孩子的空间感、审美能力、创意、组织力、观察力以及专注能力，对提高孩子的自信心，建立完整的人格甚有助益。

所以只要孩子喜欢，任何时候都可以开始绘画，小至一两岁也是好时机。而且父母最好采取开放的态度，任孩子随兴发挥，画什么、怎样画，让孩子自己决定，最好不要干涉或阻挠，父母担当鼓励的角色十分重要。平日可以准备充足的画纸、画笔，让孩子“灵感”一到便能随时挥笔。至于孩子的绘画技巧如何、有否进步，需按孩子的各个阶段来培养，不可操之过急，否则揠苗助长只会适得其反。

当孩子画画时，父母也切勿作过分的干涉。一些父母可能不太放心让孩子自由发挥，例如图画的布局、颜色的调配，绘画内容等，父母看见不合心意时，总爱从旁指点一番，有时怕孩子做不来，甚至干脆替孩子动笔，或者让孩子跟着画好的笔触临摹。其实这样不单减低孩子画画的兴致，对于培养孩子的组织能力、创意思考能力也造成阻碍。

从某程度上来说，绘画是儿童的一种游戏，只有充分自由、无拘无束，才能令孩子身心投入。当孩子拥有独立的空间，感到受尊重时，自然发挥出天赋才华。不少儿童画的作品既富创意，内容又生动充实，一点也不需要大人的指点。其实，让孩子自己发挥，才是培养孩子绘画兴趣的良方。

一幅好的作品，应是充满情感和生命力的，父母从旁鼓励，带领孩子以天真无邪、纯稚热情的心态绘画，在绘画道路上便树立方向了。

下面介绍几种培养孩子创造性创作的训练方法：

（1）随意作画

让孩子在纸上随意画一些线条或色块，然后根据这些随意画出的线条或色块作多方面、多角度（如人、动物、植物、物品等）的形象随想并把它表现出来。这样有利于联想的练习，对于培养孩子独创性的灵活思维习惯很有帮助。

（2）多角度观察事物

让孩子画同一个物体的各个不同的角度，习惯多角度地去观察物体。

比如孩子画动物，一般的观察和绘画都是以侧面为主。作为父母，应引导孩子从各个方位去观察，比如：正面、俯视、后面等，通过学习不同方位去观察事物。

（3）“错”画改为好画

在绘画中孩子常为“画错”而苦恼，并影响其情绪。这时，只要父母在原画上稍加引导，使孩子灵机一动，思维随着画面的改变而变更，画面更富于创造性，思维更加灵活。

（4）通过实物进行联想

一个简单的实物或现象，可引发人们的多种联想。可在学画中培养孩子丰富的联想，在孩子联想课中，可通过引导孩子对云的联想，对自然物体的联想（比如一朵花的联想），创造出一幅与实物不同意境的画。从某种意义上说，创造是从联想开始的。

（5）名画临摹

虽然名画是大师们的艺术结晶，但是不要太把它们看得高深莫测。父母可以让孩子在赞叹大师们的作品之余，也作为创作性临摹练习。例如：让他们展开想象空间，既学习名画中的最优秀之处（色彩、构图、形态等），又可把人物背景或人物的动作加以联想改变，把一幅古典的画变成一幅现代的创作，把古人请到孩子设计的当代环境……随着年龄增长，孩子的想象力没有以前那么大胆，针对这种现象，在名画临摹时，父母可以选择超现实主义的画作让孩子欣赏，这样，孩子的思维一下子放开了。孩子画完一幅画之后，父母一定和孩子一起欣赏他的作品，并提出适当的问题引导孩子讲解，让孩子讲解作品有以下几点好处：可以补充画面不完善，不连贯的内容，使作品充分反映他的主题思想；可以引申画面内容；能够使父母了解孩子对事物的认识程度和理解水平。

教孩子学拉小提琴

小提琴是最受欢迎的独奏乐器之一，它音色优美、灵活性大，最能引起听众的共鸣，在芸芸众乐器中可谓最扣人心弦，最自然动人的一种。

要掌握这种乐器，能够挥洒自如地演奏，非要超凡的音乐才华，加上无比的毅力不可。以下将介绍孩子学习小提琴的好时机、选择好老师的方法以及练习的要点，父母不妨作为参考。

(1) 什么时候开始学习

拉小提琴时，演奏者需要单手提着琴身，另一只手则拿着弓在弦上拉动，使其发出声响，所以手臂肌肉和手指骨骼需发育至一定程度，才足以应付这种稍需体力的练习活动。三四岁的儿童一般指力还不够，不宜操之过急，以免孩子因此受伤。五六岁开始学习较为合适。

小提琴在西洋乐器中是最常见又最受欢迎的一种独奏乐器，但另一方面，它又是最难精通的。假若从五六岁开始学习，在严师的指导下，加上天赋的音乐才华，可望练出些成绩来。但纯粹视作一种兴趣来学习也是可以的。

如家中孩子年纪尚小，最好先让他多听音乐，培养出对音乐的兴趣，为将来学习做好准备。

学习小提琴最重要的是手和耳的配合，小提琴不像其他乐器，按下某个键或某一格，便自然发出标准音色，它需要演奏者自己的判断。因为在四条弦上随便哪处按一下再拉弓，它都会发出声音来，因此一首歌、一段曲的音准便非常依赖按弦的人是否按出正确的音色了。

小提琴要拉得出色，演奏者本身的音准很重要。多听音乐作品，有助建立这方面的能力、增强判断力，当自己拉奏时，也较易掌握，不至反复练习下，音阶还是不准。

从小时开始给孩子多听、多接触各种不同类型音乐，有助孩子掌握学习小提琴的基本要求。让他自然陶醉在音乐里，培养出对音乐的兴趣，年纪稍长时，再施以系统的培训，就会事半功倍。即使孩子接触过小提琴后最终不喜爱而选择了其他乐器，也容易跟上。

（2）选择一个好老师

小提琴拉得好实非易事，非要专人指导不可，在家自修，无师自通的情况十分罕见。所以，选择一位好老师相当重要。

老师自身的琴艺需达到一定的水准，更重要的是必须对音乐充满热忱。笔者曾经接触过不少乐器老师，他们一般都曾于琴行或学校任教，不少人都带有一种“教完便算”的态度，三十分钟或四十五分钟一过，便算交差了。

这样的老师本身缺乏音乐教学热诚，其流水作业、机械化的教法，未能针对个别学生的特质施以适当的引导，课堂气氛沉闷，充满压力，学生难以吸收。

另一方面，笔者相信好的老师是儿童最佳的模仿对象。一位本身热爱音乐，时刻沉醉在音乐中的老师，必能感染儿童、带领儿童进入音乐的宝殿，享受音乐带来的乐趣。这样才能培养出热爱音乐、充满音乐感的学生。

要拉好小提琴，基础练习十分重要，不论是提琴的姿势、指法、弓法都讲求绝对的正确，稍有偏离，拉出来的音色便不美，也难以进步，要想达到某个水平，便不太可能了，所以一位严谨、有耐性的导师担当的角色十分重要。

练习小提琴需要的时间和耐性要比其他乐器多，导师秉持不厌其烦、有错立即纠正的态度才可真正帮助学生建立扎实的基本功。

（3）练习要点

前文提到学习小提琴较其他乐器困难。原因在于弦线上没有标记，也没有方格可作依循，演奏者需凭经验和个人的音准在弦线上摸索，找出正确位置。同一时间，另一只手又要在同一条弦线上拉弓，使弓和弦摩擦出优美的乐音，因此小提琴不但是手的乐器，正确地说，它是手和耳互相配合协调的乐器，因此除了平日多做指法、拉弓等练习外，听也是必修的功课。

弦乐演奏、钢琴演奏，甚至人声演唱都是好材料，可以提升孩子辨别音准的能力。带孩子多观摩别人的现场演奏，也有助提高孩子的技术和欣赏能力。除小提琴外，学习声乐和唱音练习，可以起着相辅相成的作用。

小提琴既是不易精通的乐器，要拉出天籁般美妙的乐音，非得加倍努力不可。练习其他乐器每天大约需要半小时，但练习小提琴以一小时较适合，但由于孩子的专注力以及体力未必应付得来，可把练习课分成两段，白天练习半小时，晚上练习半小时，使练习轻松一点，令孩子不致太疲累。

练习小提琴需要非常专注，而体力的消耗也比其他乐器大。所以，如期望有较佳的效果，最好在练习前后让孩子充分休息，或者做一些可舒缓的事情，例如看图画、玩游戏等。不要在练习后勉强孩子再学习其他乐器，这会给孩子太大压力。

学习小提琴不比其他乐器，一年半载便看到成效。例如钢琴，孩子学习三四个月已能弹奏不少简单的曲子，学习小提琴却需要多一点耐性。不论是导师、父母或小朋友本身都要具备多一份的耐性，每天持之以恒的练习，风雨不改，是建立稳固基础的要素，这对提升孩子的专注力和毅力也有莫大的帮助。伟大的科学家爱因斯坦，除了醉心科学研究外，也酷爱拉小提琴呢。

因此，孩子在练习一段乐曲时，如表现未如理想，技术还未达到导师的要求时，切勿匆匆开始新的一课，或者径自把困难的地方略过，以求迅速完成练习。除非是老师特别安排，不然囫囵吞枣的态度，对孩子有害无益，只会适得其反。

有些音乐教师在指导孩子学习小提琴的初期，只练习音阶，要求孩子把每一个音符都拉得饱满圆润后，才拉奏简单的曲子。这未尝不是一个先苦后甜的方法，先建立稳固的基础，往后再学习振翅高飞便容易得多了。而且音阶拉得出色，以小提琴那绝美的音色，只需稍加变化，已是极好听的乐音。

除了练习不可操之过急外，刚开始练习时，尤需注重指法、弓法等。若姿势错误，要纠正相当困难，花费的时间一定比原来更长。所以老师要严谨、不马虎，学生要听从指导。如果没有老师在旁提点时，也可以让孩子站在镜前练习，经常察视自己的姿态是否正确。

按部就班、持之以恒地学习，就是学好小提琴的不二之法。

让孩子学习韵律

韵律教学或节奏教学即是将身体运动融和到音乐当中，使人的精神和身体达至协调，感到愉快。

这种韵律教学法源自瑞士音乐、舞蹈兼教育家达尔克罗采博士（Emile Jaques Dalaoqe），他提倡融合音乐、舞蹈、心理学、生理学、哲学和教育的韵律教学法，目的在于使人达到身心平衡、协调，希望通过音乐和身体肌肉的训练，培育健全的人格。

其实韵律一词一点也不难懂，韵律或节奏早已存在每个人的身体里面，是与生俱来的。例如当听到强劲节奏的音乐，身体会自然地跟随着一强一弱的拍子摇摆，而这种摆动使人感到舒畅愉悦，绷紧的肌肉亦会自动放松。假如跟随着内在节奏做事的话，便会感觉工作顺畅、阻碍减少。就好像伐木工人，合作把木头搬上山，他们会一边喊着“嘻哟、嘻哟”，一边随着节奏用力，这便是与生俱来的反应，不需教导。

从宏观的角度看，节奏韵律存在于我们日常生活及自然界中。例如“日出而作，日落而息”的规律、四季的变化、昼夜的更替等等，一旦违反了这些规律，生活就会变得杂乱无章，影响身心健康。一些人转换工作环境或搬迁到外地生活，开始时总是难以适应，就是由于生活规律出了变化，身体机能未能配合的缘故；当新的生活节奏产生后，身体自然慢慢调节过来，重新投入新的规律中去。

现在的幼稚园，不少已引入韵律教学。儿童在园期间正值他们的身心均衡成长的幼儿期，是学习韵律最好的时机。一般在三岁左右已可以开始，且效果也最显著。

如果学校没有韵律课，可以试试从舞蹈学校处找一找，一般有专为小朋友而设的韵律班。另外，和其他小朋友一起上课，还可培养合群的团队精神，较在家里学习为好。

师资方面，只要懂得带领孩子、能培养孩子的节奏感、态度开放、具有创意的都是好老师。父母可以在课程的头一两次从旁观察，如果孩子能自然投入，便可以放心让他继续上课。

韵律教学的特色和功能有以下方面：

（1）音乐知识

韵律教学培育孩子将身体动作巧妙地融合在音乐节奏中，所以在各种韵律活动中，孩子可学到丰富的音乐知识，例如模仿老公公走路走出二分音符（♪），正常的步速是四分音符（♩），八分音符（♪）时就作缓步跑；听到一连串高音时，扮鸟儿飞，听到低音，就模仿猩猩或大熊走路。孩子从中学到拍子强弱、时值、音符的高低，五线谱的阅读方法以及提高听音、辨音的能力，当学习其他和韵律有关的活动，例如音乐和舞蹈时便大有助益。

（2）适应团体生活

与小朋友一起随音乐跑跑跳跳，能祛除孩子紧张、不安的情绪，使幼儿自然地融入团体生活中。

从唱游和其他韵律活动中培养适应群体生活的能力，有这种团体经验的儿童较懂得和朋友相处，懂得礼貌和忍让。由于他们享受到一班人游玩、合作的乐趣，于是较早脱离“自我中心”的框框，投入团体生活。

一般才艺活动都比较注重个人的练习，很少以团体进行，韵律课正好补这方面的不足，让孩子的发展取得平衡。

（3）发挥创意

韵律活动形式多元化，可配合音乐节奏一起进行，变化多端。例如模仿活动，可模仿动物、昆虫、玩具、交通工具、自然景物、乐器等等。也可以为歌曲度身设计动作，也可以将动作加入故事中，甚至游戏里面，例如“狐狸先生”的游戏、捉迷藏、“红、绿灯”等等，以摇鼓或钢琴声做指示，孩子听到铃声后立即走动或躲起来，音乐一停便要静止下来，这样使游戏更富趣味。

孩子在活动初期可先跟随老师的示范动作，熟习后，即可创造出新的动作，发展出另一活动。现代的韵律课都强调孩子应拥有自由发挥的空间，所以在教学中，好的老师一定尽量让孩子依据心中的想法和感受表达出来，而并非施以规则限定，要孩子重复做那一两套动作，阻碍孩子的创意和学习趣味。

有人说学过韵律课的儿童，平衡力特别强，走路和跑起步来都不那么容易跌倒，连身手也会灵敏一点，这一点不错。除此之外，由于听音、辨拍子的练习养成的专注力，孩子在学习其他事情上也较能集中精神，以至在上课排队、听别人说话等生活细节上，也表现得较有纪律和耐性。韵律活动既富创意又趣味性浓，可提升孩子对节奏的敏感度，达到身心的和谐，利于形成健全的品格，十分适合幼儿参与。

学习音乐舞蹈

舞蹈是通过音乐、动作、表情、姿态表现内心世界的，它可以使孩子潜移默化地接受到艺术表演的熏陶，使孩子更加热爱生活。它对孩子走、跑、跳基本动作的协调、灵活和动作的美感起良好的促进作用，还可以丰富孩子的情绪体验，陶冶孩子活泼热情、开朗的性格。

早在远古时代，自有人类历史以来，人们已懂得随着内心的节奏，或借着敲打石头扭动身体跳舞。那时候舞蹈比现代更广泛应用，是生活的一部分。例如远古的人类会在山洞内跳舞表现内心的喜悦，以舞蹈作为与人沟通的桥梁；在祈求神明降福、祭祀死去的亲人时跳舞，则带有宗教意味；在驱赶邪魔、疾病，抗拒恐惧时也跳舞，因为相信身体的运动能带来神秘的力量。可见跳舞是人们一种很原始的动作，有很久的历史，不需额外学习。

但随着文明的发展，舞蹈开始失去了它的原始性，现今社会只有少数人跳舞，但却发展出不同类别的舞蹈。跳舞由广泛被应用的层面，发展成对美感的追求以及锻炼身体的工具。舞蹈更向艺术的领域探求，不论是舞者还是看舞的观众都借着舞蹈寻求精神满足为主要目的。

(1) 什么时候开始学习

舞蹈和音乐感同样都是人类与生俱来的能力。小至二三岁的幼儿，听见强劲节拍的音乐，也会自然摇动身体、甩甩小手，大至七十岁的老翁，一样可劲歌热舞，似乎只要身体应付得来，什么年纪都适合跳舞。

早在幼儿能跨出舞步，两脚能站稳活动时已可以开始学习跳舞，二三岁的幼儿相信已有能力做到。开始的时候，可跟着大班儿童一起练习，熟练一下基本舞步，在音乐、舞步与身体动作之间找出协调点。

到了五六岁，趁身体仍相当柔软、灵巧时，可以开始学习技术性的舞步，例如芭蕾舞，对脚掌和手腕的基本功架要求甚高，需从年幼学习，否则很难达到专业水平。

不论是为兴趣而学，还是决心要成为舞蹈家，小时候习舞都有相当的益处。

(2) 跳舞的好处

美国的方氏（Fokms）芭蕾舞舞蹈中心创办人莎绮丝女士便提出，儿童应该学舞。从小开始学习有以下优点：

◇ 帮助发展身心协调

◇ 加强体质

◇ 改善不良的姿势

◇ 提高音乐感

◇ 培养自信心

舞蹈可达到平衡内在节奏、抒发情感、发挥创意的目的，比其他艺术活动更优越的地方是，它有健美、加强体质的作用，能真正做到身心协调。

不同的舞蹈有各自的特色和要求技巧，现今最为人们熟悉的该为芭蕾舞和现代舞，其实两种舞蹈同属一源，在不断发展中分出了门派。今天这两种舞蹈不论在视觉效果，还是在技巧锻炼上都相差甚远。

(3) 芭蕾舞

早在十六七世纪的法国，一些结合舞蹈、哑剧、音乐的表演活动，流行于民间，大小舞团在各镇公开演出，渐渐形成这种讲究形式的舞蹈——芭蕾舞。

芭蕾舞得到广泛的流传，要算是法国大革命以后才开始，而流传至欧洲其他地方，以及俄国等地，并在这些地方滋长生根，是十八世纪以后的事。

芭蕾舞极受法国皇室人员的推崇，法王路易十四甚至兴办学校并参与演出，使得芭蕾舞一时十分盛行。而俄国等地也借着文化交流，把芭蕾舞整套搬回本国，并聘请法国导师培训学员。使芭蕾舞得以落地生根，因此现在不少舞蹈术语仍然保留着法文用语。

芭蕾是最早讲究规矩，动作技巧的舞蹈，“用脚尖走路”是芭蕾舞的一大特色。学习舞蹈前须掌握基本韵律，当身体能循音乐自然活动后，下一阶段便是脚的五个位置的技巧锻炼，要求十分严格。至于跳跃动作以及手腕的姿势，亦都十分讲究。

芭蕾舞不论在舞台、服饰、音乐以及跳舞者的表现上，都给人一种高雅且华丽的感觉。而故事情节一般以仙女、精灵、公主和王子的角色为主，所以，历来以女性芭蕾舞者的发挥余地较大。但自俄国“芭蕾舞王子”雷里耶夫的出现，在大力推动男演员的独舞后，情况已有改观。我们现在看到不少演出，已插入不少男舞者的精湛表演，可发挥处也很多。因此芭蕾舞不应被视为女孩子的舞蹈，只要喜欢，男孩子也可以学习。

第十章

父母是孩子最好的朋友

父母最关心的就是自己的孩子，每天都在为孩子的事情而忙碌，无论何时何处都忘不了自己的孩子，甚至梦中还牵挂着。孩子正是在父母的关心照顾下一天天长大。真正关心孩子的父母不仅要关注孩子的衣食住行，保证其安全与健康，还要关注孩子的学习，促进其发展，更要关注孩子的品德和心理健康，使其有一个完善的人格。

蹲下来看儿童的世界

父母能在家庭中创造一种平等民主的氛围，这是孩子的幸运。在这样的家庭中，孩子会觉得父母是自己的朋友，而不是高高在上的“统治者”。

我们知道只有两端高度差不多，水才有可能在中间的管道里流来流去，如果一头高，一头低，水就只能往一个方向流了。孩子与父母的交流也是相同的道理。只有蹲下来的父母与孩子才有可能平等地交流。

在教育孩子的时候，父母往往站在自己的高度，从自己的角度去看待孩子的言行，而忽略了孩子们所处的位置与高度。要知道，成年人的世界与孩子的世界是不一样的。

有这样一个故事：

一个成年人看到一个孩子蹲在路边聚精会神地看蚂蚁，很好奇：“小朋友，你在干什么呀？”

孩子回答说：“在听蚂蚁唱歌呢。”

大人更奇怪了：“蚂蚁怎么会唱歌呀？”

孩子一脸不高兴了：“你不蹲下来听，怎么知道蚂蚁不会唱歌呀？”是呀，在孩子眼里，蹲下来，是多么简单呀。对于大人，的确是应当学习蹲下来去体会孩子眼中的世界了。

在物质生活方面，今天的孩子享受着比较稳定而宽裕的生活，而他们的父母却从动荡而艰辛的生活中走来；在文化背景方面，今天的孩子生活在知识、经济时代与信息时代，而父母却大部分成长在计划经济时代。不同的生活经历与文化背景使父母与孩子拥有了不同的价值观，彼此看问题的方式存在着很大的差异。另外，父母生活在一个多子女时代，谁在家庭中的地位都不显要，而今天很多孩子则为独生子女，个个金贵。这种生活经历、文化背景、家庭地位的巨大差异，决定了两代人在价值观与审美观等方面的差异，也给教育带来了空前的困难。

因此，成熟的父母，要善于了解孩子，善于与孩子沟通，即善于发现孩子在想什么、在做什么。当孩子做出大人不能够理解的事情时，父母不应当马上训斥或者质问，而是平心静气地蹲下来，站在孩子的位置与角度，了解孩子的真实想法与感受。

正如父母希望得到孩子的理解一样，孩子也希望得到父母的理解，希望能够感受到父母的关怀。如果孩子体会到了父母的关心和认同，那么孩子也会对自己的选择感到认同，从而增强自信心，更加努力向上。

有一位母亲，女儿在美国读博士后，在谈及她对女儿的教育的时候，说了一件令人很有感触的事。她女儿小时候很喜欢天文，对星座特别感兴趣，常常半夜邀请她出去看星星。不管她有多累多困，都一定会亲自陪女儿观看星空，和女儿谈一些日常琐事和人生哲理。直到现在，她女儿回想起这件事，偶尔还会撒娇地让母亲陪她去看星星。女儿后来拿到高能物理学博士学位，可能就是从看星星的兴趣中培养出来的。

有的父母根本不屑于花时间陪孩子，但是陪读可以例外，如果是让父母陪孩子做一些孩子喜欢的事情，就要考虑一下是否有价值了。前面的故事中，假如那位母亲不是接受孩子的请求而是断然拒绝，孩子兴趣的火花可能就被浇灭了，孩子的才气也可能从此被抹杀，也就没有了孩子今天的成功。

怎样才能真正了解自己的孩子，与孩子更好的交流呢?

（1）提高自己的素质

父母可以多听一些教育讲座，多看一些家教书刊，多学习一些儿童心理学、教育学等方面的知识。只有具备了知识基础，父母才可能了解孩子在不同的成长阶段所具有的心理特点，也才真正能够做到有的放矢地去与孩子交流，真正了解您的孩子。

（2）注意孩子的细节

不要忽略关于孩子言行的细节。所谓言必有原，行必有因，抓住各种良机，学会在小事中理解孩子。比如孩子哭或闹，不理睬父母等，都需要您耐心地了解其中的原因。

（3）换位思考

父母总是站在自己的角度去思考问题、看待问题，对待孩子的时候也是这样，往往以自己的看法代替孩子的看法，因而造成教育的不必要的错误。其实最简单的方法就是试着换位思考：假如我是孩子的话，我会怎么做呢？

蹲下来看孩子的世界！作为父母，千万不能将孩子视为一个被动的受教育者，父母与孩子之间的关系应该是平等的。谈话的方式不是以“训示”和“告诫”的形式出现的，而是以理解和宽容为基础。父母只有做到了这一点，孩子的内心世界才会向父母敞开。

分享生活的点点滴滴

生活中充满乐趣，生活中也有很多的烦恼，面对孩子，我们应该学会与他分享生活中的点点滴滴。哪怕只是一个小小的欢乐，哪怕只是一个短暂的乐趣。

孩子是父母的希望，孩子是父母的梦想，为了让梦想不至破灭，为了让希望永恒，父母一定要学会和孩子分享生活中的点点滴滴。那不经意间的微笑，那引起孩子兴趣的问题，甚至是孩子学习中的苦恼，往事的伤痛，都会给孩子带来良性的变化，帮助他们更好的成长。

有些时候孩子并不懂，所以真正遇到事情孩子就会不知所措，究竟应该怎么做？究竟应该怎样把问题解决？他们需要帮手，需要家长的引导，这时候父母的角色既是朋友又是军师，可以帮助孩子参谋事情的可行性，帮助他们设置最为良好的行动方案。当他们需要朋友的时候，父母是孩子结伴出行的亲密伙伴。父母，一个孩子永远也离不开的亲密伙伴。

小梁今年上小学 3 年级，尽管还是上小学，但是压力也不算小，不管在学习上，还是生活中，小梁总是成绩平平，不被人注意，这让他的心情异常苦闷。他也想像其他同学一样，成绩突出，得到老师的表扬。尽管自己付出了努力. 但还是老样子。

有一天回家，妈妈发现小梁一脸的愁眉不展，就把他叫过来问到底怎么了。小梁难过地说：“妈妈，我是不是很笨，为什么成绩总是上不去，老师每次都不注意到我，其实我真的很努力。”这时候妈妈明白了小梁的苦恼。她没有过分的劝慰孩子，而是拉着他一起去公园散步，一边走一边和孩子聊天，她告诉孩子：“妈妈小的时候，也曾经有过你这样遭遇，但是生活得还是很快乐。你看看花园里的小草，它没有花儿那么漂亮，也没有树那么高大，但是它依然很快乐。孩子，妈妈从来没有想过要让你成为多么了不起的伟人，只希望你能够快快乐乐，健健康康地长大，有什么不开心的事情你就多和妈妈说说，人有的时候不是和别人比较才算成功，关键是战胜你自己。”听了妈妈的话，小梁开心地笑了。

从此以后，小梁放下了心中的包袱，每天过得都很开心，很快乐。在这种良好情绪的带动下，小梁获得了更好的成长，慢慢的学习成绩也提高了不少。他成为了一个快乐而自信的孩子，经常受到老师的表扬。

人生的道路上，在父母陪伴孩子的日子里，每一天的生活都是值得分享的，不管他是快乐，还是悲伤，不管他是兴奋还是难过。有父母陪伴的日子，孩子就不会不知所措，就不会无奈彷徨。

其实孩子就是孩子，很多事情还没有想明白，父母是过来人，应该帮助他们为自己的人生做出选择，作出安排。父母是孩子最好的伙伴，也是他们难以离开的亲密战友，不管是现实中的困难，还是真正的心结，父母都应该帮助他们很好地扫平成长的障碍，成为孩子最坚实的后盾力量。

孩子需要父母的关怀，需要父母与他们一同分享生活中的琐碎，为了帮助他们找到自己的兴趣，也为了他们能够更好的生活，父母应该帮助孩子，与他们分享每一份快乐与痛苦。尽管那只不过是平平淡淡的一天，但是对于孩子来说每一天都充满精彩，充满快乐，充满着父母无尽的爱。

那么究竟我们应该如何与孩子分享生活中的点点滴滴呢？究竟我们应该怎样参与到孩子的生活中呢？下面的一些方法希望能够对您和孩子有所帮助。

（1）与孩子一起聊天

聊天是父母一定要做的事情，它可以没有什么目的性，但是却是了解孩子的首要策略。通过聊天，孩子会向父母敞开心扉，通过聊天孩子会告诉父母自己现在做什么想什么，有什么样的困惑，有什么样的需要。这时候父母心里就有了底，经过和孩子一起思考一起讨论，找到解决问题的好方法。其实，有的时候攀谈比说教更有效，它不仅不会招来孩子的逆反心理，反而会让孩子更容易接受。

（2）经常与孩子一起散步

孩子每天的学习任务很重，但是每天饭后还是要抽出一些时间一起去散步，这既有利于孩子的身体，又有利于缓解孩子的压力和被动情绪。在散步中，孩子的心态平和，与父母在一起也会比较和谐。这时候正是孩子与父母交流的好机会，学校里发生了什么有趣的事情，最近心里有了什么样的想法，都可以和父母进行交流，从而得到内心的解放，缓解自己一天的压力。

（3）保存好孩子每一个成就

孩子的每一次进步都是父母值得高兴的事情，每一张奖状，每一朵小红花，都是孩子生命中最珍贵的纪念，父母应该将孩子每一次的进步收藏起来，在孩子的成长过程中不断与他们分享，分享曾经的事情，分享一段段美好的回忆。每当开启这些成长的经历，孩子和父母都会有这样那样的幸福感。

和孩子一起玩耍

童年的欢乐，对人一生的健康成长十分重要。玩是孩子认识环境、探索世界的最自然、最主要的方式。玩不仅仅是娱乐，也是一种锻炼，更是一种学习。

爱玩是孩子的天性，大人看似浪费时间的游戏活动，对孩子来说，却是蕴含着丰富的视觉空间元素，如色彩、形状、空间。无论采取哪种方法都不要拘泥于技巧和条条框框的束缚。要尊重孩子表现出来的自由性和创造性，并加以鼓励，让孩子的创造力在随意的玩耍中得到发展。

玩是孩子的天性，它是孩子与生俱来的一种需求，是孩子生理、心理发育不可避免的、不可遏止的，就如同小树发芽、长出枝条需要营养一样。人与动物的区别就在于人有精神方面的需求。对于孩子来说，吃饭穿衣是物质方面的需求，玩就是精神方面的需求。有时，我们甚至在想，胎动就是孩子在妈妈的肚子里玩，是孩子在还没有思想、生命还在孕育的时期就有了玩耍的表现。所以说，孩子“天性好动”，孩子身体中原本就有的玩的能量，随着孩子的一天天长大，随着身心的不断发展，越来越强，于是这种能量就要通过玩，不断地得到释放，不断地得到转化。

许多父母还不习惯与孩子保持平等的关系，有的父母可能会感到和孩子一起游戏有失身份。即使与孩子游戏，父母也不习惯根据游戏规则而扮演小角色，比如一只兔子，他们总是喜欢扮演长者，在游戏中做一个指挥者，似乎父母总是教训人的。美国耶鲁大学游戏心理治疗家基辛格博士指出："在与孩子一起游戏的时候，如果父母干预太多，孩子就不愿意和你玩了。"他还特别强调，那些经常与孩子一起玩耍的父母或祖父母还会发现他们自身的变化。"当父母或祖父母能够站在孩子的角度理解孩子的时候，当他们能够投入地与孩子一起嬉戏的时候，他们仿佛又回到了充满幻想、希望和嬉闹的童年时代，这时他们才开始真正地触及孩子那幼小的心灵。与孩子一起玩还会使成年人保持幽默感、价值感、亲密感和随机应变的能力。"

（1）用"玩"架起亲子情感沟通的桥梁

①在"玩"中管理孩子。人们习惯上以为，游戏只是孩子的专利。然而，不久前在北京举行的"亲子游戏——改善家庭生活质量"国际研讨会上，来自中美两国的专家却提醒人们：为了改善亲子关系，提高家庭生活质量，孩子们的游戏中还应该加入他们的父母，甚至祖父母。其实父母也是人，也需要休息，需要娱乐。把两者结合起来，和孩子一起玩，不仅满足了孩子的要求，而且也放松了自己，还能够更多地给予孩子必要的帮助与指导，防止意外事件的发生，有利于孩子良好习惯的养成。

②在"玩"中教育孩子。在玩的过程中，孩子所暴露出来的是他们较为真实的一面，有利于父母发现更深层次的问题，从而更加有针对性地进行教育。在玩的过程中引导孩子、教育孩子，使他们明白做人、做事的道理，也可谓寓教于乐。

③在"玩"中了解孩子。要培养孩子，首先就要了解孩子。每个孩子的身上都有自己的闪光点，有与众不同的地方，需要我们去发掘、去研究、去培养。父母应充分利用这一时机，练就一双慧眼，去捕捉孩子身上的闪光点，发掘他们的潜质，扬长避短，引导孩子走上适合他们的可持续发展的道路。美国耶鲁大学游戏心理治疗家基辛格博士是一位母亲，也是一位祖母，她认为，孩子从生下来就开始通过游戏探索世界、学习技能，孩子在游戏中学习的过程必须要有成人参与。如果没有父母或老师的信息输入，孩子就不能从游戏中学到有用的东西。比如，孩子和父亲一起分苹果的时候，如果父亲提醒孩子注意苹果的颜色、大小、形状和气味，并作相应的讨论，孩子就会学到相应的感觉经验。父母和孩子在他们共同的游

戏中还可以学到相互理解、相互合作的精神，可以培养“竭尽全力争取成功”的人生态度。

④在“玩”中培养孩子。玩，可以锻炼孩子多方面的能力，培养良好的意志品质，开发情商与智商。许多科学发明与创造都是在玩中得到灵感、获得启发，从而成功的。在玩的过程中，父母可以根据孩子的兴趣与特长，有意识地进行培养，展示出孩子的才华，树立他们进取的信心。也许我们的孩子就是明天的科学家、发明家。

游戏是传达社会文化的载体，它传达了一种价值观。亲子游戏与同伴游戏、实物游戏相比，有更多的身体接触、目光接触。孩子更容易在与父母的互动中获得一些社会文化经验和生活策略。

总之，不要怕孩子玩，应该考虑如何利用玩教育好孩子。让玩成为与孩子心灵沟通的桥梁，在玩中开辟出教育孩子的新途径。

(2) 怎样和孩子一起玩

父母和孩子一道玩，第一个目的是建立亲子感情，享受天伦之乐；第二个目的是使孩子快乐；第三个目的是指导孩子玩，提高孩子玩的技术水平，促进孩子某些能力的发展。带着这些目的与孩子一起玩的父母，具有教育意识，重视对孩子的教育与培养。

那么怎样和孩子一道玩呢?

首先，父母应以专注的神态很投入地和孩子一道玩，这样孩子才会真正开心。如果父母简单应付，就会使孩子感到扫兴，甚至引起一些不愉快。

第二，应以朋友的身份、平等的态度和孩子一道玩，勿以家长自居，居高临下地指责孩子、批评孩子。有时孩子对玩的技巧尚未掌握，父母应耐心地和孩子继续玩下去，如果不耐烦地说“你真笨”、“教不会”，孩子马上就不高兴，也许以后再也不希望和父母玩那个游戏了。

第三，父母可以和孩子比赛，在比赛过程中父母应善于了解孩子的心理。对于自信心不足的孩子，父母在比赛时应“落后”一点，以增强孩子的自信心，提高孩子的成功感；对于太要强、好胜心太强的孩子，父母应胜他一筹，要在游戏过程中锻炼孩子对失败、挫折的心理承受力。有些孩子会要强到不讲理、耍脾气，这时，父母应注意在下一次进行这类竞赛游戏时，事先提醒孩子注意自己的行为，要“约法三章”，防止孩子形成一些坏脾气。

第四，利用影像设备将父子同乐、母子同乐的镜头记录下来，留作以后欣赏和回忆，培养亲子感情。

对孩子来说，生活中的任何事情都是游戏。因此，孩子的很多做法可能让父母感到困惑，尤其当孩子玩一些父母认为不恰当的游戏时，有的父母会急吼吼地跑去干涉；也有的父母觉得孩子玩游戏的小模样十分可爱，于是拿孩子当玩具逗乐，这些都会对孩子产生不好的影响。孩子虽然小，但他天生就会察言观色。父母的这些行为都会在他的小脑瓜里留下十分深刻的印象，对孩子产生不一般的影响。

孩子的朋友也是自己的朋友

孔子曾言："益者三友，损者三友。友直，友谅，友多闻，益矣；友便辟，友善柔，友便佞，损矣。"古人还说："近朱者赤，近墨者黑。""染于苍则苍，染于黄则黄。"这些古训都说明朋友对一个人的影响有多大。

在孩子的成长过程中，孩子是需要朋友的。父母对孩子的朋友都比较重视，一般父母都希望孩子的朋友品行好、学习好、思想好，可以给孩子积极的影响和帮助。可是，在孩子的交往中，父母会发现，孩子交往的朋友不一定能令人满意。有些父母喜欢按照自己的意愿要求孩子去选择朋友，给孩子带来了一定的心理压力，甚至还会引起孩子的逆反心理。怎样去对待孩子的朋友呢？这个问题一直困扰着许多父母。

其实，最关键的是父母转变态度，真诚接受孩子的朋友，而不是用挑剔的眼光来衡量孩子的朋友，孩子自然也就会接受父母的帮助和指导。

真诚接受孩子的朋友，是孩子拥有健康人格的关键。

只有孩子有了自己真正的朋友，有了自己的交往圈子，孩子才会对生活经历有更深切的体验，才会有交往的快乐，也才能有健康的人格。

北京大学有一名学生叫王晓龙，学习成绩非常好，曾获得过全国中学生化学大赛第一名，被保送到北京大学化学系。在他读大学三年级的时候，因犯故意杀人罪被判处有期徒刑11年。他从小就只知道学习，不善交往，没有朋友。到大学三年级后，他发现没有朋友很难生活。但是交朋友是需要学习的，他不会。他就和同宿舍的一个男同学形影不离。两个男生天天粘在一块儿，别人觉得很奇怪，于是议论纷纷。那个男生知道后就不和他来往了。他很生气，要报复那个男生，搞来一种剧毒的化学物品——铊，投放到那个男生的牛奶杯中……

王晓龙是一个学习特别勤奋的孩子，为什么会犯下故意杀人罪呢？他的父母有没有问题呢？他的父母并没有意识到孩子缺乏朋友的危险性，没有意识到孩子有心理上的障碍。

有些父母喜欢干涉孩子的交友，使孩子很难交到朋友，甚至没有朋友。在这个离不开合作的时代里，再好的家庭也无法独自完成将孩子培养成人的任务，因为孩子是在群体中长大的，是在与伙伴的交往中长大的。没有朋友的孩子的内心势必会产生对友谊的极其渴望。行为上的孤僻与内心中的渴望容易造成孩子的性格扭曲。只有孩子拥有了自己的朋友，他才可能有健康的人格。

我们真诚接受孩子的朋友，尊重孩子的选择，而不是限制孩子的交友。

孩子作为一个独立的个体，他有自己选择朋友的权利。绝大多数父母虽然支持孩子交朋友，但是这个“支持”是有一定的限度的。

中国青少年研究中心的研究发现：72.6 % 的父母希望“孩子和他（她）喜欢的人交朋友”；79.8% 的父母“愿意孩子邀请他的朋友到家里来”。可是也有 75.8% 的父母表示“我对孩子选择朋友的标准有严格的要求”；64.9% 的父母表示“我不愿意孩子有较亲密的异性朋友”；而 81.6% 的父母倾向于“要求孩子选择学习好的同学做朋友”。还有 45.3% 的父母干脆“为了学习，我要求孩子减少与朋友的交往。”

这些数据基本上表明了父母对孩子的交友心态。“近朱者赤，近墨者黑”，父母的担忧是有道理的。但是并不意味着孩子要按照父母的意愿来选择自己的朋友，不意味着要以分数准则来作为衡量标准。大家都明白，学习好的人未必是朋友，淘气的人未必不是朋友。友谊的标准不是分数，而是志趣相投。父母只有尊重孩子的选择，孩子才会接受他们的指导和帮助。

朋友的品质和行为对孩子的影响特别大。

结交一些有益的朋友，可以拓宽孩子的学识、眼界，使孩子更加完善；而交友不慎，不仅会影响孩子的学习成绩，弄不好还会误入歧途，影响孩子以后的发展。春秋战国时期军事家孙膑受其学友庞涓之害，弄得双膝被剜，导致终身残废，就是一个警训。现代社会中也有一些孩子在校外结交不良朋友，最后贻误学业，甚至走上违法犯罪道路。因此，作为父母，对于知识经验不足、判断能力较弱的孩子，一定要帮助他们树立正确的择友标准，以避免误入不良团体。

在择友上，要教育孩子选择品德高尚的人，选择心底正直无私，勇于指出朋友的错误和直言劝告的诤友；要选择志同道合的人，双方有共同的兴趣、爱好和理想，可以为共同的目标相互切磋、共同进步；还要注意发挥性格的互补作用，如果孩子过于怯懦胆小，就选择勇敢大方的同伴；如果孩子做事鲁莽冲动，就选择谨慎细致的同伴；如果孩子优柔寡断，就可选择果断坚毅的同伴。万一你的孩子交友不慎，误入社会上的不良团体，作为父母，一定不能简单粗暴地干涉或用暴力阻止孩子，因为严厉指责或盲目禁止都不能解决问题，反而容易激起孩子的逆反心理。另外，父母要做的，是帮助孩子分清是非，晓之以理，告诉孩子：朋友之间不能以大家互相帮忙，或有钱大家花，或礼尚往来作为评判标准，真正的友谊应该具有高尚的情操并且符合社会公德。在教育孩子明白事理的基础上，父母还要采取一些适当的干预措施，如减少孩子单独在校外的活动时间，避免孩子与不良人员接触，还可以利用其他学生的父母的力量，多管齐下，共同纠正孩子的不良交友行为。

对待孩子的交友问题，最好是尊重孩子的选择，真诚对待孩子的朋友。有专家研究发现，让孩子交一些与自己个性不同的朋友，可以起到优势互补的作用。只要孩子的朋友没有品质上的问题，父母就不应该干涉孩子的交友。

如何真正真诚接受孩子的朋友？我们的建议是：

(1) 鼓励孩子多交朋友，包括异性朋友

父母可以鼓励孩子和其他的孩子交朋友，交一些与自己孩子个性不同

的朋友，比如胆大的就可以找胆小的，内向的就可以找外向的，形成优势互补。父母也要注意不排斥孩子交一些异性朋友。

（2）尊重孩子的朋友

有些父母喜欢按照自己的意愿、喜好去限制孩子的交友。这对孩子并没有益处。孩子是一个独立的个体，有自己选择的权利。我们要放下交友的“分数标准”。

（3）为孩子创造交友的条件

父母可以把孩子的朋友请到家中来玩，还可以参与到孩子的活动中去。在孩子缺乏朋友的时候，带孩子一起外出旅行或者一起参加某项活动来扩大孩子的交友范围，是一个很好的选择。

（4）重视孩子的交往挫折

孩子与他的伙伴在交往中或多或少会产生一些摩擦。父母在孩子出现不愉快情绪的时候，要注意以关爱的方式去询问孩子。如果孩子真是遭遇到了交往挫折，父母最好是能和孩子面对面地坐下来好好谈一谈，讨论什么是真正的友谊、应该怎样解决矛盾等话题，以及指导和帮助孩子处理交往中的困难。

建立一个和谐民主的家庭

宽容中成长的孩子学会忍让/鼓励中成长的孩子学会自信/赞扬中成长的孩子学会自赏/公平中成长的孩子学会正直/支持中成长的孩子学会信任/赞同中成长的孩子学会自爱/友爱中成长的孩子学会关爱。

可以说，就如这首小诗所说的那样，孩子是在环境的影响下成长的。孩子早期大约有 2/3 的时间要在家庭中度过，而且完全依赖于成人，所以家庭环境对孩子的成长有着相当重要的影响。

美国学者在调查基础上总结了 10 条各国儿童对自己父母和家庭的最重要的要求：

①孩子在场，父母不要吵架；

②对每个孩子要一视同仁；

③不能对孩子失信或撒谎，说话要算数；

④父母之间要谦让，不要互相责难；

⑤父母对孩子要关心，关系要亲密；

⑥孩子的小朋友做客时要真心欢迎；

⑦对孩子不要忽冷忽热，不要乱发脾气；

⑧家里要尊老爱幼，重大事项决定前要征求大伙儿意见，要有家庭民主；

⑨家里搞文体活动，周末至少玩半天；

⑩父母有缺点，孩子也可以批评。

归纳上述10条，就是要为孩子创造一个轻松、和谐、民主和充满爱的家庭环境。

父母之间关系和睦，家庭气氛融洽，对子女体贴、关心，给孩子必要的帮助和鼓励；设法了解孩子，能和孩子经常沟通，感情和谐；尊重孩子的人格和权益，给孩子适当的独立和自由，鼓励子女发表自己的见解，要他学会怎样解决自己的问题，让孩子感受到家庭的责任。总之，就是“指导而不支配，自由而不放纵，尊重而不溺爱，鼓励而不怂恿”。

有时父母因不十分了解孩子，或孩子不能默契领会父母所给予的暗示和判断，再加上父母理解错误，造成了许多不必要的矛盾。例如孩子有可能不顾父母忙闲，不断地提各种问题。母亲会产生错误的理解，认为孩子要她帮忙，需要她做什么，其实这时候孩子也许只是想要得到家长的注意，或者需要对他表示尊重。如果母亲平时很了解自己的孩子，这时又能准确领会孩子的意图，那么她抱抱孩子，拍一拍，或给他一个吻，表示一下对他的爱也就足够了。孩子也会理解母亲通过这一动作表明虽然忙，但还是很爱自己的，就会停止对你的干扰。

每位家长都力求教育自己的孩子从小懂事、聪明好学，但使用的方式却不尽相同。有的孩子很少被父母肯定，那么他的自信心就有被逐渐摧毁的可能；有的家长过分保护孩子，生怕碰着、生病或吃亏，结果却使孩子总是生活在大人的羽翼下，才能得不到锻炼和发挥，变得保守、懦弱，孩子的主观能动性被抑制，创造性思维被打乱。要知道在孩子身上给予过分的帮助，实际上是多余的。永远抱着孩子走，倒不如狠下心来，早些让他跌跌撞撞地自己走。

孩子犯了错误，用哪种方式教育更为合适也是不容易掌握的。正确地运用各种教育方法，及时纠正孩子的缺陷非常重要。关键问题是让孩子彻底明白他错在哪里，并使孩子对父母的处理心服口服。若不能让孩子明白自己的错误，即使他改正了错误行为，但并没有意识到他真的错了，而是认为你惩罚他，他斗不过你，才不得不改正，那么这次教育也是失败的。这种情况下，若父母不及时与孩子交流沟通，孩子就有可能产生消极情绪。

很多自以为是的家长只是徒有虚名，他们并不真正了解自己的孩子，也不愿花时间在这方面多下些工夫，只是毫无来由地认为孩子是自己的好。我们绝不能被这种天生的“舐犊之情”遮住智慧的双眼。我们应该懂得，每个孩子的性格都不相同，需要我们给予不同的关怀和教育。除对孩子给予各方面的照顾和关怀外，还要注意认真从细小的方面进行观察。须知，要真正了解孩子，就要进入其内心世界，倾听他们的看法与愿望。要知道世界上看似相同的叶子实际上都是不同的，孩子也是一样。

年轻的父母都期望把自己的孩子培养成为自信、自强、有道德有能力的人。那么，年轻的父母就应该从自身做起，为孩子营造一个和谐民主的家庭环境。

我们需要解决好以下四个问题。

（1）父母的威信

孔子曰：“其身正，不令而行；其身不正，虽令不从。”父母的威信是父母和孩子之间一种积极的、肯定的相互关系，这种关系的基础，是父母对孩子的尊重与孩子对父母的爱戴，不是训斥与听命、支配与服从的封建君主专制式的“威信”。在生活中，父母对孩子的关心与帮助，对孩子人格的尊重与信赖，可引发孩子内心深处的真诚感激，并努力按照父母的要求去做。这样，日久天长，父母和孩子之间就会形成亲密的关系，父母在孩子的心目中，也就自然而然地具备了一种建立在威信基础上的巨大教育力量，即威信的力量。由此，创建家庭民主氛围，不仅不会损害父母的威信，相反，更有利于培养孩子的独立性。有利于孩子天性的自由发展和健康人格的塑造。

（2）尊重孩子的人格

我们在教育孩子尊重父母，尊重他人的同时，父母也要尊重孩子，不要把孩子看成是自己的附属物，而是应该把孩子当作一个独立的个体，尊重孩子的人格。在与孩子交谈、讨论问题时，要持平等认真的态度，要尊重孩子的爱好、兴趣；语言要平和、亲切，不要粗暴地训斥孩子，即使在孩子做错了事的时候，也要晓之以理，循循善诱，维护孩子的自尊心，尊重孩子的意愿，给孩子个人自主权，要让孩子积极参与家庭的各种活动，并鼓励孩子提出自己的意见，说出自己的想法。父母在倾听孩子的意见后，对孩子的正确想法和行为应给予充分的肯定，还要经常和孩子讨论问题，谁讲得有理，就听谁的，以理服人。

(3) 夫妻和睦相互尊重

父母是孩子的第一任老师，一言一行对孩子有着潜移默化的影响。因此，父母之间要有民主作风，即使产生矛盾时，双方也要心平气和地讲道理，妥善处理，以身作则，要求孩子做到的自己首先做到，而不能当着孩子，大吵大闹，拳脚相加，用粗暴的方式解决问题。只有夫妻和睦，才能创造温馨的家。

(4) 明确权利和义务

要明确告诉孩子他所拥有的权利。孩子作为一个独立的个体，作为家庭一员，他应该拥有自己的权利，同时，也必须承担一定的义务。因此，在孩子幼小时候，父母就应该明确地告诉他拥有的权利和必须承担的义务。